キャリア教科書®

国家資格

キャリアコンサルタント 学科試験 合格問題集 第2版

みんなで合格☆キャリアコンサルタント試験
原田政樹

SE
SHOEISHA

はじめに

本書を手に取ってくださり、誠にありがとうございます。

キャリアコンサルタント試験は、2016年の試験開始から年月が経ち、これまでに数多くの試験が実施されてきました。

その後、試験を重ね、出題内容や順序、出題割合なども、多少の変化を繰り返しながら実施され、これまでの過去問題のボリュームは膨大なものとなっています。また、出題範囲が広く、「とても全てを限られた時間の中でやりきることはできない」というお声も聞こえてきます。また、確かな内容理解が問われる問題が、しばしば出題されるようになっています。

第１回試験より、私は受験者の姿を間近に見て、感じ、支援を続けていますが、受験するみなさんは職場や家庭、さらには地域などにおいて、さまざまな役割や重たい責任を担っている、多忙な方が多いという印象を持っています。

さまざまな役割という点では、キャリアコンサルタント試験によく取り上げられる理論家ドナルド・E・スーパーの「ライフ・キャリア・レインボー」や、L・サニー・ハンセンの「統合的人生設計」を、まさに体現している受験生が本当に多いと感じます。

また、ジョン・D・クランボルツの「計画された偶発性」や、ナンシー・K・シュロスバーグの「転機の理論」にうなずき、そして、それらの理論を、これからの人生のヒントにしようと思った方もいるのではないかと推察します。

勉強を通じて、上述したようなキャリアコンサルタントの理論や考え方に触れた方の中には、人生に悩む友人たちに対して、「こんな考え方があるんだよ」と教えてあげた方もいるかもしれません。

実は、そのように理論や知識を「自分ごと」や「身近な人ごと」として捉えることができると、試験対策の学びも確かな理解が伴う、楽しさを感じるものになっていきます。

そんなみなさんへ私ができることを考え、本書を執筆しました。

本書は「合格問題集」という位置づけですが、問題の解答解説では単なる正誤の確認に留まらず、その内容理解に役立つ、プラスアルファの知識や情報なども、できる限りお伝えするようにしています。

また、みなさんの時間は有限です。ですから、効率よく問題演習をして知識を習得、確認できるように、次のことを行いました。

まず、キャリアコンサルタント試験の第1回試験から直近の回（第25回）までの出題内容と出題範囲が同一で、内容が非常によく似ている「2級キャリアコンサルティング技能検定」の内容をあらためて見直しました。

そして両試験において、①よく出題されている内容、②出題は多くないものの、多くの方が間違えてしまう差がつく内容、③今後の出題が予想される内容を洗い出し、本試験と同様の四肢択一の形式にして、模擬問題と合わせて全200問を作成しました。

本書は、本試験前のファイナルチェックと得点力アップのための解き方のマスターにも活用できますが、本格的な学習スタート時に「傾向と対策」をつかみ、どのような問題が出題されるのかを体感できる「学びの羅針盤」として活用することも可能です。また、２級キャリアコンサルティング技能検定対策としても、そのまま活用できます。

どちらの試験も、上位の一定割合の人のみが合格できる相対試験ではなく、35問（70％）を正解できた人は、すべての人が合格できる絶対試験です。

本書を活用して、「みんなで合格」しましょう。そして、一緒に楽習（がくしゅう）をしていきましょう。

本書がみなさんの合格の一助となることを祈っています。

2024年5月 みんなで合格☆キャリアコンサルタント試験

原田 政樹

Contents —目次—

第4章 キャリアコンサルタントの倫理と行動 229

第5章 模擬問題 249

試験情報

■ 試験概要

キャリアコンサルタントは、2016年4月に法制化された国家資格です。キャリアコンサルタントになるには、原則として、キャリアコンサルタント試験の学科試験と実技試験の両方に合格し、キャリアコンサルタント名簿に登録する必要があります。

キャリアコンサルタント試験を実施する登録試験機関は、下記の２つがあります。

・特定非営利活動法人キャリアコンサルティング協議会
・特定非営利活動法人日本キャリア開発協会

■ 受験資格

下記いずれかの条件を満たしている方が受験できます。

・厚生労働大臣が認定する講習の課程を修了した者
・労働者の職業の選択、職業生活設計又は職業能力開発及び向上のいずれかに関する相談に関し3年以上の経験を有する者
・技能検定キャリアコンサルティング職種の学科試験又は実技試験に合格した者　など

■ 試験の概要

試験は学科試験と実技試験が行われます。

学科試験の内容は、2つの試験実施機関で共通です。一方、実技試験の論述試験は試験実施機関によって内容が異なります。また、実技試験の面接試験は、試験実施機関によって内容と評価区分が異なります。

試験区分	学科	実技	
		論述試験	面接試験
出題形式	四肢択一	記述式	ロールプレイ、 口頭試問
問題数	50問	１ケース（事例）	1ケース（事例）
試験時間	100分	50分	20分
合格基準	70/100点以上	90/150点以上（論述試験で4割以上、かつ面接試験のそれぞれの評価区分で4割以上）	
受験料	8,900円（税込）	29,900円（税込）	

(2024年5月現在)

なお、一定の条件を満たせば、学科試験、実技試験のいずれかが免除される制度があります。

■ 学科試験の試験科目と出題範囲

学科試験の試験科目と出題範囲は、巻末資料をご確認ください。

なお、試験は、毎年４月１日時点で既に施行（法令の効力発生）されている法令等に基づくものとされています。ただし、試験範囲に含まれる時事的問題など、キャリアコンサルティングに関連するものとして知っておくべき知識・情報については、基準日にかかわらず出題される可能性があります。

■ 試験日程

試験日程、試験開催地の目安は次の通りですが、登録試験機関（キャリアコンサルティング協議会／日本キャリア開発協会）や年度によって異なることがあります。最新情報は、各実施機関のＷｅｂサイトを必ずご確認ください。

受験申込	学科試験	実技試験	合格発表
4月中旬～下旬	7月上旬の日曜日	7月中旬の土曜日、日曜日	8月中旬
8月中旬～下旬	11月上旬の日曜日	11月中旬の土曜日、日曜日	12月中旬
12月中旬～1月上旬	3月上旬の日曜日	3月中旬の土曜日、日曜日	4月中旬

試験	主な試験開催地
学科	札幌・仙台・東京・名古屋・大阪・広島・福岡・沖縄
実技	札幌・仙台・東京・名古屋・大阪・広島・福岡・沖縄

■ 合格から登録まで

受験した登録試験機関のWebサイトにて合格者の受験番号が発表され、結果通知書が手元に届きます。キャリアコンサルタントになるため（名乗るため）には、合格後、キャリアコンサルタント名簿に登録する必要があります。

■ 合格率

学科試験、実技試験、同時受験者の合格率の推移をまとめました。学科試験は内容が同一のため、2つの登録試験機関を合わせた平均です。キャリ協はキャリコンサルティング協議会、JCDAは日本キャリア開発協会を意味しています。

試験回	学科	実技		学科、実技同時受験者	
	2機関平均	キャリ協	JCDA	キャリ協	JCDA
第1回	77.8%	71.6%	51.5%	59.1%	37.2%
第2回	75.7%	74.3%	59.4%	67.2%	50.7%
第3回	64.3%	65.7%	61.9%	50.6%	48.6%
第4回	21.3%	75.4%	63.7%	24.5%	17.1%
第5回	50.3%	72.1%	65.7%	42.9%	43.3%
第6回	62.7%	76.0%	66.4%	56.7%	50.9%
第7回	54.3%	70.0%	74.6%	49.3%	52.4%
第8回	63.3%	67.5%	71.9%	54.9%	53.6%

試験回	学科	実技		学科、実技同時受験者	
	2機関平均	キャリ協	JCDA	キャリ協	JCDA
第9回	30.5%	67.8%	67.9%	26.2%	34.6%
第10回	64.2%	73.3%	65.7%	55.9%	53.3%
第11回	62.6%	75.3%	74.1%	56.4%	60.3%
第12回	75.5%	62.4%	68.7%	56.7%	60.3%
第13回	71.1%	58.0%	65.4%	50.6%	58.1%
第14回	67.2%	66.6%	65.3%	54.8%	55.8%
第15回	75.0%	61.7%	64.3%	53.5%	57.0%
第16回	64.6%	59.4%	63.6%	48.4%	52.2%
第17回	56.8%	57.0%	59.4%	40.7%	46.5%
第18回	81.1%	68.0%	57.0%	64.0%	54.6%
第19回	61.6%	59.7%	63.3%	46.1%	52.5%
第20回	77.9%	57.5%	64.4%	51.0%	60.7%
第21回	61.7%	54.9%	62.9%	43.9%	52.2%
第22回	82.2%	65.3%	63.0%	59.3%	59.3%
第23回	83.6%	63.3%	62.5%	61.2%	59.8%
第24回	52.6%	65.8%	64.5%	45.2%	45.8%
第25回	63.7%	67.8%	63.0%	52.7%	49.1%

※第15回（2020年度）から「キャリアコンサルタント試験の試験科目及びその範囲並びにその細目」が改定されました。

■ お問い合わせ

試験に関する最新情報、詳細な情報は、厚生労働省や、試験実施機関のホームページにてご確認下さい。

厚生労働省「キャリアコンサルタントになりたい方へ」
https://www.mhlw.go.jp/stf/seisakunitsuite/bunya/koyou_roudou/jinzaikaihatsu/career_consultant01.html

キャリアコンサルティング協議会「国家資格 キャリアコンサルタント試験」
https://www.career-shiken.org/

日本キャリア開発協会（JCDA）「国家資格 キャリアコンサルタント試験」
https://www.jcda-careerex.org/

本書の使い方

本書の構成

本書は、キャリアコンサルタント試験の学科試験合格のために、体系的な学習ができるように構成しています。

章立てについては、出題範囲表に基づき、4つの試験科目ごとに4章に分けています。

第1科目　キャリアコンサルティングの社会的意義（第1章）
第2科目　キャリアコンサルティングを行うために必要な知識（第2章）
第3科目　キャリアコンサルティングを行うために必要な技能（第3章）
第4科目　キャリアコンサルタントの倫理と行動（第4章）

さらに各章は複数の節で構成しています。節の並び順も、原則として出題範囲に沿った流れとなっています。

節の内容は、テキスト（傾向と対策）とオリジナル問題集からなります。出題傾向や必要な対策についてテキスト形式で解説し、その後オリジナル問題集を解くことで、確かな合格力を身につけることができます。また、テキスト中の重要なポイントや問題集の正答・解説は赤文字になっており、赤シートをかぶせると文字が見えなくなるので、暗記などに活用することも可能です。

なお、巻末には、実際の試験が模擬体験できるように、著者が作問した模擬問題も掲載しています。**（第5章）**

テキストとオリジナル問題集を構成している要素は、次の通りです。

■ テキスト部分

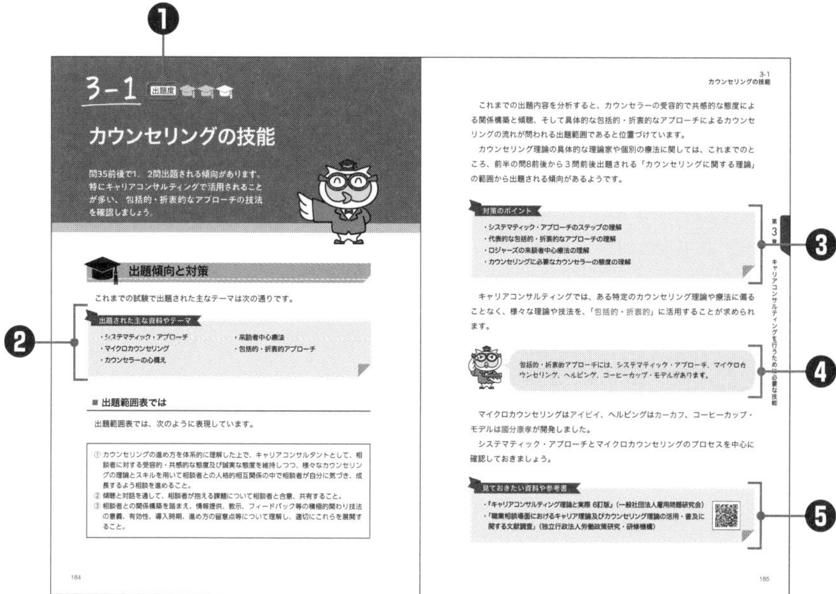

3-1 出題度

カウンセリングの技能

問35前後で1、2問出題される傾向があります。特にキャリアコンサルティングで活用されることが多い、包括的・折衷的なアプローチの技法を確認しましょう。

出題傾向と対策

これまでの試験で出題された主なテーマは次の通りです。

出題された主な資料やテーマ

・システマティック・アプローチ
・マイクロカウンセリング
・カウンセラーの心構え
・来談者中心療法
・包括的・折衷的アプローチ

■ 出題範囲表では

出題範囲表では、次のように表現しています。

① カウンセリングの進め方を体系的に理解した上で、キャリアコンサルタントとして、相談者に対する受容的・共感的な態度及び誠実な態度を維持しつつ、様々なカウンセリングの理論とスキルを用いて相談者との人格的相互関係の中で相談者が自分に気づき、成長するよう相談を進めること。
② 傾聴と対話を通して、相談者が抱える課題について相談者と合意、共有すること。
③ 相談者との関係構築を踏まえ、情報提供、教示、フィードバック等の積極的関わり技法の意義、有効性、導入時期、進め方の留意点等について理解し、適切にこれらを展開すること。

184

3-1
カウンセリングの技能

これまでの出題内容を分析すると、カウンセラーの受容的で共感的な態度による関係構築と傾聴、そして具体的な包括的・折衷的なアプローチによるカウンセリングの流れが問われる出題範囲であると位置づけています。

カウンセリング理論の具体的な理論家や個別の療法に関しては、これまでのところ、前半の問8前後から３問前後出題される「カウンセリングに関する理論」の範囲から出題される傾向があるようです。

対策のポイント

・システマティック・アプローチのステップの理解
・代表的な包括的・折衷的なアプローチの理解
・ロジャーズの来談者中心療法の理解
・カウンセリングに必要なカウンセラーの態度の理解

キャリアコンサルティングでは、ある特定のカウンセリング理論や療法に偏ることなく、様々な理論や技法を、「包括的・折衷的」に活用することが求められます。

包括的・折衷的アプローチには、システマティック・アプローチ、マイクロカウンセリング、ヘルピング、コーヒーカップ・モデルがあります。

マイクロカウンセリングはアイビイ、ヘルピングはカーカフ、コーヒーカップ・モデルは國分康孝が開発しました。

システマティック・アプローチとマイクロカウンセリングのプロセスを中心に確認しておきましょう。

見ておきたい資料や参考書

・『キャリアコンサルティング理論と実際 6訂版』（一般社団法人雇用問題研究会）
・「職業相談場面におけるキャリア理論及びカウンセリング理論の活用・普及に関する文献調査」（独立行政法人労働政策研究・研修機構）

第3章 キャリアコンサルティングを行うために必要な技能

185

❶出題度

出題される頻度を３段階で示しています。ハイライトされた帽子の数が多いほど出題数が多いことを意味します。

❷出題された主な資料やテーマ

どの資料やテーマから出題されたかを紹介しています。挙げられた資料やテーマをチェックして、概要を押さえておきましょう。

❸対策のポイント

どこを重点的に学習しておくとよいかを紹介しています。ここに挙げられたポイントを押さえておくと、合格力がさらに高まります。

❹一言コメント

そのテーマに関する補足説明やワンポイントアドバイスです。試験対策をするに当たり、役立つTIPSが満載です。

❺見ておきたい資料や参考書

見ておきたい資料や参考書の一覧です。ここで挙げられた資料や参考書は、できれば試験までに一読しておくことをおすすめします。なお、Webで読める資料については、QRコードを付けています。

■ オリジナル問題集部分

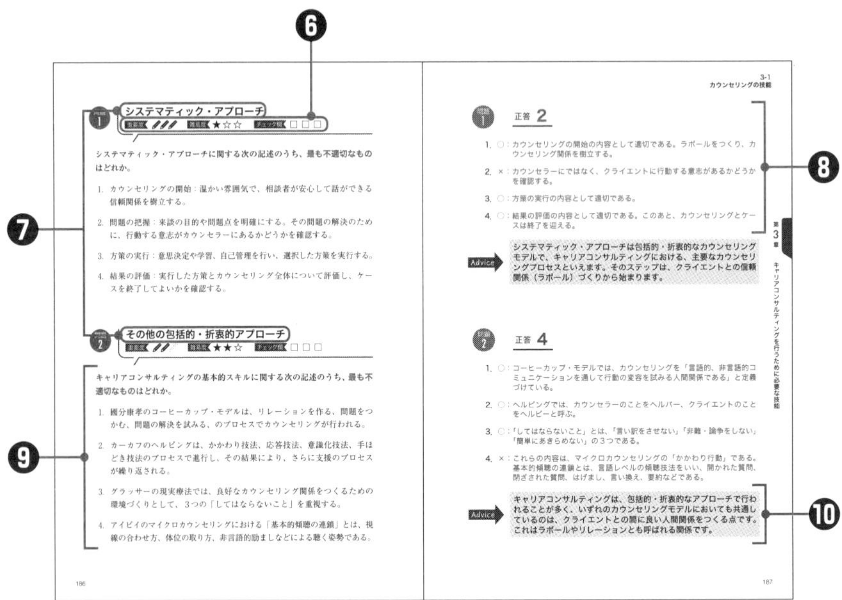

問題1 システマティック・アプローチ
重要度 難易度 ★☆☆ チェック欄 □□□

システマティック・アプローチに関する次の記述のうち、最も不適切なものはどれか。

1. カウンセリングの開始：温かい雰囲気で、相談者が安心して話ができる信頼関係を樹立する。
2. 問題の把握：来談の目的や問題点を明確にする。その問題の解決のために、行動する意志がカウンセラーにあるかどうかを確認する。
3. 方策の実行：意思決定や学習、自己管理を行い、選択した方策を実行する。
4. 結果の評価：実行した方策とカウンセリング全体について評価し、ケースを終了してよいかを確認する。

問題2 その他の包括的・折衷的アプローチ
重要度 難易度 ★★☆ チェック欄 □□□

キャリアコンサルティングの基本的スキルに関する次の記述のうち、最も不適切なものはどれか。

1. 國分康孝のコーヒーカップ・モデルは、リレーションを作る、問題をつかむ、問題の解決を試みる、のプロセスでカウンセリングが行われる。
2. カーカフのヘルピングは、かかわり技法、応答技法、意識化技法、手ほどき技法のプロセスで進行し、その結果により、さらに支援のプロセスが繰り返される。
3. グラッサーの現実療法では、良好なカウンセリング関係をつくるための環境づくりとして、3つの「してはならないこと」を重視する。
4. アイビイのマイクロカウンセリングにおける「基本的傾聴の連鎖」とは、視線の合わせ方、体位の取り方、非言語的励ましなどによる聴く姿勢である。

186

3-1 カウンセリングの技能

問題1 正答 2

1. ○：カウンセリングの開始の内容として適切である。ラポールをつくり、カウンセリング関係を樹立する。
2. ×：カウンセラーにではなく、クライエントに行動する意志があるかどうかを確認する。
3. ○：方策の実行の内容として適切である。
4. ○：結果の評価の内容として適切である。このあと、カウンセリングとケースは終了を迎える。

Advice システマティック・アプローチは包括的・折衷的なカウンセリングモデルで、キャリアコンサルティングにおける、主要なカウンセリングプロセスといえます。そのステップは、クライエントとの信頼関係（ラポール）づくりから始まります。

問題2 正答 4

1. ○：コーヒーカップ・モデルでは、カウンセリングを「言語的、非言語的コミュニケーションを通して行動の変容を試みる人間関係である」と定義づけている。
2. ○：ヘルピングでは、カウンセラーのことをヘルパー、クライエントのことをヘルピーと呼ぶ。
3. ○：「してはならないこと」とは、「言い訳をさせない」「非難・論争をしない」「簡単にあきらめない」の3つである。
4. ×：これらの内容は、マイクロカウンセリングの「かかわり行動」である。基本的傾聴の連鎖とは、言語レベルの傾聴技法をいい、開かれた質問、閉ざされた質問、はげまし、言い換え、要約などである。

Advice キャリアコンサルティングは、包括的・折衷的なアプローチで行われることが多く、いずれのカウンセリングモデルにおいても共通しているのは、クライエントとの間に良い人間関係をつくる点です。これはラポールやリレーションとも呼ばれる関係です。

第3章 キャリアコンサルティングを行うために必要な技能

187

❻重要度・難易度・チェック欄

問題の重要度や難易度を示します。鉛筆の数が多いほど、重要度や難易度の高い問題です。チェック欄は、解けた問題や間違えた問題にチェックを入れるなど、繰り返し学習するためのチェックシートとしてご利用下さい。

❼出題範囲

どの出題範囲からの問題なのかを示しています。

❽正答と解説

問題に対する正答と解説です。左ページに問題文、右ページに正答と解説を配置しているため、問題と解説を見比べながら学習することができます。問題に関連する資料は資料名とQRコードがありますので、目を通しておきましょう。

❾オリジナル問題

実際の出題形式を模した著者のオリジナル問題です。これまでの出題内容のみならず、今後の出題予想を分析して作成されています。

❿Advice

回答のためのワンポイントアドバイスです。しっかり読み込んで合格力を高めましょう。

読者特典のご案内

本書の読者特典として、「一問一答Webアプリ」と「オリジナル解説動画」をご用意しました。それぞれのURLにアクセスして視聴・ダウンロードして下さい。

なお、特典を利用する際は、会員登録をしていただいたうえで、Webサイトの指示に従い、アクセスキーを入力してください。アクセスキーは、本書のいずれかの章扉ページに記載されています。

■ 一問一答Webアプリについて

スマートフォンやパソコンでご利用いただける一問一答Webアプリです。移動中など、スキマ時間を有効活用して学習することができます。下記のURLにアクセスしてご利用下さい。

URL https://www.shoeisha.co.jp/book/exam/9784798186566

■ オリジナル解説動画について

本書に掲載した模擬問題のオリジナル解説動画です。移動中などの「耳学問」（＝聞いて学ぶ用）としてもご活用いただけます。下記のURLにアクセスしてご利用下さい。

URL https://www.shoeisha.co.jp/book/pages/9784798186566/video

※会員特典データのダウンロードには、SHOEISHA iD（翔泳社が運営する無料の会員制度）への会員登録が必要です。詳しくは、Webサイトをご覧下さい。
※会員特典データに関する権利は著者および株式会社翔泳社が所有しています。許可なく配布したり、Webサイトに転載することはできません。
※会員特典データの提供は予告なく終了することがあります。あらかじめご了承下さい。
※図書館利用者の方はダウンロードをご遠慮ください。図書館職員の皆様には、ダウンロード情報（URL、アクセスキー等）を伏せる処理をしていただきますよう、お願い申し上げます。

本書内容に関するお問い合わせについて

このたびは翔泳社の書籍をお買い上げいただき、誠にありがとうございます。弊社では、読者の皆様からのお問い合わせに適切に対応させていただくため、以下のガイドラインへのご協力をお願い致しております。下記項目をお読みいただき、手順に従ってお問い合わせください。

●ご質問される前に

弊社Webサイトの「正誤表」をご参照ください。これまでに判明した正誤や追加情報を掲載しています。

正誤表　https://www.shoeisha.co.jp/book/errata/

●ご質問方法

弊社Webサイトの「書籍に関するお問い合わせ」をご利用ください。

書籍に関するお問い合わせ　https://www.shoeisha.co.jp/book/qa/

インターネットをご利用でない場合は、FAXまたは郵便にて、下記"翔泳社 愛読者サービスセンター"までお問い合わせください。
電話でのご質問は、お受けしておりません。

●回答について

回答は、ご質問いただいた手段によってご返事申し上げます。ご質問の内容によっては、回答に数日ないしはそれ以上の期間を要する場合があります。

●ご質問に際してのご注意

本書の対象を超えるもの、記述個所を特定されないもの、また読者固有の環境に起因するご質問等にはお答えできませんので、予めご了承ください。

●郵便物送付先およびFAX番号

送付先住所　〒160-0006　東京都新宿区舟町5
FAX番号　03-5362-3818
宛先　（株）翔泳社 愛読者サービスセンター

※ 著者および出版社は、本書の使用によるキャリアコンサルタント試験合格を保証するものではありません。
※ 本書に記載されたURL等は予告なく変更される場合があります。
※ 本書の出版にあたっては正確な記述に努めましたが、著者および出版社のいずれも、本書の内容に対してなんらかの保証をするものではなく、内容やサンプルに基づくいかなる運用結果に関してもいっさいの責任を負いません。
※ 本書に掲載されている画面イメージなどは、特定の設定に基づいた環境にて再現される一例です。
※ 本書に記載されている会社名、製品名はそれぞれ各社の商標および登録商標です。
※ 本書では ™、®、© は割愛させていただいております。

序　章

合格するための解き方とポイント

序章では合格力アップのための、問題の正誤判定に役立つアドバイスや、試験当日の注意点などをお伝えします。また、よく出題される理論家、官公庁資料、アセスメントツールなどのランキングは、学習の優先順位付けにお役立て下さい。
さらに、「キャリアコンサルタント倫理綱領　改正のポイント」で2024年に改正された倫理綱領対策も万全です。
さぁ、合格への扉を開きましょう。

みん合式！
本試験問題の解き方講座

■ 正誤判定3か条

ここでは、本試験問題の解き方のコツを紹介していきます。

キャリアコンサルタント試験の学科試験の問題は、マルかバツかの正誤問題がほぼ全てです。ごくわずかながら、これまでに空欄に入る用語を選択する問題が出題されたこともあり、問い方に若干のバリエーションはあるものの、通常は選択肢の正誤を判定して正答を導き出す問題が出題されます。

では、正誤判定において気を付けるべき３か条を紹介しましょう。

> 正誤判定３か条
> 1．問題文の指示をよく確認する
> 2．正誤を左右する表現方法に気をつける
> 3．こんなキャリアコンサルタントは嫌だ！

1つずつ確認していきます。

■ 問題文の指示をよく確認する

問題の冒頭には、次のような問題文の指示があります。

> ○○に関する次の記述のうち、**最も適切なもの**はどれか。

> ○○に関する次の記述のうち、**最も不適切なもの**はどれか。

本試験問題では、あえてゴシックの太字で表現していますが、問題文の**適切なのか不適切なのか**は、必ず確認する癖をつけて下さい。思い込みをしてしまうのか、「適切なもの」を選択すべきなのに「不適切なもの」を選んでしまった、逆に「不適切なもの」を選択すべきなのに、「適切なもの」を選んでしまったという声をよく耳にします。

ケアレスミスを防ぐためにも、問題用紙にアンダーラインやチェックマークなどを記入するなどして、意識づけをするようにして下さい。

なお、適切と不適切の前の「最も」の表現については、それ自体が正答の判断の決め手となることは、これまでにはほぼありません。あくまで**適切なのか不適切なのか**の視点で判断をすればよいでしょう。

ちなみに、「労働政策及び労働関係法令並びに社会保障制度の知識」からの出題は、適切、不適切の問いかけではなく、**正しいもの**、**誤っているもの**という問いかけが多いです。また、「適切なものの組み合わせはどれか」や、「適切なものはいくつあるか」といった問いかけも、時折ありますので気をつけましょう。

■ 正誤を左右する表現方法に気をつける

問題を作成する側では、当然のことながら、あえて誤りのある選択肢を作る必要があります。その際によく使用される表現方法に注目しましょう。例えば、次のような表現です。

> 全ての労働者の募集・採用に関して…（略）

これは、**全て**、**いつも**、**いかなる場合でも**、**必ず**といったオール（All）表現です。このような表現がある場合は、例外の有無を検討しましょう。

> 相談者の発言する問題を受容的・共感的に理解することだけが必要であり…（略）

これは、**だけ**、**のみ**、といったオンリー（Only）表現です。このような表現がある場合は、限定されるものかどうかを検討しましょう。

> ○○については、書面で交付しなければならない。

これは、**しなければならない**、といったマスト（Must）表現です。このような表現がある場合は、法的な義務など、明確に義務づけられているものかどうかを検討しましょう。

> 速やかな転職を希望したため、すぐに転職先を探すよう働きかけた。

これは、**すぐに、ただちに**といったスーン（Soon）表現です。迅速であるよりも、相談者との信頼関係の構築や傾聴による問題点の把握等が大切です。ほかには「よりも」表現や「できる」表現に気をつけましょう。

時折、これらの表現が正誤判定を左右する問題が出題されます。問題用紙にアンダーライン等をつけるなどして、印象づけるようにして下さい。見直しの際にそれらを確認すると、効率よく見直しが行えます。

■ こんなキャリアコンサルタントは嫌だ！

キャリアコンサルタントの支援の姿勢として、**それはやってはいけない**、という選択肢が登場することがよくあります。例えば次のような選択肢です。

（略）相談者が優柔不断な場合、相談者に代わって職業選択に関する意思決定をする。

キャリアコンサルタント倫理綱領第10条にも明記されているように、キャリアコンサルティングの実施に当たっては、相談者の自己決定権を尊重しなければなりません。また、いくら文章が苦手だからといって、履歴書や職務経歴書を相談者に代わり、キャリアコンサルタントが記入することはありません。

これら、相談者に代わっての**決定と代筆**については、これまでの過去問題でも出題されています。

他の例も挙げておきましょう。

（略）○○の症状を理解した上での、疾病の可能性のある相談者への診断の告知。

キャリアコンサルタントは医師ではありませんから、病名の**診断や治療**をすることはできません。

そんな問題が本当に出ているの？と思う人がいるかもしれませんが、キャリアコンサルタントが病名の診断や治療をしてしまう問題は、これまでに出題されています。

決定や代筆、診断や治療は、「適切ではないこと」として、速やかに判断しましょう。

■ 試験当日の注意点

続いて、試験当日の留意点をお伝えします。

試験直後の受験生に話を聞くと、「これまでにやってきたどの過去問題や模擬問題よりも、今日の**本試験問題が最も難しかった**」という感想を持つ人が少なからずいるようです。

ただ、試験当日夜の解答速報（みん合サイトで実施しています）を確認したり、もう一度気になる問題を見返したりしてみると、「実はそれほど難しくはなかった。それよりも、**なぜこの問題を間違えたのだろう？**」という思いを抱く人も多いようです。

それは、本試験ゆえの緊張感、プレッシャー、迷った解答選択の不安などが、一気に押し寄せてしまうことにより、誰にでも起こりうることなのだと思います。

また、むしろそれは、念入りに準備をしてきたからこその緊張感や不安でもあるのだと思います。つまり、それまでの**努力の証**ともいえます。

もちろん、適度な緊張感は、むしろ気持ちが高ぶり、よい効果につながることもありますが、過度な緊張感により、試験時間中に心が折れてしまってはいけません。

ではここからは、「心が折れないための対策」を紹介していきましょう。

■「問1」に気をつける

本書の中でも、傾向と対策等を紹介していますが、最初の問題の問1は、「社会及び経済の動向並びにキャリア形成支援の必要性の理解」の出題範囲からの出題のため、**時事的な要素**を含んだ問題が出題されることが多いです。

そのため、これまでに出題されたことがない、新資料からの出題で、かつ、それらの細かな内容が問われる場合があります。試験開始とともに問１を見るやいなや、「え？なに？これ？無理……」と冷や汗が吹き出てきてしまうこともあるでしょう。

そんなときは、まず、ゆっくりと**深呼吸をして落ち着きましょう**。落ち着いて選択肢を検討していくと、一つだけ、容易にセレクトできる選択肢があるかもしれません。そして、それが正答の選択肢である可能性があります。

本書の問題や過去問題を解いていけば、細かな内容を知らなくても、問題が解けるケースがあることにきっと気づくことでしょう。また、本当に難しい問題であったとしても、**50問のうちの１問**です。

たとえその問題を間違えたとしても、それだけで不合格になるわけではありません。問題による配点の差もなく、平等に１問は２点です。ですから、問１で出鼻をくじかれないようにしましょう。

■「難問ゾーン」に気をつける

問11前後から問24前後までの問題は、「企業におけるキャリア形成支援の知識」「労働市場の知識」「労働政策及び労働関係法令並びに社会保障制度の知識」からの出題で、知らない制度や資料、馴染みの薄い法律からの出題などにより、難問が連続することがあります。

この問題のゾーンを、みん合サイトでは**難問ゾーン**と呼んでいます。この難問ゾーンで心が折れないようにしましょう。このゾーンで、総崩れになってしまう受験生がよくいます。

逆に、問40前後から問50までの問題のゾーンは、比較的解きやすく、易しい問題が続くことが多く、みん合サイトでは**思いやりゾーン**と呼んでいます。

■ 最初から解かなくてもよい

解く順番に決まりはありませんから、そうした思いやりゾーンで確実に正解できるものを解いて、心を落ち着かせてから難問ゾーンに挑んでいくという手もあります。ただしその場合には、**マークミスにはくれぐれも気をつけて下さい。**逆にいえば、マークミスにさえ気をつければ、どんな順序で解いてもよいのです。

いずれにせよ、試験では**心が折れないための対策**が肝心です。

■「捨て問題」はある

初見では正答を導くことが非常に困難な問題のことを、みん合サイトでは**捨て問題**と呼んでおり、捨て問題は毎回出題されます。

通常の回で5問前後、多い回で10問前後、非常に解答が困難な問題が出題されます。難しい回のみならず、通常の難易度の回でも、高得点者が少ないのがこの試験の特徴です。

捨て問題といえども、「二択まではなんとか絞れる」という問題もあります。確率論で考えると、それらが全て不正解になってしまうことはあまりないと思いますが、「**捨て問題はある**」という覚悟はしておきましょう。これも、心が折れないための対策です。

ただし、一度出題された捨て問題は、次回からは確実に得点すべき問題となります。同じ問題、似た問題が、この試験では出題されることがありますから、過去問題における捨て問題は、次回以降は**取るべき問題**になると捉えておきましょう。

難問ゾーンや捨て問題はありますが、そのハードルを乗り越えて、合格ラインの**35問**を獲得して合格しましょう。

35問は必ず獲得する強い気持ちを持って、試験会場へ向かいましょう。祈、合格！

試験に出た！
何でもランキング

みん合サイトでは、試験が実施されるごとに過去問題の解説を作成して公開しています。その際には、出典や参考資料になったと思われる官公庁資料、ホームページ、法律などを確認するとともに、キャリア理論やカウンセリング理論に関する理論家について、誰が問われた問題なのかを確認して出題数（選択肢数）をカウントしています。

ここからは、テーマ別に出題数（選択肢数）をカウントして集計した結果を「試験に出た！何でもランキング」として紹介していきます。

■ 試験に出た！　理論家ランキング

キャリアに関する理論や、カウンセリングに関する理論、技能の提唱者などについては、第25回試験までの間に、約60名の理論家の出題がありました。では、どの理論家の出題が多いのでしょうか。ランキング形式で紹介します。集計方法は、問題文、選択肢における具体的な**人名の表記**をカウントの基準としています。

なお、選択肢に人名がなく、問題文に「スーパーに関して適切なものはどれか」という問いがあり、選択肢が4つある場合には、選択肢4つ全てを「スーパー」に関する出題としてカウントしています。

さらに、精神分析療法では「フロイト」が有名ですが、精神分析療法に関する問題文や選択肢ではあるものの、フロイトの人名表記が問題文や選択肢の中には見当たらない場合には、「フロイト」の出題としてはカウントしていません。

つまり、あくまで「みん合調べ」での基準であり、絶対的な出題数のランキングとはいえませんが、出題頻度の目安として、学習のメリハリづけや、試験直前等にこれまでに登場したことのある理論家を網羅しておきたい場合などに参考になるでしょう。

それでは、さっそく発表していきましょう！

順位	人名	出題数
第1位	スーパー	101
第2位	シャイン	71
第3位	サビカス	68
第4位	シュロスバーグ	66

ベスト4の理論家の中でも、スーパーの出題数は群を抜いています。シャインやサビカスは出題のない回もありますが、出題の際には大問（選択肢4つ分の問題）としての出題が多いです。また、「**人生の転機の知識**」の出題範囲では、シュロスバーグの出題が定番化しています。出題ランクSランクの4人のS、理論の内容理解は、まずこの４人からはじめましょう。

では、Sランクに続く、Aランクの理論家ランキングを見てみましょう。

順位	人名	出題数
第5位	ロジャーズ	47
第6位	ホランド	43
第7位	ジェラット	39
第8位	レビンソン	38
第8位	エリクソン	38
第10位	クランボルツ	35
第11位	ホール	31
第11位	ブリッジス	31
第13位	フロイト（親子）	30
第13位	ハンセン	30
第15位	バンデューラ	22

第5位はカウンセリング理論から、来談者中心療法で知られるロジャーズがランクインです。RIASECのホランド、積極的不確実性のジェラットが続きます。

そして、第8位には、エリクソンとレビンソンが同数で並んでいます。発達段階の２大理論家で名前も似ているので苦手、という声をよく聞きますが、エリクソンは**8つ**の発達段階のうち、青年期の自我同一性（アイデンティティ）の獲得を特に重視、レビンソンは人生の**四季**（4段階）、人生半ばの過渡期を重視しています。**エリクソンはエイト（8）**と覚えましょう。

続いて、計画された偶発性理論のクランボルツや、プロティアン・キャリアのホール、転機の理論（終わりから始まる）のブリッジスが続きます。そして、精神分析のフロイト、統合的人生設計のハンセン、自己効力感でお馴染みのバンデューラまでが、これまでの出題数20以上のAランク理論家です。

もう少しランキングを見ていきましょう。頻出度でいうと、Bランク、Cランクの理論家ですから、集中的に時間をかけて対策をするよりも、本書や過去問題で登場した際に、その内容を確認するのがよいでしょう。

順位	人名	出題数
第16位	パーソンズ	16
第17位	アイビイ	15
第18位	マーシャ	13
第19位	國分康孝	12
第20位	ハーズバーグ	11
第20位	エリス	11

パーソンズは職業指導の父、丸い釘は丸い穴に、という考え方で、その後の特性因子論の基礎を作りました。アイビイはマイクロカウンセリングの階層表で有名です。また、マーシャは、受験生での知名度は高くありませんが、「**アイデンティティ・ステイタス**」の問題がこれまでに大問で3回出題されています。

國分康孝はカウンセリング・モデルとしてコーヒーカップ・モデルを、ハーズバーグは動機づけ理論（動機づけ要因と衛生要因）を、エリスは論理療法を提唱しました。

これ以降はギンズバーグ、マズロー、パールズ、バーン、アドラー、カーカフと続きます。さらに詳しいランキングを知りたい方は、みん合サイトにてご確認下さい。

■ 試験に出た！　官公庁資料ランキング

続いて紹介するのは、官公庁資料のランキングです。

厚生労働省や経済産業省、文部科学省など、官公庁が発信している白書系の資料や報告書などの出題が毎回多く見受けられます。しかし、資料の種類は膨大で多岐に及ぶため、その全ての対策をしておくことは不可能です。

また、一度だけ、選択肢一つ分だけの出題の資料も多くある一方で、ほぼ毎回出題されるような資料もありますので、メリハリをつけて対策をすることをおすすめしています。それでは、ランキングを発表しましょう。

順位	資料名	出題数
第1位	労働経済の分析	141
第2位	能力開発基本調査	132
第3位	職業能力開発基本計画	49
第4位	今後の学校におけるキャリア教育・職業教育の在り方について（答申）	37
第5位	「セルフ・キャリアドック」導入の方針と展開	33

では、順番に見ていきましょう。

第１位　労働経済の分析

「労働経済の分析」は、厚生労働省が概ね**毎年**公表している白書系の資料です。例年、第Ⅰ部の「労働経済の推移と特徴」では、一般経済の動向、雇用・失業情勢の動向、労働時間・賃金等の動向、消費・物価の動向などが報告されています。また、総務省の労働力調査による完全失業率や、厚生労働省の一般職業紹介状況による有効求人倍率などの統計データが紹介されています。

一方、第Ⅱ部では、毎年テーマが異なりますが、その時々のタイムリーな課題や方向性についてまとめられています。

キャリアコンサルタントとして、資格取得後もよく確認しておきたい情報源の一つといえるでしょう。

第２位　能力開発基本調査

「能力開発基本調査」は、企業が行う能力開発の実態アンケート調査です。企業が行っている**能力開発の実態**を明らかにし、人材開発行政に役立てることを目的として、厚生労働省が**毎年**調査を行い、結果の概要を公表しています。

第25回試験までの間では、第３回と第25回試験を除いて毎回出題されており、多い時では大問（選択肢４つ分の問題）で２問分の出題があります。念入りな対策がマストの資料といえるでしょう。

第３位　職業能力開発基本計画

「職業能力開発基本計画」は、**国が定める人材育成の基本計画**です。この計画は５か年計画で、2021年度より第11次職業能力開発基本計画がスタートしています。第11次基本計画は、それまでの第10次基本計画の内容を概ね踏襲しながらも、新型コロナウイルス感染症の影響や、AIなどの技術革新を反映させた内容になっています。国が考える人材育成の方向性を示すものとして、一読しておきましょう。

第４位　今後の学校におけるキャリア教育・職業教育の在り方について（答申）

「今後の学校におけるキャリア教育・職業教育の在り方について（答申）」は文部科学省中央教育審議会が平成23年にまとめたやや古い資料ですが、最近でも出題があります。

学校教育に携わっている方であれば馴染みのある内容かもしれませんが、それ以外の方にとっては内容の把握が難しく、資料のボリューム感もあります。

過去の出題では、児童生徒が身につけるべき「**基礎的・汎用的能力**」に関する出題が特に多いので留意しましょう。

キャリア教育関係者であれば内容に精通しておく必要がありますが、そうではない人は、全てを読み込むというよりも、本書の問題や過去問題での出題内容を確認しておくとよいでしょう。

第5位 「セルフ・キャリアドック」導入の方針と展開

「『セルフ・キャリアドック』導入の方針と展開」は、厚生労働省が公表している資料で、これからセルフ・キャリアドックを導入する企業にとって、導入の手順、導入に際しての留意事項、具体的な面談シートの例や、就業規則での記載例、Q&Aなど、セリフ・キャリアドックの実践に役立つ導入ガイドです。実務的にも活用できる点もありますので、一度目を通しておきましょう。

その他、出題が比較的多い資料として、以下があります。

・働く環境の変化に対応できるキャリアコンサルタントに関する報告書（厚生労働省）
・インターンシップを始めとする学生のキャリア形成支援に係る取組の推進に当たっての基本的考え方（文部科学省ほか）
・事業場における治療と仕事の両立支援のためのガイドライン（厚生労働省）
・職場における心の健康づくり　労働者の心の健康の保持増進のための指針（厚生労働省）
・心の健康問題により休業した労働者の職場復帰支援の手引き（厚生労働省）

■ 試験に出た！　アセスメントツールランキング

続いては、アセスメントツールのランキングを紹介しましょう。

自己理解のためのアセスメントツールや、職業理解のためのガイダンスツールに関する出題が、毎回一定数あります。これまでは第1回と第23回を除き、第25回まで毎回具体的なツールに関する出題があり、通常は１～２問が出題されています。

こうしたツールの出題は、内容を知らないと解答の糸口すらつかめませんので、試験までにその**内容**、**特徴**、**対象**などを確認しておくことが必要になります。よく出題されるアセスメントツールを紹介していきますので、メリハリをつけて対策をしましょう。

順位	ツール名	出題数
第1位	厚生労働省編一般職業適性検査（GATB）	37
第2位	職業レディネス・テスト（VRT）	26
第3位	キャリア・インサイト（統合版）	19
第4位	OHBYカード	12
第5位	VRTカード	11
第6位	VPI職業興味検査	10

第１位　厚生労働省編一般職業適性検査（GATB）

「厚生労働省編一般職業適性検査（GATB）」は、中学生から成人（45歳程度）を対象とした検査です。

11種の紙筆検査と4種の器具検査からなり、**９つの適性能**（知的能力、言語能力、数理能力、書記的知覚、空間判断力、形態知覚、運動共応、指先の器用さ、手腕の器用さ）を測定します。

第２位　職業レディネス・テスト（VRT）

「職業レディネス・テスト（VRT）」は、中学生から高校生（大学生も可）を対象とした検査です。

ホランド理論に基づく６つの興味領域に対する興味の程度と、自信度を表示します。職業興味、基礎的志向性、職務遂行の自信度を測定する３つの検査から構成されています。

第３位　キャリア・インサイト（統合版）

「キャリア・インサイト（統合版）」は、若者から中高年を対象とした**キャリアガイダンスシステム**です。

職業選択のための適性評価、適性に合致した職業リスト参照、職業情報の検索、キャリアプランニングなどを実施でき、18歳から34歳程度の若年者向け（EC：アーリーキャリア）と35歳から60歳程度で職業経験のある方向け（MC：ミッドキャリア）があり、これらが統合されています。

第４位　OHBYカード

「OHBYカード」は、児童・生徒から若者を主な対象とした、**カード式の職業情報ツール**です。

職業情報をイラストや写真、簡単な説明文等により、48枚のカードにまとめられています。1対1のカウンセリングの他、グループや学校の授業などで使用することができ、自らの興味や関心とともに、必要最小限の職業情報も得ることができます。

第５位　VRTカード

「VRTカード」は、児童・生徒から若者を主な対象とした、**職業レディネス・テスト**をカード化したものです。

簡便に測定することができ、54枚のカードに書かれている仕事内容への興味や、その仕事を行うことについての自信を判断していくことで、興味の方向や自信の程度がわかります。

第６位　VPI職業興味検査

「VPI職業興味検査」は、短大生、大学生以上を対象とした検査です。

ホランドによるVPIの日本版であり、160個の職業名に対する興味の有無を回答します。6つの興味領域に対する興味の程度と、５つの傾向尺度を表示します。

これ以降は、「(内田) クレペリン検査」「キャリア・シミュレーション・プログラム」「東大式エゴグラム」「Y-G性格検査」「CADS&CADI」と続き、これまでに全11種類のアセスメントツール、職業ガイダンスツールが出題されています。その中でも、今回紹介した上位６種類は、必ず確認しておきましょう。

■ 試験に出た！　ホームページランキング

最後に、試験に出題されることがある、官公庁等のホームページのランキングも紹介しておきましょう。

これまでの出題の中には、実際にホームページを見ておかないと解けないような出題内容もあり、試験によく出題されるホームページは、移動時間や隙間時間に見ておくだけでも得点につながる可能性があります。移動時間などにもできる試験対策として、ここで紹介するホームページを確認しておきましょう。

順位	ホームページ名	出題数
第1位	ハローワークインターネットサービス	73
第2位	マイジョブ・カード	67
第3位	こころの情報サイト	34
第4位	職業情報提供サイト（日本版O-NET、愛称jobtag）	22
第5位	職業能力評価基準（厚生労働省）	15

第１位　ハローワークインターネットサービス

「ハローワークインターネットサービス」は、2020年に大幅なリニューアルがあり、求職者、求人者それぞれのマイページを作成できるようになりました。それぞれの立場で、サイトでできることを確認しておきましょう。

URL https://www.hellowork.mhlw.go.jp/

第２位　マイジョブ・カード

2022年に「ジョブ・カード制度総合サイト」から名称変更した「マイジョブ・カード」からは、ほぼ毎回大問１問分が出題されます。サイトを確認して、ジョブ・カード制度でできることをチェックしておきましょう。

URL https://www.job-card.mhlw.go.jp/

第３位　こころの情報サイト

「こころの情報サイト」は、国立精神・神経医療研究センターが開設しており、精神疾患に関する基礎知識を身につけることができるサイトです。かつて厚生労働省が運営していた「みんなのメンタルヘルス」の内容を引き継いでいます。

医療関係者向けではなく、一般向けに情報提供をしており、大変わかりやすいサイトです。

URL https://kokoro.ncnp.go.jp/

第4位　職業情報提供サイト（日本版O-NET、愛称jobtag）

「職業情報提供サイト（日本版O-NET、愛称jobtag）」は、ジョブ、タスク、スキル等の観点から**職業情報を見える化**し、求職者等の就職活動や企業の採用活動等を支援するために厚生労働省が設置しているサイトであり、ハローワークインターネットサービスや、マイジョブ・カードと連携しています。

URL https://shigoto.mhlw.go.jp/User/

第5位　職業能力評価基準（厚生労働省）

「職業能力評価基準（厚生労働省）」では、厚生労働省が推し進めている「職業能力評価基準」の内容を知ることができます。また、各種テンプレートファイルなどもダウンロードすることが可能です。

URL https://www.mhlw.go.jp/stf/seisakunitsuite/bunya/koyou_roudou/jinzaikaihatsu/ability_skill/syokunou/index.html

以下、「こころの耳」（厚生労働省）や協会けんぽ、日本年金機構のホームページなどが続きます。

また、**独立行政法人労働政策研究・研修機構（JILPT）**のホームページ（https://www.jil.go.jp/）は、労働や雇用問題に関する調査資料の宝庫で、試験対策のみならず、資格取得後も貴重な情報源になります。

なお、これまでに紹介したランキングは、第25回試験の内容までを反映しています。試験回ごとにランキングやその内容を更新していますので、最新情報については、随時、みん合サイトにてご確認下さい。

キャリアコンサルタント倫理綱領改正のポイント

2024年1月に新しい「キャリアコンサルタント倫理綱領」が公表されました。改正前の内容と比べると、より実践的で、昨今のキャリアコンサルティングの具体的な課題の克服や、今後の方向性を示すものとなっています。

なお、巻末の資料②において「キャリアコンサルタント倫理綱領」の全文を掲載しています。

■ 改正のポイント

新しい倫理綱領の変更内容の特徴として、主に「社会の変化と新たな課題への対応」と、「組織におけるキャリアコンサルタントの留意点」の二つの視点から見直しがされており、今後の出題内容にも影響すると思われます。

視点1：社会の変化や新しい課題への対応

具体的には次の内容が明記されました。

① キャリアコンサルタントへの期待の高まりと**社会的責任**の増加
② 相談者の**多様性**（異文化やLGBTなど）への対応力の向上
③ 社会の変化、特に**デジタル化**（DX、情報技術）への対応
④ キャリアコンサルタント自身の**人間的な成長**、研鑽

視点2：組織におけるキャリアコンサルタントの留意点

具体的には次の内容が明記されました。

① 支援の実施、関係部門との連携の際の**守秘義務**
② 相談者のみならず、組織に対する事前の**説明責任**と**合意**の必要性
③ 組織における**多重関係**の防止

なお、キャリアコンサルタント試験やキャリアコンサルティング技能検定では、2024年度の試験からの出題が予想されます。

それでは、キャリアコンサルタント倫理綱領の内容を確認しましょう。各条文のキーワードを赤い文字にしていますので、付属の赤シートで隠しながら確認していきましょう。

序文（一部抜粋）

時代の変化に伴い、新しい働き方の拡大とその実現のため、社会をリードするキャリアコンサルタントへの期待は更に高まり、社会的責任も増しています。多様な相談者や組織からの求めに応えるため、キャリアコンサルタントには、倫理観と専門性の維持向上が必要不可欠です。加えて自らの人間性を磨き、矜持と責任感を持ち、自己研鑽に励むことが何よりも重要です。

2016年の国家資格化から約8年が経過し、キャリアコンサルタントの社会的責任が増しているなか、倫理観と専門性のみならず、人間性や、矜持と責任感を持つことが求められています。

前文（一部抜粋）

本倫理綱領では、キャリアコンサルタントが、職業能力開発促進法に則り、労働者の職業の選択、職業生活設計又は職業能力の開発及び向上に関する相談に応じ、助言及び指導を行い、使命である相談者のキャリア形成の支援と、その延長にある組織や社会の発展への寄与を実現するために、遵守すべき倫理を表明する。

キャリアコンサルティングの定義やキャリアコンサルタントの位置づけは、職業能力開発促進法に法的な根拠があります。

■ 第1章　基本的姿勢・態度

基本的理念

第1条　キャリアコンサルタントは、キャリアコンサルティングを行うにあたり、人間尊重を基本理念とし、多様性を重んじ、個の尊厳を侵してはならない。

2　キャリアコンサルタントは、相談者を人種・民族・国籍・性別・年齢・宗教・信条・心身の障がい・文化の相違・社会的身分・性的指向・性自認等により差別してはならない。

3　キャリアコンサルタントは、キャリアコンサルティングが、相談者の人生全般に影響を与えることを自覚し、相談者の利益を第一義として、誠実に責任を果たさなければならない。

多様性の重視や、文化の相違や、性的指向、性自認等への差別の禁止が新たに追加されました。

品位および矜持の保持

第2条　キャリアコンサルタントは、キャリアコンサルタントとしての品位と矜持を保ち、法律や公序良俗に反する行為をしてはならない。

従来の「品位」の保持に「矜持」が加わりました。矜持とは誇り、プライドのことをいいます。

社会的信用の保持

第3条　キャリアコンサルタントは、常に公正な態度をもって職責を果たし、専門職として、相談者、依頼主、他の分野・領域の専門家や関係者及び社会の信頼に応え、信用を保持しなければならない。

以前の条文に、「相談者、依頼主、他の分野・領域の専門家や関係者及び社会の信頼に応え」の部分が加わり、表題も「信頼の保持・醸成」から「社会的信用の保持」へ変わりました。

社会情勢の変化への対応

第4条　キャリアコンサルタントは、個人及び組織を取り巻く社会・経済・技術・環境の動向や、教育・生活の場にも常に関心を払い、社会の変化や要請に応じ、資格の維持のみならず、専門性の維持向上や深化に努めなければならない。

この内容自体は、以前の倫理綱領の第4条（自己研鑽）の2に似た内容が記載されていましたが、第4条（社会情勢の変化への対応）として独立し、格上げされました。

守秘義務

第5条　キャリアコンサルタントは、業務並びにこれに関連する活動に関して知り得た秘密に対して守秘義務を負う。但し、相談者の身体・生命の危険が察知される場合、又は法律に定めのある場合等は、この限りではない。

2　キャリアコンサルタントは、キャリアコンサルティングにおいて知り得た情報により、組織における能力開発・人材育成・キャリア開発・キャリア形成に関する支援を行う場合は、プライバシーに配慮し、関係部門との連携を図る等、責任をもって適切な対応を行わなければならない。

3　キャリアコンサルタントは、スーパービジョン、事例や研究の公表に際して、相談者の承諾を得て、業務に関して知り得た秘密だけでなく、個人情報及びプライバシー保護に十分配慮し、相談者や関係者が特定される等の不利益が生じることがないように適切な措置をとらなければならない。

2の組織におけるプライバシーの配慮や関係部門との連携、責任の規定は、新たに追加されました。また、「スーパービジョン」は初めて明記されました。

自己研鑽

第6条　キャリアコンサルタントは、質の高い支援を提供するためには、自身の人間としての成長や不断の自己研鑽が重要であることを自覚し、実務経験による学びに加え、新しい考え方や理論も学び、専門職として求められる態度・知識・スキルのみならず、幅広い学習と研鑽に努めなければならない。
2　キャリアコンサルタントは、情報技術が相談者や依頼主の生活や生き方に大きな影響を与えること及び質の向上に資することを理解し、最新の情報技術の修得に努め、適切に活用しなければならない。
3　キャリアコンサルタントは、経験豊富な指導者やスーパーバイザー等から指導を受ける等、常に資質向上に向けて絶えざる自己研鑽に努めなければならない。

スーパーバイザーという用語や、人間としての成長や、情報技術の修得は新たに追加されました。

信用失墜及び不名誉行為の禁止

第7条　キャリアコンサルタントは、キャリアコンサルタント全体の信用を傷つけるような不名誉となる行為をしてはならない。
2　キャリアコンサルタントは、自己の身分や業績を過大に誇示したり、他のキャリアコンサルタントまたは関係する個人・団体を誹謗・中傷してはならない。

身分や業績の誇示、誹謗・中傷の禁止は以前からありましたが、信用失墜及び不名誉行為の禁止は、新たに追加されました。

■ 第2章　行動規範

任務の範囲・連携

第8条　キャリアコンサルタントは、キャリアコンサルティングを行うにあたり、自己の専門性の範囲を自覚し、その範囲を超える業務や自己の能力を超える業務の依頼を引き受けてはならない。
2　キャリアコンサルタントは、訓練を受けた範囲内でアセスメントの各手法を実施しなければならない。
3　キャリアコンサルタントは、相談者の利益と、より質の高いキャリアコンサルティングの実現に向け、他の分野・領域の専門家及び関係者とのネットワーク等を通じた関係を構築し、必要に応じて連携しなければならない。

アセスメント利用の際の留意点が、初めて規定されました。

説明責任

第9条　キャリアコンサルタントは、キャリアコンサルティングを行うにあたり、相談者に対して、キャリアコンサルティングの目的及びその範囲、守秘義務とその範囲、その他必要な事項について、書面や口頭で説明を行い、相談者の同意を得た上で職責を果たさなければならない。
2　キャリアコンサルタントは、組織より依頼を受けてキャリアコンサルティングを行う場合においては、業務の目的及び報告の範囲、相談内容における守秘義務の取扱い、その他必要な事項について契約書に明記する等、組織側と合意を得た上で職責を果たさなければならない。
3　キャリアコンサルタントは、調査・研究を行うにあたり、相談者を始めとした関係者の不利益にならないよう最大限の倫理的配慮をし、その目的・内容・方法等を明らかにした上で行わなければならない。

相談者への書面や口頭での説明や、組織との契約書等での合意の必要性は、新たに追加されました。

相談者の自己決定権の尊重

第10条　キャリアコンサルタントは、相談者の自己決定権を尊重し、キャリアコンサルティングを行わなければならない。

これは以前の第9条の内容と同様です。

相談者との関係

第11条　キャリアコンサルタントは、相談者との間に様々なハラスメントが起こらないように配慮しなければならない。またキャリアコンサルタントは、相談者との間において想定される問題や危険性について十分に配慮し、キャリアコンサルティングを行わなければならない。
2　キャリアコンサルタントは、キャリアコンサルティングを行うにあたり、相談者との多重関係を避けるよう努めなければならない。自らが所属する組織内でキャリアコンサルティングを行う場合においては、相談者と組織に対し、自身の立場を明確にし、相談者の利益を守るために最大限の努力をしなければならない。

組織においても、自身の立場を明らかにしたうえでの、相談者の利益を守るための努力が明記されました。

組織との関係

第12条　組織と契約関係にあるキャリアコンサルタントは、キャリアコンサルティングを行うにあたり、相談者に対する支援だけでは解決できない環境の問題や、相談者と組織との利益相反等を発見した場合には、相談者の了解を得て、組織に対し、問題の報告・指摘・改善提案等の調整に努めなければならない。

以前は「相談者の了解のもとに職務の遂行に努めなければならない」としていましたが、「組織に対し、問題の報告・指摘・改善提案等の調整に努めなければならない。」と、より具体的な内容に改正されました。

倫理綱領委員会

第13条　本倫理綱領の制定・改廃の決定や運用に関する諸調整を行うため、キャリアコン サルティング協議会内に倫理綱領委員会をおく。
2 倫理綱領委員会に関する詳細事項は、別途定める。

以上、全13条です。

第４章には、新しいキャリアコンサルタント倫理綱領に対応した問題を用意しています。試験対策にご活用下さい。

第1章

キャリアコンサルティングの社会的意義

第1章で紹介する内容は、これまでの試験では概ね問1から問3で出題されています。問1では今後の労働政策や能力開発の方向性や具体的施策、人生100年時代を背景とした変化する働き方などの時事的な内容が出題され、問2や問3ではそのように変化する世の中でのキャリアコンサルタントに求められる役割について出題されます。変化する時代にアンテナを張り、情報感度を高めていきましょう。

1-1 出題度

社会及び経済の動向並びにキャリア形成支援の必要性の理解

試験問題冒頭の問1で出題されます。時事問題が出題されるため、初見の資料やトピックが、しばしば出題されますが、慌てずに落ち着いて検討しましょう。

出題傾向と対策

新出題範囲になった第15回試験から第25回試験で出題された資料の出典は、次の通りです。

出題された主な資料やテーマ

- 「労働経済の分析」（厚生労働省）
- 「今後の人材開発政策の在り方に関する研究会報告書」（厚生労働省）
- 「Society 5.0 時代を切り拓く人材の育成」（一般社団法人日本経済団体連合会）
- 「人材育成に関するアンケート調査結果」（一般社団法人日本経済団体連合会）
- 「厚生労働白書」（厚生労働省）
- 「国民生活に関する世論調査」（内閣府）
- 人材版伊藤レポート「人的資本経営の実現に向けた検討会報告書」、「持続的な企業価値の向上と人的資本に関する研究会報告書」（経済産業省）

定番資料からの出題もある反面、初めて登場する資料も多く、どの資料から出題されるかを予想することは難しいものの、この出題範囲のねらいを確認してみましょう。

■ 出題範囲表では

次に掲げる事項について、詳細な知識を有することとしています。

① 技術革新の急速な進展等様々な社会・経済的な変化に伴い、個人が主体的に自らの希望や適性・能力に応じて、生涯を通じたキャリア形成を行うことの重要性と、そのための支援の必要性が増してきたこと。
② 個々人のキャリアの多様化や社会的ニーズ、また労働政策上の要請等を背景に、キャリアコンサルタントの活動が期待される領域が多様化していること。

出題範囲表の内容からは、次のようなテーマが見えてきます。

対策のポイント

人生100年時代の主体的で自律的なキャリア形成や、アフターコロナにおける働き方の変化、ITやAI技術の進歩。そして、それらへのキャリアコンサルタントのかかわりについて、日頃からアンテナを張り、思考しましょう。

見ておきたい資料や参考書は次の通りです。特に第11次職業能力開発基本計画（厚生労働省）は、キャリアコンサルティングに関する言及も多くなされていますので、キャリアコンサルタントの視点で一読しましょう。なお、第11次職業能力開発基本計画（厚生労働省）は、国が考える人材育成の基本計画という位置づけであり、2021年度からの５か年計画です。

見ておきたい資料や参考書

- 「第11次職業能力開発基本計画」（厚生労働省）

- 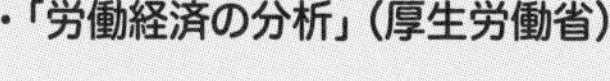
「労働経済の分析」（厚生労働省）

- 「みんなで合格☆キャリアコンサルタント試験」（楽習ノートプラス）

実際の試験では、初見の資料名が目に飛び込んできたとしても、深呼吸をして落ち着きましょう。初見の資料でも、内容はやさしい場合もあります。くれぐれも出鼻をくじかれ、心が折れないようにしましょう。

労働経済の分析

重要度 ✎✎ 難易度 ★★★ チェック欄 □□□

「令和５年版労働経済の分析」（厚生労働省）で述べられた、「持続的な賃上げに向けて」に関する次の記述のうち、最も不適切なものはどれか。

1. 2022年における賃上げの状況をみると、回答を得た企業のうち、９割超の企業が何らかの賃上げを実施している。
2. 賃上げを実施した企業について、賃上げの理由は「社員のモチベーション向上や社員の定着のため」よりも「社員の定着・人員不足の解消のため」の方が多い。
3. 我が国の開業率は低い水準で推移しており、５％弱（2021年）となっており、アメリカと産業別で比較すると、どの産業においても我が国の方が低い水準にある
4. 転職した年は、転職前よりも賃金が減少する確率が高くなるが、転職２年後には、転職前の企業で勤続するよりも年収が大きく増加する確率が高まると考えられる。

国民生活に関する世論調査

重要度 ✎✎ 難易度 ★★☆ チェック欄 □□□

「国民生活に関する世論調査の概要（令和６年３月）」（内閣府）に関する次の記述のうち、最も適切なものはどれか。

1. 働く目的について、「お金を得るために働く」と答えた者の割合は、「社会の一員として務めを果たすために働く」よりも割合が低い。
2. どのような仕事が理想的だと思うかについて、「収入が安定している仕事」よりも「私生活とバランスがとれる仕事」の回答の方が多い。
3. 収入と自由時間についての考え方について、「収入をもっと増やしたい」とする者の割合の方が、「自由時間をもっと増やしたい」よりも割合が高い。
4. 今後の生活の見通しについては、「悪くなっていく」よりも「良くなっていく」の方が割合は高い。

正答 2

1. ○：「ベースアップを実施した」が約36%、「ベースアップ以外の賃上げ（定期昇給等）を実施した」が約57%と、合わせて９割超の企業が何らかの賃上げを実施している。（資料P151）
2. ×：賃上げの理由は「社員のモチベーション向上や社員の定着のため」が7割強で最多となり、「社員の定着・人員不足の解消のため」は４割強であった。（資料P153）
3. ○：開業率は、イギリスやフランス、アメリカではおおむね10%程度、比較的低いドイツでも７%程度であり、我が国の開業率は長期的に低い水準で推移している。（資料P166）
4. ○：転職直後は賃金が減少する確率が高くなるものの転職から２年で100万円以上増やす確率を７%程度、50万円以上増やす確率を４%程度上昇させると調査では示している。（資料P179）

第1章 キャリアコンサルティングの社会的意義

資料：「令和５年版労働経済の分析」（厚生労働省）

労働経済の分析の第Ⅱ部は毎回テーマが異なるため、年版を遡っての出題可能性もあります。令和５年版は「持続的な賃上げに向けて」がテーマでした。要点を確認しましょう。

正答 3

1. ×：「お金を得るために働く」と答えた者の割合が64.5%、「社会の一員として、務めを果たすために働く」と答えた者の割合が10.8%である。（資料P88）
2. ×：「収入が安定している仕事」の割合が最も高い。なお、男女ともにその傾向である。（資料P92）
3. ○：「収入をもっと増やしたい」とする者の割合が55.3%、「自由時間をもっと増やしたい」とする者の割合が40.8%である。（資料P96）
4. ×：「良くなっていく」と答えた者の割合が7.1%、「同じようなもの」と答えた者の割合が58.0%、「悪くなっていく」と答えた者の割合が30.7%となっている。（資料P67）

資料：「国民生活に関する世論調査の概要（令和６年３月）」（内閣府）

国民生活に関する世論調査は、第25回試験までででは、第22回、第23回で出題されています。こうした世論調査の結果は、ご自身の感覚と照らし合わせて違和感のあるものがあれば、よく確認しましょう。

第11次職業能力開発基本計画

重要度 ✎✎✎　難易度 ★★☆　チェック欄 □□□

「第11次職業能力開発基本計画」（厚生労働省、2021年）の「職業能力開発をめぐる経済・社会環境の変化と課題」に示された内容に関する次の記述のうち、**最も不適切なもの**はどれか。

1. 高齢化の進行等を背景として、鉱業、建設業、卸売・小売業等の就業者の割合が低下する一方で、医療・福祉の就業者の割合が高まることが見込まれている。
2. 職業大分類別に就業者の割合の変化を見ると、販売従事者及び生産工程従事者の就業者の割合が高まる一方で、専門的・技術的職業及び事務従事者の就業者の割合が低下している。
3. 新型コロナウイルス感染症の存在を前提とした社会が継続する可能性が高い中、感染拡大の防止と経済活動の両立の実現に向け、社会全体のDXの加速化が促進される。
4. 我が国の教育訓練費は主要国と比較して少なく、労働費用に占める教育訓練費の割合は、1980年代においては一貫して上昇していたが、1990年代以降横ばい又は低下傾向にある。

第11次職業能力開発基本計画

重要度 ✎✎✎　難易度 ★★☆　チェック欄 □□□

「第11次職業能力開発基本計画」（厚生労働省、2021年）の「職業能力開発をめぐる経済・社会環境の変化と課題」に示された内容に関する次の記述のうち、**最も不適切なもの**はどれか。

1. 女性の潜在的な労働力率と現実の就業率にはギャップが見られ、取組が不十分であることが指摘されている。
2. 労働者の平均勤続年数は男女ともに長期化する傾向にある一方、平成23年以降、転職者数は緩やかに増加する傾向がある。
3. ニート数の推移については、若年労働者人口の減少傾向に伴い、令和元年以降は減少している。
4. 新型コロナウイルス感染症の感染拡大の下で、20代及び30代を中心に地方移住への関心が高まっているほか、テレワークやオンライン会議が急速に普及している。

正答 2

1. ○：高齢化の進行を背景として、医療・福祉の就業者の割合が高まることが見込まれている。（資料７枚目）

2. ×：逆である。販売従事者及び生産工程従事者の就業者の割合が低下する一方で、専門的・技術的職業及び事務従事者の就業者の割合の高まりが見られる。（資料７枚目）

3. ○：特に、IT人材については、今後さらに需要が高まるものと見られている。（資料７枚目）

4. ○：なお、非正規雇用労働者は正規雇用労働者に比べていずれの能力開発の機会も乏しく、非正規雇用労働者の能力開発機会の確保に向けた取組が重要である。（資料８枚目）

資料：「第11次職業能力開発基本計画」（厚生労働省、2021年）

基本計画の前提となる、経済・社会環境の変化と課題について、丁寧に資料を確認しておきましょう。

正答 3

1. ○：女性の潜在的な労働力人口の規模に鑑みれば、女性の活躍を促進する取組を行うことで経済を成長させる余地はまだまだ大きいとしている。（資料９枚目）

2. ○：特に「より良い条件の仕事を探す」ことを目的とする転職が増加している。（資料９枚目）

3. ×：若年労働者人口が減少傾向にあるにもかかわらず平成26年から令和元年までは50万人台と横ばいで推移し、令和２年には前年比で13万人増の69万人となっている。（資料10枚目）

4. ○：なお、スマートフォンが急速に普及しており、世帯保有率はパソコンを上回っている。こうしたデジタル技術における変化にも留意する必要がある。（資料11枚目）

最近の雇用情勢の特徴について、ご自身の感覚と照らして、違和感があるものがあればよく確認をしておきましょう。

1-2 出題度

キャリアコンサルティングの役割の理解

概ね問2で1~2問の出題があります。キャリアコンサルティングの役割は、働く人の生涯にわたる伴走者。広い視点でアプローチしましょう。

出題傾向と対策

新出題範囲になった第15回から第25回試験までに出題された主な資料は次の通りです。

出題された主な資料やテーマ

- 「働く環境の変化に対応できるキャリアコンサルタントに関する報告書」（厚生労働省）
- 「第11次職業能力開発基本計画」（厚生労働省）
- 「能力開発基本調査」（厚生労働省）
- 「令和4年版労働経済の分析 第II部」（厚生労働省）

初出の資料からの出題も時折あるものの、キャリアコンサルタントに求められ、期待される役割の視点からアプローチすると、正答を導くのは比較的容易な問題が多い傾向があります。

■ 出題範囲表では

キャリアコンサルタントの役割を次のように表現しています。一読しておきましょう。

次に掲げる事項について詳細な知識を有すること。
① キャリアコンサルティングは、職業を中心にしながらも個人の生き甲斐、働き甲斐まで含めたキャリア形成を支援するものであること。
② 個人が自らキャリアマネジメントをすることにより自立・自律できるように支援するもの

であること。

③ キャリアコンサルティングは、個人と組織との共生の関係をつくる上で重要なものであること。

④ キャリアコンサルティングは、個人に対する相談支援だけでなく、キャリア形成やキャリアコンサルティングに関する教育・普及活動、組織（企業）・環境への働きかけ等も含むものであること。

対策のポイント

- セルフ・キャリアドック等での企業におけるキャリア形成支援
- 職業能力開発推進者の視点からの、働く人への教育研修や能力開発へのかかわり
- 新型コロナウイルス感染症流行以降の働き方の変化への対応
- リカレント教育による主体的な学び直しへの支援
- 仕事と家庭（子育て）、仕事と治療、仕事と介護等の両立等への支援
- 多様化するクライエントや相談場面への対応

上記に挙げた項目に言及している代表的な資料としては、「働く環境の変化に対応できるキャリアコンサルタントに関する報告書」（厚生労働省）や、「第11次職業能力開発基本計画」（厚生労働省）があります。

人生100年時代の考え方の浸透や、新型コロナウイルス感染症拡大の影響、さらにはITやAIの技術革新により、働く人の価値観や働き方には変化が起きています。その変化を捉え続けていきましょう。

特に「働く環境の変化に対応できるキャリアコンサルタントに関する報告書」では、キャリアコンサルティングの普及を進める観点から、産業界・企業への働きかけの施策と労働者への働きかけの施策を紹介し、的確なキャリア支援のためにキャリアコンサルタントが習得すべき事項を提言し、必要な施策、政策課題を整理しています。

見ておきたい資料や参考書

- 「働く環境の変化に対応できるキャリアコンサルタントに関する報告書」（厚生労働省）

- 「第11次職業能力開発基本計画」（厚生労働省）

- 「職業能力開発推進者には、専門的な知識・技術を持つキャリアコンサルタント等から選任しましょう！」（厚生労働省）

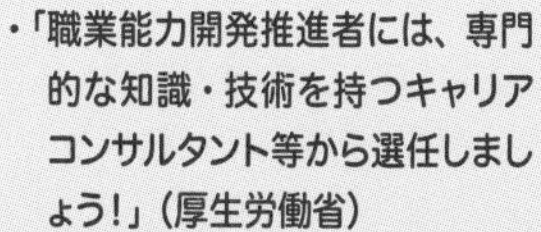

- 「キャリアコンサルタント試験の試験科目及びその範囲並びにその細目」（キャリアコンサルティング協議会・本書巻末に掲載）

キャリアコンサルティングの役割の理解

重要度 ✎✎✎　難易度 ★☆☆　チェック欄 □ □ □

キャリアコンサルタントの役割に関する次の記述のうち、適切なものはいくつあるか。

・キャリアコンサルティングは、職業を中心にしながらも個人の生き甲斐や、働き甲斐まで含めたキャリア形成を支援するものであること。

・個人が自らキャリアマネジメントをすることにより自立・自律できるように支援するものであること。

・キャリアコンサルティングは、個人と組織との共生の関係をつくる上で重要なものであること。

・キャリアコンサルティングは、個人に対する相談支援だけでなく、教育・普及活動や、企業・環境への働きかけ等も含むものであること。

1. 1つ　2. 2つ　3. 3つ　4. 4つ

キャリアコンサルティングの役割の理解

重要度 ✎✎✎　難易度 ★☆☆　チェック欄 □ □ □

「働く環境の変化に対応できるキャリアコンサルタントに関する報告書」（厚生労働省、2021年6月）における、キャリアコンサルタントに求められる内容に関して、最も不適切なものはどれか。

1. 活動領域ごとの役割に応じた専門性を高めること、個人の強みとして専門領域へ踏み出すこと及び近接領域の専門家・専門機関へのリファーする力が求められる。
2. ジョブ・カードのデジタル化により、キャリア支援者にとっても利用しやすいものとなるようシステム開発が進む点について認識する必要がある。
3. 企業領域におけるキャリアコンサルタントは、まずは自社内の部門間のネットワークがあってこそキャリア支援を有効に行うことが可能となるため、外部とのネットワークは必要ではない。
4. カウンセリングベースの支援スキル・知識を習得する過程及び一定水準まで獲得した後には、スーパービジョンを受けて支援の質の向上を図る意識を持つ必要がある。

正答 **4**

キャリアコンサルティングの意義と役割に照らして、全て適切である。

キャリアコンサルタントの役割と意義の４つの柱といえる内容であり、これらは、出題範囲表である「キャリアコンサルタント試験の試験科目及びその範囲並びにその細目」（本書巻末に記載）にも記載されています。ぜひ一読しましょう。

正答 **3**

1. ○：専門性を深化するとともに、実践力を向上させる。（資料P6）
2. ○：ジョブ・カードのデジタル化が進められており、ジョブ・カードをキャリア支援ツールとして活用することがさらに求められる。（資料P7）
3. ×：外部とのネットワークも重要であり必要である。（資料P8）
4. ○：企業内の課題解決に向けた提案力の視点などもキャリアコンサルタントに求められる。（資料P8）

資料：「働く環境の変化に対応できるキャリアコンサルタントに関する報告書」（厚生労働省、2021年６月）

Advice

この報告書の内容は、キャリアコンサルタントの現状と今後の課題がコンパクトにまとめられている資料です。社内及び社外のネットワークは必要です。不適切なものを探すのは比較的容易ですので、もしも未読の資料が出題されても積極的に検討しましょう。

キャリアコンサルティングの役割の理解

重要度 ✎✎ 難易度 ★★☆ チェック欄 □□□

「令和４年版労働経済の分析」（厚生労働省）で述べられた、キャリアコンサルティングが労働者のキャリア形成意識やキャリア形成に及ぼす影響に関する次の記述のうち、**最も適切なもの**はどれか。

1. キャリアコンサルティングを受けた者の方が、自ら職業生活設計を考えていきたいと考える者の割合が低い傾向がある。
2. キャリアコンサルティングの経験がある者の方が、現在の仕事内容や職業生活全般の満足感が低い傾向にある
3. キャリアコンサルティング経験がある者の方が、特定の分野の仕事に限定した職業経験を積むよりも、異分野へのキャリアチェンジを積極的に行う傾向がある。
4. 雇用形態別のキャリアコンサルティングを受けた経験がある者の割合では、正規雇用労働者の方が、派遣社員よりもキャリアコンサルティングを経験した割合が高い傾向がある。

職業能力開発推進者

重要度 ✎✎ 難易度 ★★☆ チェック欄 □□□

職業能力開発推進者に関する次の記述のうち、**最も不適切なもの**はどれか。

1. 企業内での従業員に対する職業能力の開発に関する相談と指導を行う。
2. 国、都道府県、中央職業能力開発協会（各都道府県協会）との連絡等を行う。
3. 事業内における職業能力開発計画の作成と実施を行う。
4. 職業能力開発促進法により、大企業においては2024年度より設置が義務づけられている。

正答 3

1. ×：キャリアコンサルティングを受けた者の方が、自ら職業生活設計を考えていきたいと考える者の割合が高い傾向がある。(資料P221)

2. ×：キャリアコンサルティングの経験がある者の方が、現在の仕事内容や職業生活全般の満足感が高い傾向にある。(資料P222)

3. ○：キャリアコンサルティング経験がある者の方が、特定の分野の仕事に限定した職業経験を積むよりも、異分野へのキャリアチェンジを積極的に行う傾向があることがみてとれる。(資料P224)

4. ×：正規雇用労働者と派遣社員を比べると、キャリアコンサルティング経験のある者の割合に大きな違いはない。これは、労働者派遣法の改正により、派遣労働者に対し、本人が希望する場合にキャリアコンサルティングの実施が義務付けられたことが影響している可能性がある。(資料P220)

資料：「令和４年版労働経済の分析」(厚生労働省)

「令和４年版労働経済の分析」の第Ⅱ部は、「労働者への主体的なキャリア形成への支援を通じた労働移動の促進に向けた課題」がテーマです。調査結果からは、キャリアコンサルティングを推進する国の姿勢を裏付ける内容が感じられます。よく確認しましょう。

正答 4

1. ○：職業能力開発推進者の役割として適切である。

2. ○：職業能力開発推進者の役割として適切である。

3. ○：作成することにより、職業能力開発への取組みを内外に示すことができる。

4. ×：職業能力開発促進法第十二条において、事業主の努力義務とされている。

職業能力開発推進者の設置は、法律上の義務ではないものの、事業主の努力義務として位置づけられています。また、キャリアコンサルタント等、業務を担当するために必要な能力を有する者から選任することとされています。

みん合☆楽習コラム①

「理論が覚えられない件」について

「キャリア理論やカウンセリング理論のカタカナの人名が覚えられません」……これは、みん合サイトに届く、ご相談ナンバーワンかもしれません。

キャリア理論やカウンセリング理論（療法）の出題数は、50問中13問前後が出題される出題範囲で、なるべく失点を防ぎ、高得点を獲得したいところです。

また、合格後のみなさんは、これらを仕事で活用したり、キャリアカウンセリングで実践したりしますので、暗記一辺倒でなく、なるべくそれらの特徴を理解しておくことが大切です。

そのため、その考え方（理論）を「自分ごと」や「身の回りの人ごと」に置き換え、内容理解をすることをおすすめしています。

例えば、ホランドのRIASEC（リアセック）。養成講座でワークを体験したことがある人ならば、自分と似ている人もいれば、真逆の人もいたりして、パーソナリティの多様性を感じたのではないかと思います。あるいは、シャインのキャリア・アンカー。「あなたのキャリア・アンカーは何ですか？」……パートナーや友人に概要と８つのアンカーを伝え、尋ねてみたりしてもよいでしょう。

今後、キャリアコンサルティング業務を行う中で、これらのワークをすることもあるでしょうし、クライエントに内容をわかりやすく伝えることもあるでしょう。もちろん、職場の組織開発や自身の自己理解に役立つこともあります。

それだけ、キャリア理論やカウンセリング理論は重要なのです。

とはいえ、確かにカタカナの人名やキーワードは覚えづらいです。私も受験時代には、メモ用紙に人名やキーワードを（なぐり書きで）書き出し、そのメモを撮影しておき、スマートフォンで移動中に見返しては思い出していました。ちなみに、シャインの専門は組織心理学。組織と個人の相互作用を大切にしますので、そのイメージは組織の中で「輝いている（shine）社員（シャイン）」と印象づけました。

おあとがよろしいようで、キャリアに関する理論を確認していきましょう。

第2章

キャリアコンサルティングを行うために必要な知識

第2章で紹介する内容は、これまでの試験では問４から問34前後までと幅広く出題されています。内容は多岐に及び、キャリア理論やカウンセリング理論は養成講座でも馴染みがあるものの、職業能力開発、労働市場、キャリア形成支援の知識や労働関係法令などは初めて知ることも多いはずです。全て覚えようとすると大変ですから、知らないことを知る過程や発見を楽しみながら学習しましょう。

アクセスキー　P（大文字のピー）

2-1 出題度

キャリアに関する理論

問4から3～4問出題されています。また、中盤以降で別の出題範囲から、キャリア理論や理論家の問題が3問程度出題されますので合計7問前後出題されると捉えておきましょう。

出題傾向と対策

キャリアに関する理論は、出題内容が多岐に及びます。そのため、出題された主な理論家ごとに、その特徴をこれまでの出題ランキング順でまとめます。知らない理論家や特徴が思い出せない理論家がいたら、特に復習をしましょう。キャリア理論家対策の総仕上げにご活用下さい。

■ 出題ベスト20人のキャリアに関する理論家とその特徴

スーパー

職業的発達段階を、ライフ・ステージ（マキシ・サイクル）とミニサイクル、ライフ・ロール（ライフ・キャリア・レインボー）の視点から整理し、キャリア発達理論を提唱しました。

シャイン

人のキャリアを外的・内的キャリアの軸で捉え、組織内キャリア発達を組織の三次元モデル（キャリア・コーン）で表現しました。8つのキャリア・アンカーと9つのキャリア・サイクルを提唱しています。

サビカス

職業パーソナリティ、キャリア・アダプタビリティ、ライフテーマの3つを主要概念とした、キャリア構築理論を提唱しました。そしてカウンセリングにはナラティブ・アプローチを用います。

シュロスバーグ

就職、結婚、転職、引っ越し、失業といった人生上の出来事を転機（トランジション）と捉え、その対処の資源として４つのS（Situation、Self、Support、Strategies）を提唱しました。

レビンソン

人生を四季に例え、成人の発達は4つの発達期を経るとしました。各段階では安定期と過渡期が交互に表れ、特に「人生半ばの過渡期」に直面する課題を重視しています。

クランボルツ

バンデューラの提唱した社会的学習理論を基礎に、キャリア・カウンセリングにおける学習理論を構築しました。計画された偶発性理論では、未決定を望ましい状態と捉えます。

ホランド

キャリア形成は、個人のパーソナリティの環境の相互作用からなるとし、パーソナリティと環境を6つの類型（RIASEC）に分類しました。VPI職業興味検査を開発しています。

ホール

他者や組織に一方的に依存的でも、独立的でもない、相互依存的な関係の中で、個人によって形成される変幻自在なキャリア（プロティアン・キャリア）を提唱しています。

エリクソン

人生を８つの段階に分け、各発達段階における発達課題と危機を整理した個体発達分化の図式を表しました。青年期に得られるアイデンティティ（自我同一性）を重視します。

ハンセン

家庭から社会における役割までの全てを盛り込んだ、統合的人生設計の概念を提唱しています。4つのL（Love、Labor、Learning、Leisure）が組み合わさって、意味のある全体になるとしました。

ジェラット

前期理論では、左脳を使った客観的で合理的な意思決定を、後期理論では右脳も使った主観的で直感的な意思決定により、変化する社会に柔軟に対応する、積極的不確実性を提唱しました。

ブリッジス

転機（トランジション）について、終わり（終焉）から始まり、中立圏（ニュートラルゾーン）を経て、始まり（開始）に至る、3段階のプロセスで表現しています。

バンデューラ

自らが経験した直接経験による学習に加え、他者の行動を観察してそれを真似る、観察学習（モデリング）を重要な学習として位置づける社会的学習理論を提唱しました。「やればできる」の自己効力感でも知られています。

パーソンズ

職業指導の創始者といわれ、後に特性因子理論と呼ばれる理論の原型を提唱しました。特性因子理論は人と職業の特性から、合理的な推論によりマッチングを行い、職業を決定する考え方です。

ハーズバーグ

職務満足や不満足を規定する要因には、動機づけ要因と衛生要因があるとし、衛生要因の改善は不満足を減らすことができるが、職務満足は動機づけ要因の充足により満たされるとしています。

ギンズバーグ

職業選択は一時の選択ではなく、発達的なプロセスであることを最初に理論化し、およそ11歳以下までの空想期、17歳までの試行期、20歳代初期までの現実期の段階を提唱しました。

マズロー

人間は**自己実現**に向かい絶えず成長していくという人間観に基づき、人間の欲求を低次（生理的欲求）から高次（自己実現の欲求）へ、5段階に分類する**欲求階層**説を提唱しました。

マーシャ

アイデンティティ達成の状態を、危機の経験と積極的関与の有無の組み合わせから、アイデンティティ達成、モラトリアム、予定アイデンティティ、アイデンティティ拡散の4つのステイタスで示しました。

ヒルトン

自分の中に生じた矛盾を解消しようとする心理的作用である**認知的不協和**を、職業選択の意思決定プロセスに応用しました。なお、認知的不協和理論は**フェスティンガー**が提唱しました。

コクラン

キャリア・カウンセリングに**ナラティブ・アプローチ**を導入した先駆者といわれており、雇用は単にマッチングではなく、あるドラマの中で、あるキャラクターを**演じる**ことであると表現しました。

出題頻度の高い理論家ほど、暗記よりも理解が大切です。どのような理論なのかを思い浮かべ、問題を通じて知識を整理していきましょう。

見ておきたい資料や参考書

- 『新版キャリアの心理学［第2版］』（ナカニシヤ出版）
- 『働くひとの心理学』（ナカニシヤ出版）
- 『キャリアコンサルティング理論と実際 6訂版』（一般社団法人雇用問題研究会）
- 「職業相談場面におけるキャリア理論及びカウンセリング理論の活用・普及に関する文献調査」（独立行政法人労働政策研究・研修機構）

スーパー

重要度 ✐✐✐　難易度 ★★☆　チェック欄 □□□

スーパーの理論に関する次の記述のうち、最も適切なものはどれか。

1. 人が生きているライフ・ステージとして、「生物学的・社会的」「家族関係」「仕事・キャリア」の3つのステージからなるとした。

2. 生涯を通じた一連のライフ・ステージは、アーチ・モデルと呼ばれる。

3. 主なライフ・ステージを成長期、探索期、確立期、維持期、解放期の5段階に分類した。

4. 成人期以降のキャリア行動は、その個人の暦年齢によって規定されると考えた。

スーパー

重要度 ✐✐✐　難易度 ★★☆　チェック欄 □□□

スーパーが示したライフ・ステージにおける探索段階（15歳～24歳）の発達課題に関する次の記述のうち、最も適切なものはどれか。

1. 仕事世界への志向性、働く意味の理解を発達させる。

2. 職業的地位の安定を構築する。

3. 自らの限界を受容する。

4. 職業的好みが具現化し、特定化する。

正答 3

1. ×：人が生きている（役割が存在する）領域を、「生物学的・社会的」「家族関係」「仕事・キャリア」の3つのサイクルに分類したのは、スーパーではなくシャインである。

2. ×：生涯を通じた一連のライフ・ステージはマキシ・サイクルと呼ばれる。

3. ○：スーパーの職業的発達段階の内容として適切である。なお、解放期は、下降期、衰退期や離脱期ともいわれる。

4. ×：成人期以降のキャリア行動は、その個人の暦年齢ではなく社会的年齢によって規定されると考えた。

スーパーの職業的発達段階はよく出題されますので、5つの段階はいえるようにして、それぞれの特徴もイメージできるようにしましょう。

正答 4

1. ×：これは成長段階での発達課題である。成長段階の他の課題には、どのような人なのかについて考えを発達させる等がある。

2. ×：これは確立段階での発達課題である。確立段階の他の課題には、希望する仕事をする機会を見つける等がある。

3. ×：これは維持段階での発達課題である。維持段階の他の課題には、働き続ける上での新たな問題を明らかにする等がある。

4. ○：探索段階の発達課題である。他に職業的好みを実行に移す等がある。

Advice

過去の出題では、各段階の特徴についても問われたことがあります。各段階の年代を想像しながら、適切、不適切の選択をしましょう。

スーパー

重要度 ✎✎ 難易度 ★★★ チェック欄 □ □ □

スーパーが示した職業的適合性に関する次の記述のうち、最も不適切なものはどれか。

1. 職業的適合性は、能力とパーソナリティからなる。
2. 適性と技量はパーソナリティに含まれる。
3. 空間知覚は適性に含まれる。
4. 適応、価値観、興味、態度はパーソナリティに含まれる。

スーパー

重要度 ✎✎ 難易度 ★★☆ チェック欄 □ □ □

スーパーの理論に関する次の記述のうち、最も不適切なものはどれか。

1. 社会的学習の成果としての自己概念は、選択と適応において連続性を提供しながら、青年期後期から晩年にかけて安定性を増していく。
2. 人はパーソナリティの諸側面（欲求、価値、興味、特性、自己概念）と能力において違いがある。
3. ライフ・キャリア・レインボーは、人が一生涯に果たす役割の変化を表すものである。
4. 人が一生涯に果たす役割は多くの種類があるが、同時期に複数の役割を果たすことはない。

正答 2

1. ○：職業的適合性は、能力とパーソナリティから構成されている。

2. ×：適性と技量は、パーソナリティではなく、能力に含まれる。

3. ○：適性には他に知能、知能の早さ・正確さ、精神運動機能等がある。

4. ○：これらはパーソナリティに含まれる。さらに、適応は、欲求と特質からなる。

スーパーは、人と職業の相応しさを規定する条件として、職業的適合性を提唱しています。過去には本問のような、職業的適合性を構成する要素が出題されたことがありますので、一度じっくりと整理しておきましょう。

正答 4

1. ○：スーパーの記した「発達的アプローチに関する14の命題」の4の内容である。

2. ○：スーパーの記した「発達的アプローチに関する14の命題」の1の内容である。

3. ○：ライフ・キャリア・レインボーは、人生上の役割（ロール）の変化を表すものである。

4. ×：例えば、結婚をして仕事をしていて、何かを学びながら子育てをしている大人であれば、配偶者であり、労働者であり、学習する者であり、家庭人でもあるというように、複数の役割を果たしているものである。

スーパーはキャリア発達を、時間（期間）のみならず、役割の視点からも整理しています。その役割には、子ども、学習する者、余暇人、市民、労働者、家庭人、その他の役割があります。

シャイン

重要度 ✎✎✎　難易度 ★★★　チェック欄 □□□

シャインの理論に関する次の記述のうち、最も適切なものはどれか。

1. キャリアという概念は、知的専門的職業、あるいは明確な昇進を伴う職業でのみ、当てはまる。

2. キャリアを捉えるときには、「静的なキャリア」と「動的なキャリア」の2つの軸から捉え、このうち静的とは組織内の階層次元の垂直的なキャリア成長を意味する。

3. 「生物学的・社会的」「仕事・キャリア」「家族関係」のサイクルは相互に影響しあうことはない。

4. 静的なマッチングではなく、個人のキャリアが決まる力学を明らかにしようとしており、人と組織の相互作用を重視し、成人を過ぎても成長し続ける存在であるという発達的視点に根差している。

シャイン

重要度 ✎✎　難易度 ★★☆　チェック欄 □□□

シャインが示した、キャリア・サイクルの段階と課題（直面する一般問題、特定の課題）に関する次の記述のうち、最も適切なものはどれか。

1. 未経験ゆえの不安を克服し、自信を持つようになることは、キャリア後期の課題である。

2. 自分のキャリアの再評価を行い、現状維持か、キャリアを変えるかを決めることは、キャリア初期に直面する一般問題である。

3. 仕事が主ではない生活を送れるようになることが直面する一般問題となるのは、衰え及び離脱の時期である。

4. 家庭の空の巣問題にどう対処するかは、引退の時期の課題である。

正答 4

1. ×：どのような職業にも段階や転機はあり、これらに限定されるものではない。

2. ×：「外的なキャリア」と「内的なキャリア」の２つの軸から捉える。また、組織内の階層次元の垂直的なキャリア成長は、「外的なキャリア」の一つの次元を表している。

3. ×：この３つのサイクルが相互に影響しあって、人は存在し、成長している。

4. ○：シャインは、相互作用により、組織も個人も成長し続けるという発展的な視点に立っている。

シャインは、「組織と個人の相互作用」を重視しており、個人の成長、仕事の成功、家族の繁栄発展を、サイクルのように捉えています。

正答 3

1. ×：キャリア後期ではなく、16〜25歳の基本訓練の段階での特定の課題である。

2. ×：キャリア初期ではなく、35〜45歳のキャリア中期の危機の段階に直面する一般問題である。

3. ○：衰え及び離脱の段階に直面する一般問題として適切である。キャリア全体を評価し、引退に備える。

4. ×：家庭の空の巣問題にどう対処するかが特定の課題となるのは、40歳から引退までのキャリア後期の段階である。空の巣（からのす）問題は、子が成長、独立した後に親が感じる憂うつや不安のことである。

Advice

キャリア・サイクルの段階と課題は、過去にも出題があります。段階ごとの問題や課題を思い浮かべましょう。その内容は、『キャリアコンサルティング理論と実際 6訂版』のP231にありますので、確認しておきましょう。

シャイン

重要度 ✎✎✎　難易度 ★★☆　チェック欄 □ □ □

シャインのキャリア・アンカーに関する次の記述のうち、最も適切なものはどれか。

1. 専門性の追求を目指すのは、全般管理コンピテンスである。
2. 自分のアイデアで起業や創業をすることを目指すのは、自律/独立である。
3. 仕事生活とその他の生活との調和を重視するのは、保障/安定である。
4. 解決が困難な課題に取り組むことを求めるのは、純粋な挑戦である。

シャイン

重要度 ✎✎　難易度 ★★★　チェック欄 □ □ □

シャインの理論に関する次の記述のうち、最も適切なものはどれか。

1. キャリア・アンカーを明確にした後、職務・役割分析を行い、職務と役割のプランニングを実施してキャリア・アンカーの実現を図ることを、キャリア・サバイバルという。
2. キャリア・サバイバルのための職務分析において、従来の職務記述書の内容で十分であるとしている。
3. 組織の三次元モデルにおいて、水平方向の移動を表すのは、地位（階層）の軸である。
4. キャリア・アンカーは個人がキャリア選択に直面して初めて自覚できるものであり、職業経験とは関係がない。

正答 4

1. ×：専門性の追求を目指すのは、特定専門分野/機能別コンピテンスであり、全般管理コンピテンスは、組織をまとめ、全体を管理する志向である。

2. ×：起業や創業を志向するのは、起業家的創造性であり、自律/独立は自らの裁量で仕事を進める自由を持つ志向である。

3. ×：仕事と生活のバランスを取る（ワークライフバランス）志向は生活様式であり、保障/安定はリスクをとり多くを得ることもよりも、安定を最も大切にする志向である。

4. ○：解決が困難な課題に挑む志向は、純粋な挑戦である。

アンカーとは錨（いかり）のことであり、たとえ時代や景気が変化したとしても、その人がぶれずに持ち続けている欲求や価値観や能力をいいます。

正答 1

1. ○：キャリア・アンカーの活用のため、職務・役割プランニングを行う（キャリア・サバイバル）。

2. ×：これまでの職務記述書では、その仕事の対人関係的側面（利害関係者の役割や期待）の記録が不十分であるとしている。

3. ×：組織の三次元モデルでは、水平方向への移動は、販売から製造へといった、職能（機能）の拡大を意味している。垂直方向への移動により、地位（階層）が上下することになる。

4. ×：キャリア・アンカーは、実際の仕事での経験の積み重ねに基づいて形成されるものである。

Advice

キャリア・サバイバルはまだあまり出題されていませんが、キャリア・アンカーとセットで捉えておきましょう。キャリア・アンカーを明らかにしたあとは、キャリア・サバイバルを経て、実務においてそのキャリア・アンカーを発揮します。

サビカス

重要度 ✎✎ 難易度 ★★☆ チェック欄 □ □ □

サビカスのキャリア構築理論に関する次の記述のうち、最も適切なものはどれか。

1. 職業パーソナリティ、キャリア・アダプタビリティ、ライフテーマの3つの主要概念で構成され、キャリア・アダプタビリティは中核概念として4つの次元がある。

2. サビカスは、スーパーの理論を否定し、独自のキャリア構築理論を展開している。

3. キャリア構築理論は、キャリアを本人の客観的な側面から捉えることを重視している。

4. キャリア構築理論では、相談のプロセスよりも心理検査の実施とその結果による診断が重視される。

サビカス

重要度 ✎✎✎ 難易度 ★★☆ チェック欄 □ □ □

サビカスが提唱したキャリア・アダプタビリティの4次元に関する次の記述のうち、最も適切なものはどれか。

1. キャリア自信とは、自分自身と職業を適合させるために、好奇心を持って職業に関わる環境を探索することを意味している。

2. キャリア好奇心とは、進路選択や職業選択を行う際に必要となる一連の行動を適切に実行できるという自己効力感を意味している。

3. キャリア関心とは、過去にとらわれるのではなく、現在直面している職業上の課題やトランジションに目を向けることが大事であるという、現在志向を意味している。

4. キャリア統制とは、自らのキャリアを構築する責任は自分にあると自覚して、確信することを意味している。

正答 1

1. ○：サビカスの３つの主要概念として適切であり、キャリア・アダプタビリティには４つの次元がある（キャリア関心、キャリア統制、キャリア好奇心、キャリア自信）。

2. ×：サビカスは、スーパーやホランドの理論を統合、発展させており、スーパーの理論を否定していない。

3. ×：キャリア構築理論では、キャリアを本人の主観的な側面から捉えることを重視している。

4. ×：キャリア構築理論では、ナラティブ・アプローチにより、クライエント自身の語りを重視する。

キャリア・アダプタビリティの4次元については、非常によく出題されています。もちろん、内容も大切なのですが、関心、統制、好奇心、自信の頭文字から、「かとうこうじ」と覚えておきましょう。

正答 4

1. ×：自分自身と職業を適合させるために、好奇心を持って職業に関わる環境を探索することを意味しているのは、キャリア好奇心である。

2. ×：進路選択や職業選択を行う際に必要となる一連の行動を適切に実行できるという自己効力感を意味しているのは、キャリア自信である。

3. ×：キャリア関心とは、現在直面している職業上の課題やトランジションに目を向けるのみならず、未来に備える、未来志向を重視する感覚である。

4. ○：キャリア統制の意味として適切である。このような自覚のもと、主体的な選択によって未来を創造する。

職業パーソナリティ、キャリア・アダプタビリティ、ライフテーマの3つの主要概念の内容とキャリア・アダプタビリティの４つの次元はしっかりと確認しておきましょう。

サビカス

重要度 ✎✎ 難易度 ★★☆ チェック欄 □ □ □

サビカスのキャリア構築インタビューに関する次の記述のうち、最も不適切なものはどれか。

1. カウンセリングの初期に、キャリア構築インタビューを行うことが望ましい。

2. カウンセラーは、クライエントが人生に新しいストーリーを作るため、成人以降の記憶を中心にインタビューすることが望ましい。

3. ストーリーを再構成するため、ライフテーマの中にどのようなキャラクターアークが含まれているかに注目する。

4. キャリア構築インタビューでは、ロールモデル、モットーなどを問い、クライエントの職業観、人生観、生き甲斐などを把握する。

サビカス

重要度 ✎✎ 難易度 ★☆☆ チェック欄 □ □ □

サビカスのキャリア構築理論に関する次の記述のうち、最も適切なものはどれか。

1. キャリア構築理論では、個人の欲求に見合った変幻自在なキャリアを志向する。

2. ライフテーマは、仕事の上でその人が譲れない自己概念であり、8つのパターンに分類される。

3. キャリア・アダプタビリティには、好奇心、持続性、柔軟性、楽観性の4つがある。

4. キャリア・ストーリーとは、クライエント自身が、過去や現在の出来事を意味づけ、未来の出来事やこれからの展望を語ることである。

正答 2

1. ○：キャリア構築のためのインタビューは、カウンセリングの初期に行う。
2. ×：思い出せる限りの最も古い記憶、幼少期の記憶が望ましい。
3. ○：キャラクターアークとは、登場する人物の変化のことであり、例えば貧しい子が成功して豊かになるといったものが挙げられ、それらを見出せるかに注目する。
4. ○：キャリア構築インタビューの項目として適切であり、他にはお気に入りの雑誌や本等がある。

サビカスは、臨床心理療法で用いられる「ナラティブ・アプローチ」をキャリア構築支援のカウンセリングのために活用しました。ナラティブとは「物語」のことで、クライエント自身が語る言葉に耳を傾けます。

正答 4

1. ×：個人の欲求に見合うように変幻自在なキャリアを志向するのは、ホールが提唱しているプロティアン・キャリアである。
2. ×：仕事の上でその人が譲れない自己概念は、キャリア・アンカーであり、シャインが提唱した。
3. ×：好奇心、持続性、柔軟性、楽観性、これに冒険心を加えたものが、クランボルツが提唱した偶然の出来事を個人のキャリアに活かすための5つのスキルである。
4. ○：クライエント自身が作るストーリーにより、物語的真実が語られる。

Advice

不適切な選択肢については、それが誰の理論なのかを確認することで、他の理論家対策にもなります。試験までの間に、このキーワードは誰だっけ？という疑問を一つでも減らしていきましょう。

ホランド

重要度 ✎✎✎　難易度 ★☆☆　チェック欄 □ □ □

ホランドの理論に関する次の記述のうち、最も不適切なものはどれか。

1. 個人のパーソナリティは、多くの場合６つのタイプに分けることができ、生活する環境もまた、６つのタイプに分けることができる。
2. 同じ職業に就いている人々は、似通ったパーソナリティの特性を共有している。
3. 個人の行動は、その人のパーソナリティと環境の特徴との相互作用によって決定される。
4. ホランドの考えた６つのパーソナリティ・タイプは、現実的・研究的・芸術的・社会的・企業的・文化的の６タイプである。

ホランド

重要度 ✎✎　難易度 ★★☆　チェック欄 □ □ □

ホランドの理論に関する次の記述のうち、最も適切なものはどれか

1. パーソナリティ・タイプのうち、芸術的タイプと対極的なタイプは、社会的タイプであるとされる。
2. パーソナリティ・タイプは、六角形における距離が近いほど心理的類似性が低い。
3. VPI職業興味検査の結果は、６つのパーソナリティ・タイプと５つの行動傾向尺度の合計11の尺度得点で解釈することができる。
4. VPI職業興味検査は、30個の職業名に対する興味の有無を回答して実施する。

正答 4

1. ○：ホランドはパーソナリティ・タイプと環境モデルは6つに分けられるとした。

2. ○：適職が人によって異なることの理由の一つとして、似通ったパーソナリティの特性にホランドは注目した。

3. ○：パーソナリティと環境の調和的な相互作用により、職業満足や職業上の安定度が生み出される。

4. ×：文化的ではなく、慣習的である。Realistic（現実的）、Investigative（研究的）、Artistic（芸術的）、Social（社会的）、Enterprising（企業的）、Conventional（慣習的）の6つが正しい。

これまでもRIASECの間違い探しの問題が出題されていますので、正しくいえるようにしておきましょう。また、対角には何があるのかも問われたことがありますから、六角形を書けるようにしておくとよいでしょう。

正答 3

1. ×：対極的なタイプは、ホランドの六角形モデルの反対側の位置を確認するとよい。芸術的タイプの対極には慣習的タイプがある。

2. ×：六角形の距離が近いほど、心理的類似性が高い。

3. ○：6つの興味領域（いわゆるRIASEC）と5つの行動傾向尺度（自己統制、男性-女性、地位志向、稀有反応、黙従反応）がわかる。6つずつではないことに注意する。

4. ×：160個の職業名に対する興味の有無を回答する。

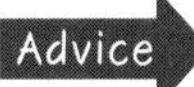

パーソナリティ・タイプの六角形で隣り合っているものは類似性が高く、遠いものは類似性が低いと覚えておきましょう。また、ホランドは、VPI職業興味検査を開発しました。

ホール

重要度 ✎✎ 難易度 ★★☆ チェック欄 □ □ □

ホールが提唱したプロティアン・キャリアに関する次の記述のうち、最も適切なものはどれか。

1. キャリアは個人ではなく組織によって形成されるものであり、移り変わる環境に対して、自己志向的に「変幻自在」に対応していくキャリアである。

2. キャリアには客観的な側面と主観的な側面の両面があるが、客観的な側面をより重視する。

3. 生命、生活上の役割（愛、学習、労働、余暇）、文化、ジェンダー、コミュニティなど様々な側面を包含する概念である。

4. キャリアは生涯を通じた経験・スキル・学習・転機・アイデンティティの変化の連続であるとされる。

ホール

重要度  難易度 ★★☆ チェック欄 □ □ □

伝統的なキャリアとプロティアン・キャリアの対比に関する次の記述のうち、最も不適切なものはどれか。

1. プロティアン・キャリアの主体者は組織ではなく、個人である。

2. プロティアン・キャリアは地位や給料よりも、心理的成功を重視する。

3. プロティアン・キャリアは、「自分を尊敬できるか（自尊心）」よりは、「この組織から自分は尊敬されているか（他者からの尊敬）」を重視する。

4. プロティアン・キャリアの重要なアダプタビリティ側面としては、組織関連の柔軟性よりも仕事関連の柔軟性を重視する。

正答 4

1. ×：キャリアは組織ではなく、個人によって形成されるものである。

2. ×：主観的なキャリアと客観的なキャリア双方を考慮する必要がある。

3. ×：これは、プロティアン・キャリアではなく、ハンセンの統合的人生設計の内容である。生活上の役割である愛、学習、労働、余暇は４L（Love、Learning、Labor、Leisure）ともいわれる。

4. ○：生涯を通じた経験の連続であるとし、キャリアはプロセスであるとした。

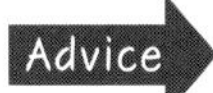

判断の難しい選択肢もありますが、プロティアン・キャリアの特徴から、消去法でアプローチしましょう。

正答 3

1. ○：キャリアは組織によってではなく、個人によって管理される。

2. ○：プロティアン・キャリアで重視するのは、他者による評価ではなく、自己評価である。

3. ×：組織で何をすべきかではなく、自身は何がしたいのかを重視する。

4. ○：組織で生き残れるかどうかではなく、自身の仕事の市場価値を重視する。

ホールのプロティアン・キャリアは、個人の心理的成功を重視します。それは、スーパーのライフ・ロールのように、多様なその人の役割の中での心理的成功を意味します。単に、変幻自在に環境の変化に合わせていくことではない、ということに留意しましょう。

クランボルツ

重要度 ✎✎✎　難易度 ★☆☆　チェック欄 □□□

クランボルツの理論に関する次の記述のうち、最も不適切なものはどれか。

1. オープンマインドな状態が、思いがけない未来の出来事の利用を可能にする。
2. 生涯にわたる学習を続けるための機会として、想定外の出来事を利用する。
3. 有益な想定外での出来事が起こりやすくなるよう、行動を始める。
4. 「未決定」であることを、改善すべき問題として捉える。

クランボルツ

重要度 ✎✎✎　難易度 ★★★　チェック欄 □□□

クランボルツが提唱するキャリア・カウンセリングにおける4つの命題について、最も不適切なものはどれか。

1. キャリア・カウンセリングが成功したかどうかは、カウンセリングにおいてクライエントが何を成し遂げたかによって評価されるものである。
2. 相談者は有益な想定外の出来事を創り出す方法として、探索的な行動に携わることを学習する。
3. キャリア・アセスメントは、個人の特性と職業をマッチングするためではなく、学習を促すために用いるものである。
4. キャリア・カウンセリングの目標は、満足できるキャリアや生活に到達するための行動を、相談者が取れるようになることを支援する。

正答 4

1. ○：未決定であることを、用意周到なオープンマインドの状態として捉えている。

2. ○：新しい活動を試みたり、興味を開発したり、古い信念に疑問を呈したりすることで、学習を続ける。

3. ○：偶然の出来事を創り出し、自分のキャリア発達に組み入れていく。

4. ×：プランドハプンスタンス（計画された偶発性）では、偶然の出来事を尊重するために、未決定であることを、むしろ望ましい状態であると捉える。

クランボルツのプランドハプンスタンス（計画された偶発性）に関する内容です。偶然の機会を活かすためのマインドとして適切なもの、不適切なものを検討しましょう。

正答 1

1. ×：キャリア・カウンセリングのセッションの外の現実の世界でクライエントが何を成し遂げたかによって評価されるものである。

2. ○：有益な想定外な出来事が起こりやすくなるようなことを始めることを支援する。

3. ○：マッチングのためではなく、新しい学習経験を作り出すために用いる。そして、新しい学習経験の妨げとなっている信念を測定するため、「Career Beliefs Inventory」を用いるとしている。

4. ○：変化する仕事環境においても、満足のいく人生を作り出していけるよう、「学習」を促進させることを、カウンセリングの核としている。

キャリア・カウンセリングの４つの命題といわれると難しく考え、構えてしまいそうになりますが、クライエントの新しい学習を促すことをクランボルツは重視します。消去法でアプローチをしましょう。

バンデューラ

重要度 ✎✎✎　難易度 ★★☆　チェック欄 □□□

バンデューラが提唱した自己効力感の4つの情報源に関する次の記述のうち、最も不適切なものはどれか。

1. 遂行行動の達成とは、自らによって、実際に行動が達成できたことをいう。

2. 代理的経験とは、他人（モデル）が成功したことを見聞きすることにより、自分にもできると思うようなことである。

3. 情動的喚起とは、生理的、感情的な変化をいい、人前で話すことに苦手意識がある場合に緊張して汗をかき、きっとできると自己効力感が高まることである。

4. 言語的説得とは、他者からの言葉による説得により、行動が達成できると感じることである。

バンデューラ

重要度 ✎✎　難易度 ★★★　チェック欄 □□□

バンデューラが提唱したモデリングによる学習の4つの過程に関する次の記述のうち、順序として最も適切なものはどれか。

1. 注意過程→動機づけ過程→運動再生過程→保持過程

2. 注意過程→保持過程→運動再生過程→動機づけ過程

3. 動機づけ過程→運動再生過程→保持過程→注意過程

4. 運動再生過程→保持過程→注意過程→動機づけ過程

正答 3

1. ○：遂行行動の達成の内容として適切である。自らの成功体験ともいえる。
2. ○：代理的経験の内容として適切である。観察による学習である。
3. ×：苦手意識があり緊張して汗をかくような場合には、失敗するのではないかと、自己効力感が低下する。好きな音楽を聴いて気持ちを高めて、試合に臨むような場合には、自己効力感が高まる。
4. ○：「やればできる」と励まされるような言語的な説得である。

自己効力感の4つの情報源については、内容をよく確認しておきましょう。情動的喚起によって、自己効力感が高まることもあれば、低下することもあります。

正答 2

1. ×：動機づけ過程は過程の最後である。運動再生過程と保持過程の順序も異なる。
2. ○：適切である。注意過程から始まり、動機づけ過程が終わりと覚える。
3. ×：動機づけ過程は最後の過程であり、これは適切な過程の逆の順序である。
4. ×：注意過程が４つの過程の最初である。運動再生過程と保持過程の順序も異なる。

Advice

注意過程ではモデルを観察、保持過程でモデルの特徴を記憶します。そして、運動再生過程でモデルの言動を再現したり調整したりし、最後に模倣したモデルの行動を続けるかどうかの動機づけを行います。動機づけには外発的なものと内発的なものがあります。

ハンセン

重要度 ✎✎✎　難易度 ★☆☆　チェック欄 □□□

ハンセンの理論に関する次の記述のうち、**最も適切なもの**はどれか。

1. ８つのキャリア・アンカーを提唱した。
2. 「Career Belief Inventory」を開発した。
3. 統合的人生設計（Integrative Life Planning）という概念を提唱した。
4. ライフ・キャリア・レインボーの概念を提唱した。

ハンセン

重要度 ✎✎　難易度 ★★☆　チェック欄 □□□

ハンセンが提唱した統合的人生設計における６つの人生課題に関する次の記述のうち、**適切なもの**の組合せはどれか。

A. 家庭と仕事の間を結び、男女が平等のパートナーとして協力し合う。
B. 組織の変革よりも個人の転機に対処する。
C. キャリア設計は、他の役割は無視して仕事や職場での役割に焦点を当てる。
D. グローバルな規模で我々が直面している問題を解決するため、創造性を発揮して仕事に取り組む。

1. AとB　2. AとC　3. BとC　4. AとD

正答 3

1. ×：８つのキャリア・アンカーを提唱したのは、シャインである。

2. ×：「Career Belief Inventory」を開発したのはクランボルツである。

3. ○：ハンセンは、４つのL（Love、Labor、Learning、Leisure）が組み合わさることにより、意味のある全体、つまり統合的人生設計になるとした。

4. ×：ライフ・キャリア・レインボーの概念を提唱したのは、スーパーである。

ハンセンは、人が持っている、人生上の様々な役割をキルトに例え、それらを縫い合わせ、大きな布にしていくようにして、意味のある人生の全体が作られるとしました。

正答 4

A. ○：統合的人生設計では、男女が平等のパートナーとして協力し合うことを強調している。

B. ×：個人の転機と、組織の変革にともに対処する。よりも、という表現には注意する。

C. ×：他の役割を無視せず、従来見過ごされてきた役割にも焦点を当てる。それにより、人生を意味のある全体像の中に織り込む。

D. ○：グローバルな状況を変化させるため、なすべき仕事を探す。

統合的人生設計の視点から、適切なもの、不適切なものを判断していきましょう。ハンセンの統合的人生設計の重要課題は、持続可能な開発目標SDGsの視点とも共通する点が多くあるように感じます。

ジェラット

重要度 ✎✎ 難易度 ★★☆ チェック欄 □□□

ジェラットの連続的意思決定プロセスに関する次の記述のうち、**最も適切なもの**はどれか。

1. 可能性のある選択肢とその結果について予測を行うことを、価値システムという。
2. 予測される結果が望ましいものであるかどうかを評価することを、予測システムという。
3. 選択肢について評価し、決定基準に合っているものを選択することを、基準システムという。
4. 意思決定の前段階では、目的や目標を明確にする必要はない。

ジェラット

重要度 ✎✎✎ 難易度 ★★☆ チェック欄 □□□

ジェラットの後期理論と位置づけられる積極的不確実性に関する次の記述のうち、**最も適切なもの**はどれか。

1. 探索的決定から最終的決定へとスムーズに進行させるためには、予測システム、価値システム、基準システムの三段階が必要である。
2. クライエントが偶然の出来事を作り出し、自分のキャリア発達に組み入れることができるように支援する。
3. 主観的可能性による誤った判断をさけるため、客観的なデータを収集、検討し、それぞれの結果の有用性を決定できるようなガイダンスが必要である。
4. 未来は予測できないものであるため、客観的で合理的なストラテジーだけではなく、主観的で直感的なストラテジーを統合して用いなければならない。

正答 3

1. ×：可能性のある選択肢とその結果について予測を行うことを、予測システムという。また、予測システムは、予期システムとも呼ばれる。

2. ×：予測される結果が望ましいものであるかどうかを評価することを、価値システムという。また、価値システムは評価システムとも呼ばれる。

3. ○：基準システムの内容として適切である。また、基準システムは決定システムとも呼ばれる。

4. ×：意思決定の前段階で目的や目標を明確にし、情報収集を行う。そして、それらの情報に基づき、選択肢を予測システム、価値システム、決定システムにより意思決定していく。

連続的意思決定プロセスは、ジェラットの前期理論と呼ばれます。予測システム、価値システム、基準システムの３つの段階を経て選択肢を絞っていく探索的決定から、最終的決定が行われるスムーズなプロセスをいいます。

正答 4

1. ×：これはジェラットの前期理論と呼ばれる、連続的意思決定プロセスである。

2. ×：これはクランボルツの計画された偶発性の内容である。

3. ×：これはジェラットの前期理論における、主観的可能性の内容である。

4. ○：積極的不確実性は、左脳だけでなく、右脳も使った意思決定といえる。

ジェラットは、連続的意思決定プロセスのような合理的なストラテジーはもはや効果的でないとして理論を修正し、積極的不確実性を提唱しました。この理論は、ジェラットのテニス仲間であるクランボルツの計画された偶発性に通じるところがあります。

ギンズバーグ

重要度 ✎ 難易度 ★★★ チェック欄 □□□

ギンズバーグに関する次の記述のうち、**最も不適切なもの**はどれか。

1. 職業選択は、一般に10年以上かかる発達的プロセスであるとした。
2. 職業発達のプロセスは、成長期、探索期、確立期の３つの段階を経るとした。
3. 職業発達のプロセスは、非可逆的であるとした。
4. 職業選択の発達過程について、最初に理論化したといわれている。

パーソンズ

重要度 ✎ 難易度 ★★☆ チェック欄 □□□

パーソンズの示した、賢明な職業選択を実現するステップに関する次の記述のうち、**最も不適切なもの**はどれか。

1. 自分が何のために働くのか、なぜこの仕事をするのかを考え、人生に意味を与えること。
2. 自分自身と職業について、合理的な推論を行い、マッチングを行うこと。
3. 自分自身の適性や能力、興味などの諸特性を明確に理解すること。
4. 職業に関して、求められる資質や成功の条件、報酬、将来性等の知識を得ること。

正答 **2**

1. ○：一般に10年以上かかる発達的プロセスであるとした。

2. ×：職業選択には、空想期（11歳以下）、試行期（11～17歳）、現実期（17～20歳代初期）の3つの段階を経るとした。なお、成長期、探索期、確立期は、スーパーの職業的発達段階の最初の3段階である（後の2段階は維持期、解放期）。

3. ○：非可逆的というのは、元に戻すことができないことをいう。

4. ○：職業選択の発達過程の提唱は、職業選択は、決してある時点でなされるわけではないという点で、当時は画期的な考えであったと思われる。

ギンズバーグは、職業選択の発達過程を最初に理論化したといわれており、その後はスーパーなどに影響を与えています。なお、本問の出題内容はギンズバーグの最初の理論であり、その後再構築され、「職業選択は生涯にわたる意思決定のプロセスである」としています。

正答 **1**

1. ×：これはサビカスのキャリア構築理論の３つの主要概念の一つ、ライフテーマの内容であり、パーソンズのマッチングの理論とは関係はない。

2. ○：選択肢３と４ののち、その関係について、合理的な推論を行いマッチングを行うことは、パーソンズの賢明な職業選択のステップである。

3. ○：自分自身を明確に理解することは、パーソンズの賢明な職業選択の３つのステップの一つである。

4. ○：職業に関して、その仕事に求められる資質などを知ることは、パーソンズの賢明な職業選択の３つのステップの一つである。

Advice

パーソンズは職業指導の創始者とも呼ばれ、その理論は、後の特性因子理論と呼ばれる理論の原型といえます。自らの適性、特性と職業の必要な資質や条件をマッチングさせる考え方は、その後の職業選択理論に大きな影響を与えました。

マズロー

重要度 ✎✎✎　難易度 ★★☆　チェック欄 □ □ □

マズローの動機づけ理論に関する次の記述のうち、最も適切なものはどれか。

1. 自らに足りないものを外部から補う欲求を成長欲求、自分の中にあるものを外に出そうとする欲求を欠乏欲求とした。

2. 人間の欲求は、生理的欲求、安全の欲求、所属と愛情の欲求、存在欲求、自己実現欲求の５層から構成されるとした。

3. ５つの欲求は大きく、欠乏欲求と成長欲求の２つに分類され、最上部の第５層を成長欲求として位置づけた。

4. ５つの欲求について、上位の欲求は下位の欲求が充足しなくても発生すると考えた。

混合問題

重要度 ✎✎　難易度 ★★★　チェック欄 □ □ □

多文化、社会正義の視点によるキャリア形成支援に関する次の記述のうち、最も不適切なものはどれか。

1. ワッツは、社会正義のキャリアガイダンス論の枠組みとして、「キャリアガイダンスの４つのイデオロギー」の図式を提唱した。
2. ゴッドフレッドソンは、キャリア支援で最も重要な要因として社会階層をあげており、「最もパーニシャス（致命的、有害）」な影響を与えるとした。
3. フアドは、従来のキャリア支援で使用されるアセスメントは、暗黙にアメリカ白人の主流文化を前提としていると批判し、異文化キャリアアセスメント論を主張した。
4. ナンシー・アーサーは、文化やアイデンティティに配慮した４つの領域からなる「文化を取り入れたキャリアカウンセリングモデル」を提唱し、自他の文化的アイデンティティを知ることを重視した。

正答 3

1. ×：逆である。自らに足りないものを外部から補う欲求を欠乏欲求、自分の中にあるものを外に出そうとする欲求を成長欲求とした。

2. ×：人間の欲求は、生理的欲求、安全の欲求、所属と愛情の欲求、自尊と承認の欲求、自己実現欲求の５層から構成されるとした。

3. ○：最上部の第５層、自己実現欲求のみを成長欲求として位置づけた。それ以外の４層は欠乏欲求である。

4. ×：上位の欲求は下位の欲求が充足されて初めて発生すると考えた。

マズローは、後にロジャーズやパールズ、アドラーなども分類されることになる人間性心理学を最初に提唱しました。人間性心理学では、人はそもそも自己実現の欲求を持っており、それを引き出すための支援を行うことを重視しています。

正答 2

1. ○：キャリアガイダンスのイデオロギーを、「社会に焦点/個人に焦点」、「変革/現状維持」の軸で分類し、ワッツは社会に焦点をあて、変革を求める「ラディカル（社会変革）」を重視した。

2. ×：このように指摘したのはブルースティンである。ゴッドフレッドソンは、子供のキャリア発達における制限妥協理論で知られる。制限妥協理論では、子供は必ずしも興味や関心で職業を選択するのではなく、性役割や社会的評価等により選択肢を制限（排除）していると捉える。

3. ○：フアドは、一般的なキャリア理論はアメリカ白人の主流の考え方に偏っており、アメリカのマイノリティのアセスメントの結果はキャリア意識が低く判定されやすくなるとした。

4. ○：文化を取り入れたキャリアカウンセリングモデルはCICC（Culture-Infused Career Counseling）と呼ばれる。

貧困層やマイノリティなどの社会的弱者を支援するため、多文化や社会正義の視点からのキャリア支援の重要性が高まっています。キャリアコンサルタントの役割として注目されるとともに、試験でも徐々に出題されるようになっています。

混合問題

重要度 ✎✎ 難易度 ★★☆ チェック欄 □□□

動機づけ理論に関する次の記述のうち、最も不適切なものはどれか。

1. アルダファは、マズローの欲求階層モデルを修正し、各欲求は連続的で、高次、低次の欲求が同時に生じることもあるとした。

2. マクレランドは、社会的欲求に着目し、存在欲求、関係欲求、成長欲求からなる達成動機理論を構築した。

3. ハーズバーグは、達成や承認、責任や成長などを動機づけ要因とし、給与、対人関係や作業条件などを衛生要因とした。

4. デシは、自ら困難を乗り越え、何かを達成した有能感と、他者に強制されない自己決定感が高まると、内発的動機づけが高まるとしている。

混合問題

重要度 ✎ 難易度 ★★☆ チェック欄 □□□

キャリアに関する理論についての次の記述のうち、最も不適切なものはどれか。

1. 金井壽宏は、キャリア・デザインの対語としてキャリア・ドリフトという概念を提唱し、ドリフトを楽しむことの重要性を提起している。

2. コクランは、キャリアの分野にナラティブ・アプローチを導入した先駆者といわれている。

3. ボーディンは、精神分析の立場から職業選択行動について、幼児期における欲求に向かうタイプが、青年期の職業選択行動と対応しているとした。

4. ブロンフェンブレナーは、人の生涯発達を心理社会的な自我の性質である８つの段階で表現し、最終的な発達課題を「統合性」としている。

正答 2

1. ○：アルダファは、マズローのモデルを修正しERGモデルを提唱している。人間には欠乏欲求と成長欲求がある点においてはマズローと共通しているものの、高次・低次の欲求が同時に生じることがある点で、マズローの理論とは異なる。

2. ×：マクレランドの達成動機理論は、親和欲求、権力欲求、達成欲求からなる。存在欲求（Existence）、関係欲求（Relatedness）、成長欲求（Growth）は、アルダファのERGモデルである。

3. ○：ハーズバーグの動機づけ要因、衛生要因の内容として適切である。

4. ○：デシは外的報酬が内発的動機づけを低下させることもあるとし、これをアンダーマイニング効果と呼んでいる。

動機づけ理論については、マズローのほか、ハーズバーグ、アルダファ、マクレランド、デシの混合問題がこれまでに出題されています。それぞれの特徴を確認しておきましょう。

正答 4

1. ○：金井壽宏は、人生や仕事生活の節目には、自らのキャリアの過去を内省し、将来を展望するキャリアをデザインすることを強調している（キャリア・デザイン）。また、それがないとドリフト（漂流）を楽しむことができずにただ流されてしまうと指摘している（キャリア・ドリフト）。

2. ○：ナラティブ・アプローチというと、サビカスでお馴染みだが、コクランは、キャリア分野にナラティブ・アプローチを導入した先駆者といわれている。

3. ○：ボーディンは、フロイトのような精神分析的な考え方に基づき、幼児期の欲求が職業選択行動の無意識的な決定要因になるとした。

4. ×：これはエリクソンの8つの発達段階と発達課題を表している。ブロンフェンブレナーは、個人のキャリアに影響を及ぼす環境を、ミクロシステム、メゾシステム、エクソシステム、マクロシステムの4つに分類している。

本問は、これまでに１問でも過去に出題のあった理論家たちを集めた問題です。もしも知らない理論家が出題されたとしても、本問のように、正答を選ぶこと自体はそれほど困難ではない場合もありますので、あきらめずに挑みましょう。

2-2 出題度

カウンセリングに関する理論

問8前後から概ね3問出題されています。また、問35前後でもカウンセリングの技能として、1~2問出題されますので、カウンセリングに関しては合わせて5問程度出題されると捉えておきましょう。

出題傾向と対策

カウンセリングに関する理論は、出題内容が多岐に及びますが、主なカウンセリング理論と理論家について確認しましょう。

■ 出題範囲表では

カウンセリングに関する理論について、出題範囲表では次のように表現しています。

1）キャリアコンサルティングの全体の過程において、カウンセリングの理論及びスキルが果たす役割について詳細な知識を有すること。
2）カウンセリングの理論、特徴に関し、次に掲げる事項について一般的な知識を有すること。

そして、2）の次に掲げる事項として、代表的なカウンセリング理論の名称が具体的に示されています。それらを中心に、それぞれの特徴と代表的な理論家、そしてキーワードをまとめています。カウンセリングに関する理論の総仕上げにご活用下さい。

■ 出題が予想される13のカウンセリング理論

来談者中心アプローチ

「来談者中心療法」とも呼ばれ、**ロジャーズ**が提唱しました。それまでカウンセリングの主流だった指示的なものではなく、非指示的で、来談者が本来持っている自ら成長し、**自己実現**しようとする力に注目します。自己概念と経験が一致する方向へ、カウンセラーは援助します。

キーワード 自己一致、無条件の肯定的配慮、共感的理解

精神分析的カウンセリング

「精神分析療法」とも呼ばれ、**フロイト**（ジークムント＆アンナ親子）が代表的な理論家です。クライエントの症状や悩みの背後にある、**無意識**的な葛藤や不満などを表出させることで自己理解を深め、症状の改善や悩みの解決を目指します。

キーワード 自我（エゴ）、イド（エス）、超自我（スーパーエゴ）、感情転移と逆転移

論理療法

論理療法は、**エリス**によって提唱され、人間の不快な感情は、発生した出来事そのものによって引き起こされるのではなく、その出来事をどのように受けとめるかという「**信念**」によって生じると考えました。その信念の非論理性や非現実性に着目して、問題に対処します。

キーワード 非論理的な信念（イラショナル・ビリーフ）、ABC（DE）理論

認知療法

出題範囲表には明記されていませんが、論理療法に近い療法に認知療法があります。認知療法は**ベック**が提唱し、ものの見方や考え方といった「認知」が行動や感情に影響を与えるとし、**認知の歪み**を修正していき、行動や感情に変容をもたらす方法です。

キーワード 自動思考、スキーマ、認知の歪み

行動療法

クライエントの症状や問題行動は、**不適切**な行動の学習や適切な行動の未学習によって引き起こされると考え、不適切な行動の除去や適切な行動の学習を行う療法です。明確な創始者がいる療法ではないものの、「行動療法」という用語は

スキナーが初めて使用しました。

キーワード レスポンデント条件付け、オペラント条件付け、系統的脱感作

系統的脱感作

系統的脱感作は行動療法の代表的な技法で、**ウォルピ**によって開発されました。系統的とは段階的の意味、脱感作は敏感ではなくなることをいいます。不安を引き起こす刺激と、それを抑制するリラックスした楽しい気持ちになる刺激を繰り返して条件づけを行うことにより（逆制止）、不安や恐怖が起こらないようにします。

キーワード 行動療法　弛緩訓練、逆制止

ゲシュタルト療法

ゲシュタルト療法は、**パールズ**が創始した心理療法で、過去にとらわれず、未来を恐れずに、「いま、ここ」での気づきを得る療法です。代表的な技法にはエンプティ・チェア（空の椅子）があります。

キーワード 「いま、ここ」、エンプティ・チェア、ルビンの壺

アドラー心理学

アドラー心理学は、アドラー自身では個人心理学と呼んでいます。人間の行動には目的があるとする**目的論**を提唱し、過去の出来事が現在を作るとする原因論を否定します。そして、最終的に目指すのは家族や地域や職場の中で、「自らがその一員である」という**共同体感覚**を持つこととしています。

キーワード 劣等感　共同体感覚　勇気づけ　嫌われる勇気

交流分析

交流分析は、**バーン**によって開発された、自分と他人との交流パターンや人間関係に着目した心理療法です。構造分析、交流パターン分析、ゲーム分析、脚本分析の4つの分析により、人格的成長や、不適応などの変容を図ります。

キーワード 自我状態、エゴグラム、親・大人・子ども

包括的・折衷的アプローチ

包括的・折衷的アプローチは、特定のカウンセリング理論や療法に偏ることなく、様々な理論や療法を、包括的・折衷的に活用する方法です。**キャリア・カウ**

ンセリングでは、通常はこのアプローチが利用されます。

キーワード システマティック・アプローチ、マイクロカウンセリング、ヘルピング

家族療法

家族療法は、個人を対象とするのではなく、家族全体を対象とするカウンセリングです。家族のメンバーを個人としてではなく、システムの一部として捉える「**システムズ・アプローチ**」によりカウンセリングを行います。

キーワード システムズ・アプローチ、クライエントではなくIP（Identified Patient）

実存療法

人間は絶えず不安や苦悩に苛まれながらも、それを乗り越えて、自らの責任において自分を作ることができ、生き方を決定する存在であるとする、実存主義に基づいた治療法です。ユダヤ人として体験した悲惨な戦争体験を「夜と霧」で記した、**フランクル**が有名です。フランクルは、健康な人が持つべきパーソナリティを「自己超越した人間」としました。

キーワード 実存主義的哲学、夜と霧、自己超越した人間

アサーション

アサーションとは、行動療法に起源を持つ、自他を尊重した適切な自己表現のことです。「アサーティブな自己表現」などとも表され、それができるようにする訓練を「アサーショントレーニング（**主張訓練法**）」と呼びます。日本では**平木典子**が第一人者です。

キーワード 非主張的、攻撃的、適切な自己表現

キャリアに関する理論と同じく、どのような理論や療法なのか理解をするようにしましょう。

見ておきたい資料や参考書

- 『キャリアコンサルティング理論と実際 6訂版』（一般社団法人雇用問題研究会）
- 「職業相談場面におけるキャリア理論及びカウンセリング理論の活用・普及に関する文献調査」（独立行政法人労働政策研究・研修機構）

人名、理論、特徴の組合せ問題

重要度 ✎✎✎　難易度 ★★☆　チェック欄 □ □ □

カウンセリングの理論や心理療法に関する次の記述のうち、最も適切なものはどれか。

1. ロジャーズはカウンセラーの基本的態度として、自己一致、無条件の肯定的配慮、共同体感覚を挙げている。
2. エリスが提唱した論理療法では、人間の感情は、出来事自体によって直接引き起こされるものであるとした。
3. パールズが提唱したゲシュタルト療法の代表的な技法には、エンプティ・チェアがある。
4. フロイトの精神分析において、カウンセラーに対してクライエントが個人的な感情を向けてくることを逆転移という。

人名、理論、特徴の組合せ問題

重要度 ✎✎　難易度 ★★☆　チェック欄 □ □ □

カウンセリングの理論や心理療法に関する次の記述のうち、最も適切なものはどれか。

1. バーンにより開発された交流分析では、構造分析、交流パターン分析、ゲーム分析、脚本分析の４つの分析方法がある。
2. ベックは、スキーマに影響を受けた自動思考に着目し、行動療法を提唱した。
3. シュルツは、弛緩訓練により不安反応を制止し、段階的に不安反応を除去する系統的脱感作を提唱した。
4. 森田正馬は、「あるがまま」を重視し、不安や恐怖の感情をそのまま受け入れることで神経症から解放されることを目指す内観療法を提唱した。

正答 3

1. ×：自己一致、無条件の肯定的配慮、共感的理解である。共同体感覚はアドラー心理学（アドラー）のキーワードである。

2. ×：出来事自体ではなく、それを受け止める信念により引き起こされるとした。

3. ○：エンプティ・チェアは、自分の話したい人がそこにいると想定して対話をする技法である。

4. ×：これは感情転移（転移）の内容である。逆転移は、クライエントに対して、カウンセラーが個人的な感情を向けることをいう。

人名と提唱したカウンセリング理論、その内容や特徴を問う問題が毎回出題されます。キーワードを覚えるのは最後の手段です。学習段階では内容理解を心がけましょう。

正答 1

1. ○：交流分析で行う4つの分析の内容として適切である。なお、エゴグラムはバーンの交流分析を基礎として、バーンの弟子であるデュセイが開発した。

2. ×：行動療法ではなく、認知療法である。行動療法はオペラント条件づけで知られるスキナーが提唱した。

3. ×：系統的脱感作を開発したのはウォルピである。シュルツは、さりげない集中（受動的注意集中）の状態で、筋肉の緊張を解き、中枢神経や脳の機能を調整し本来の健康な状態へ心身を整えることを目的とした自律訓練法を提唱した。

4. ×：森田正馬は「あるがまま」を受け入れることを重視する森田療法を提唱した。内観療法を提唱したのは吉本伊信である。

吉本伊信の内観療法は、度々出題されていますが、身の回りの人に、してもらったこと、して返したこと、迷惑をかけたこと、を自らに問いかけ（身調べ）、自己観察と内省を行います。

人名、理論、特徴の組合せ問題

重要度 ✎✎ 難易度 ★★★ チェック欄 □□□

カウンセリングの理論や心理療法に関する次の記述のうち、最も不適切なものはどれか。

1. グラッサーが提唱した現実療法は、すべての行動は外部からの刺激への反応ではなく、自らの選択であると考える選択理論を基礎としたカウンセリング手法である。
2. エリクソンの影響を受け発展したブリーフ・セラピーは、解決思考アプローチとも呼ばれ、ミラクル・クエスチョンやスケーリング・クエスチョンなどを用いる。
3. フランクルは、不安や苦悩に苛まれながらも、それを乗り越え、自らの責任において自分を作り、生き方を決定する存在であるとする、実存主義に基づいた治療法を提唱した。
4. スキナーのネズミの箱の実験で発見されたレスポンデント条件付けは、先行刺激、行動、結果の三項随伴性の関係性で捉える。

来談者中心療法

重要度 ✎✎✎ 難易度 ★☆☆ チェック欄 □□□

ロジャーズの来談者中心療法におけるカウンセラーの基本的態度や考え方に関する次の記述のうち、最も不適切なものはどれか。

1. カウンセラーは、不一致の状態にあり、傷つきやすく、不安の状態になる。
2. カウンセラーは、クライエントへの無条件の肯定的関心を持っている。
3. カウンセラーは、クライエントの内的準拠枠を共感的に理解しており、これをクライエントに伝えようと努めようとしている。
4. カウンセラーは、共感的理解と無条件の肯定的関心の状態にいることをクライエントに伝達している。

正答 4

1. ○：現実療法（リアリティ・セラピー）は、問題が起きたときは相手を受け入れ、交渉することで解決でき、良好な人間関係を築くことができるとしている。

2. ○：ほかにコーピングの質問や例外探しの質問がある。なお、このミルトン・エリクソンは、8つの発達段階で知られるエリク・エリクソンとは別人である。

3. ○：フランクルは、ユダヤ人として体験した悲惨な戦争体験を「夜と霧」に記した。

4. ×：レスポンデント条件付けではなく、オペラント条件付けである。箱の実験ではブザーが「先行刺激」、餌が得られることが「結果」、レバーを押すことが「行動」であり、随伴性は結びつきを意味する。 レスポンデント条件付けは、パブロフの犬で知られる条件反射の仕組みである。

知らない内容が出題された時には、消去法によるアプローチのほか、正答のみは積極的に正答を導ける場合もあります。諦めずに選択肢を検証しましょう。

正答 1

1. ×：カウンセラーは、クライエントとの関係においては「一致」していることが必要な条件といえる。不一致の状態にあるのは、クライエントである。

2. ○：クライエントのありのままを受容する。

3. ○：内的準拠枠とは、クライエントが眺める世界のそのままをいう。

4. ○：クライエントが「この人にはわかってもらえている」と認知できていることが大切である。

ロジャーズは、来談者中心療法について、クライエントのパーソナリティの変化が起こるための条件を伝えています。自己一致、無条件の肯定的配慮、共感的理解はカウンセラーの基本的態度と位置づけられますが、それが相手に伝わっていることが大切です。

精神分析

重要度 ✎✎✎　難易度 ★★★　チェック欄 □□□

精神分析の用語とその説明に関する次の記述のうち、最も不適切なものはどれか。

1. フロイトは心の領域を、意識、前意識、無意識の領域に区分し、そのうち無意識とは、自分で思い出そうとしても意思の力では思い出すことができない領域のことをいう。

2. 心の領域について、無意識から前意識や意識にあげようとする動きを、抑圧という。

3. 心の構造について、自我は意識的な心の動きであり、現実原則で動くのに対して、超自我は道徳原則で動く。

4. 防衛機制は、自我に危険を及ぼす存在から心理的な安定を保つために用いられる様々な心理作用である。

精神分析

重要度 ✎✎✎　難易度 ★★☆　チェック欄 □□□

防衛機制に関する次の記述のうち、最も適切なものはどれか。

1. 「昇華」とは、受け入れがたい感情や記憶などを意識から締め出すことをいう。

2. 「反動形成」とは、受け入れがたい考えや感情を見ないようにして正反対の態度や行動をとることをいう。

3. 「抑圧」とは、認められない欲求を、社会的で健康的であると受け入れられるものへ発散することをいう。

4. 「取り入れ」とは、もっともらしい理屈をつけて、納得しようとすることである。

正答 2

1. ○：意識は今気がついていること、前意識は何かのきっかけで思い出せること、無意識は自分の意思の力では思い出せないことである。

2. ×：これは抑圧ではなく、「意識化」のことであり、不快な思いを呼び起こすような過去の体験を押し込めるようなことを、「抑圧」という。

3. ○：自我は意識的なものであり、「現実原則」で動き、イドは本能欲求であるため「快楽原則」で動き、超自我は理想づくりの役割を持つため「道徳原則」で動く。

4. ○：防衛機制は不快な感情を弱めたり、避けたりするためのものであり、誰にでも認めることができる、正常な心理的反応である。

精神分析は精神科医であったフロイトによって創始され、特に「無意識」の力の存在を主張しました。フロイトの精神分析については、局所論（意識、前意識、無意識）と構造論（自我、イド、超自我）に加え、防衛機制について確認しましょう。

正答 2

1. ×：これは「抑圧」のことであり、「昇華」とは認められない欲求を、社会的で健康的であると受け入れられるものへ発散することをいう。衝動を芸術やスポーツで表現するようなことである。

2. ○：例えば、本心では好きな人に意地悪をするようなことである。

3. ×：これは「昇華」のことである。「抑圧」とは、臭いものにふたをするように、受け入れがたい感情や記憶などを意識から締め出すことをいう。

4. ×：これは「合理化」のことである。「取り入れ」とは、相手の属性を自分のものにすることであり、真似をすることである。

Advice

防衛機制とは、自我を守るために無意識的に防衛しようとする反応ですが、身の回りの人で思い当たる人はいませんか。私が初めて学んだときは、「あ、こういう人いる」と思いながら内容を理解していました。……が、きっと、私にもあるはずです……。

認知的アプローチ

重要度 ✎✎ 難易度 ★★☆ チェック欄 □□□

認知的アプローチに関する次の記述のうち、最も不適切なものはどれか。

1. 論理療法は、不快な感情は非論理的な信念によってもたらされるとした。
2. 認知療法は、スキーマと自動思考による認知の歪みを修正することに力点が置かれる。
3. 論理療法では、主にエクスポージャー法が用いられる。
4. 認知の歪みの主なものとして、全か無か思考、自責思考、破局化思考、べき思考などがある。

行動的アプローチ

重要度 ✎✎ 難易度 ★★★ チェック欄 □□□

行動的アプローチに関する次の記述のうち、最も不適切なものはどれか。

1. 個人の問題行動は、不適切な学習や、適切な行動の未学習によって引き起こされる。
2. 段階的に不安反応を除去していくための系統的脱感作は行動療法の一つである。
3. 望ましい行動を観察したり、模倣したりすることによって、目標とする行動を獲得することを、主張訓練という。
4. 学習の原理を用いて、不適切な行動を除去し、望ましい行動を習得させる。

問題7 正答 3

1. ○：論理療法では、非論理的な信念（イラショナルビリーフ）によって不快な感情がもたらされるとした。なお、論理療法はエリスによって提唱された。

2. ○：自動思考とその背景にあるスキーマによって起こる、認知の歪みを修正する。なお、認知療法はベックによって提唱された。

3. ×：反論説得法によって、非論理的な信念（イラショナルビリーフ）の非論理性や非現実性を明らかにしていく。エクスポージャー法は、安全な状況で不安の原因になる刺激に触れることで不安を減らしていく方法で、行動療法の一つである。

4. ○：認知の歪みの内容として適切である。その他に、「今の若者は」といったような過度な一般化などがある。

論理療法も認知療法も、出来事や他人の言動への受け止め方により、悩みや混乱がもたらされるとしており、その受け止め方を改善することに主眼が置かれます。

問題8 正答 3

1. ○：行動療法では具体的な行動に焦点を当て、その変容を図る。

2. ○：系統的脱感作は、不安を引き起こす刺激と、それを抑制するリラクゼーションを繰り返して条件づけを行うことにより、不安や恐怖が起こらないようにするものであり、ウォルピが開発した。

3. ×：望ましい行動を観察したり、模倣したりすることにより目標となる行動を獲得することを、モデリング（観察学習）という。社会的学習理論で有名だが、行動療法の技法としても知られる。主張訓練は、アサーションと呼ばれ、正当な自己主張や自己表現ができるように訓練することである。

4. ○：学習や訓練によって不適切な行動を除去していくことが、行動療法の目的である。

1950年代に発展をみせた行動療法は、1960年代後半にはバンデューラの社会的学習理論が加わり、さらに1970年代頃からはベックの認知療法と次第に統合し、「認知行動療法」として実践と研究が進み、今後もさらに発展することが期待されています。

混合問題

重要度 ✎✎ 難易度 ★★☆ チェック欄 □ □ □

カウンセリングのアプローチに関する次の記述のうち、最も適切なものはどれか。

1. 感情的アプローチでは、人の感情は思考によって影響を受けるとし、問題が起きるのは非合理的な思考により行動するときであると捉える。
2. 認知的アプローチでは、状況や環境そのものよりも、クライエント自身の、現在の見方や感じ方に焦点を当てる。
3. 行動的アプローチでは、問題の原因や問題解決を妨げているクライエントの行動を発見することが大切である。
4. 包括的・折衷的アプローチは、キャリアコンサルティングで活用されることはない。

混合問題

重要度 ✎✎ 難易度 ★★☆ チェック欄 □ □ □

カウンセリング理論に関する次の記述のうち、最も適切なものはどれか。

1. システムズ・アプローチに基づく家族療法では、家族のメンバーの中に問題の原因を見出し、その行動変容を促すことにより解決を行う。
2. ゲシュタルト療法では、クライエントが「今ここ」で何をどのように話し、感じているのかに焦点を当てる。
3. 解決思考アプローチは、問題の原因の追究に焦点を当てることが特徴である。
4. 現実療法では、フェルトセンスに焦点を当てて、そこから受け取るメッセージに主眼を置いている。

正答 3

1. ×：これは、認知的アプローチの内容である。

2. ×：これは、感情的アプローチの内容である。

3. ○：行動的アプローチでは、クライエントの行動に焦点を当て、不適切な行動を除去することや、適切な行動を学習することに主眼を置く。

4. ×：キャリアコンサルティングにおいては、むしろ特定の理論に偏らずに、包括的・折衷的なアプローチが活用される。なお、包括的・折衷的アプローチには、アイビイのマイクロカウンセリングやカーカフのヘルピングなどがある。

カウンセリングのアプローチは、感情的アプローチ、認知的アプローチ、行動的アプローチ、そして包括的・折衷的アプローチに分類されますが、キャリアコンサルティングにおいては、特定の理論に限定されずに、包括的・折衷的に行われることが多いといえるでしょう。

正答 2

1. ×：システムズ・アプローチでは、家族のメンバーを個人としてではなく、システムの一部として捉えて、家族全体を対象としたカウンセリングを行う。

2. ○：ゲシュタルト療法はパールズが創始した心理療法であり、「今ここ」での気づきを大切にする。

3. ×：解決思考アプローチは、ブリーフセラピー（短期療法）の一つであり、原因の追究はせず、解決に焦点を絞ることが特徴である。

4. ×：自分の中で感じられる身体の感覚をフェルトセンスといい、それに焦点を当てて、そこから受け取るメッセージに主眼を置くのは、ジェンドリンが創始したフォーカシングである。

Advice

フェルトセンスとは、例えば、心配事を思ったときの気の重たさや、楽しい予定を思い浮かべたときのわくわく感など、自分の中での身体の感覚をいいます。

2-3 出題度

職業能力開発（リカレント教育を含む）の知識

問11前後から概ね3問～4問出題されています。そして、キャリアコンサルタント試験で頻出の資料（能力開発基本調査）からほぼ毎回出題があります。

出題傾向と対策

これまでの試験で出題された主なテーマは次の通りです。

出題された主な資料やテーマ

- 能力開発基本調査
- リカレント教育
- 職業能力評価基準
- 人材開発支援助成金
- 教育訓練給付制度
- ハロートレーニング（公的職業訓練）
- 社内検定認定制度

■ 出題範囲表では

働く人の職業能力開発とキャリアコンサルタントとの関わりについて、出題範囲表では次のように表現しています。

次に掲げる事項について一般的な知識を有すること。
① 個人の生涯に亘る主体的な学び直しに係るリカレント教育を含めた職業能力開発に関する知識（職業能力の要素、学習方法やその成果の評価方法、教育訓練体系等）及び職業能力開発に関する情報の種類、内容、情報媒体、情報提供機関、入手方法等
② 教育訓練プログラム、能力評価シート等による能力評価、これらを用いた総合的な支援の仕組みであるジョブ・カード制度の目的、内容、対象等

この中で、ジョブ・カード制度については、この出題範囲からの出題よりも、問35前後で１問出題される「キャリアシートの作成指導及び活用の技能」での出題が多いため、本書でも第3章で触れることにします。

対策のポイント

- 能力開発基本調査の徹底研究
- 教育訓練給付制度の種類と仕組みの理解
- 公的職業訓練の種類と仕組みの理解
- リカレント教育の推進への国の取組みや方向性を知る
- 職業能力評価基準の内容の理解
- 技能検定や社内検定の仕組みの理解

特に**能力開発基本調査**は、これまでの試験では、ほぼ毎回出題されており、その内容も多岐に及びます。試験の時期にもよりますが、最新年度版の調査結果の概要を印刷したり、PDFファイルをタブレットやスマートフォンから移動時間などに確認したりするなど、念入りな対策が必要な最重要資料といえるでしょう。

教育訓練給付金には、一般教育訓練給付金、専門実践教育訓練給付金、特定一般教育訓練給付金の３種類があります。それぞれの支給額や支給要件を確認しておきましょう。

なお、教育訓練給付金の内容は、**ハローワークインターネットサービス**に詳しく掲載されているのですが、ページ構成がわかりづらいため、トップページ下部の「**サイトマップ**」から進みましょう。ハローワークインターネットサービスのサイトマップからは、その他、雇用保険制度の仕組みや、厚生労働省編職業分類の閲覧などをすることができます。

見ておきたい資料や参考書

- 最新年度版の「能力開発基本調査」（厚生労働省）
- 「ハローワークインターネットサービス」

能力開発基本調査

重要度 ✎✎ 難易度 ★★☆ チェック欄 □□□

「令和４年度能力開発基本調査」（厚生労働省）の企業調査の結果に関する記述のうち、最も適切なものはどれか。

1. OFF-JTに費用を支出している企業は、約８割である。
2. 事業内職業能力開発計画の作成状況は、「全ての事業所において作成している」という企業が約半数である。
3. 職業能力開発推進者の選任状況は、「いずれの事業所においても選任していない」企業が半数を超えている。
4. 教育訓練休暇制度の導入状況は、「導入している」とする企業が約９割である。

能力開発基本調査

重要度 ✎✎✎ 難易度 ★★☆ チェック欄 □□□

「令和４年度能力開発基本調査」（厚生労働省）の事業所調査の結果に関する次の記述のうち、最も不適切なものはどれか。

1. 正社員または正社員以外に対してキャリアコンサルティングを行う仕組みを導入している事業所は、全体の半数に達していない。
2. キャリアコンサルティングを行う目的については、正社員、正社員以外ともに、「労働者の主体的な職業生活設計を支援するため」が最も多い。
3. キャリアコンサルティングを行った効果については、正社員、正社員以外ともに、「労働者の仕事への意欲が高まった」が最も多い。
4. キャリアコンサルティングを行う仕組みのない事業所のうち、キャリアコンサルティングを行っていない理由としては、「労働者からの希望がない」が正社員、正社員以外ともに最も多い。

正答 3

1. ×：OFF-JTに費用を支出している企業は、約46％である。（資料P1）
2. ×：事業内職業能力開発計画の作成状況は、「全ての事業所において作成している」という企業が約15％である。（資料P6）
3. ○：職業能力開発推進者の選任状況は、「いずれの事業所においても選任していない」企業が約82％であり、「全ての事業所において選任している」とする企業は約11％である。（資料P8）
4. ×：教育訓練休暇制度の導入状況は、「導入している」とする企業が10％にも満たない（約７％）。（資料P10）

資料：「令和４年度能力開発基本調査」（厚生労働省）

企業調査からの出題です。こうした実施状況等に関するデータは、ご自身や周りの会社での実施状況を思い浮かべながら、違和感のある内容などがあれば、よく確認をしましょう。

正答 2

1. ○：キャリアコンサルティングを行う仕組みを導入している事業所は約45％である。（資料P20）
2. ×：正社員、正社員以外ともに、「労働者の仕事に対する意識を高め、職場の活性化を図るため」が最も多い。（資料P22）
3. ○：キャリアコンサルティングを行った効果として最も多い。（資料P22）
4. ○：なお、キャリアコンサルティングを行う仕組みがある事業所のうち、相談を受けているのがキャリアコンサルタントであるかについては、約10％が「そうである」と回答している。（資料P24）

資料：「令和４年度能力開発基本調査」（厚生労働省）

事業所調査からの出題です。キャリアコンサルティングの導入状況は度々出題されていますので、内容をよく確認しておきましょう。

能力開発基本調査

重要度 ✎✎ 難易度 ★★☆ チェック欄 □□□

「令和4年度能力開発基本調査」（厚生労働省）の個人調査の結果に関する次の記述のうち、最も適切なものはどれか。

1. 仕事をする上で自信のある能力・スキルの内容については、正社員・正社員以外とも「チームワーク、協調性・周囲との協働力」が最も多い。
2. 向上させたい能力・スキルの内容については、正社員・正社員以外とも「コミュニケーション能力・説得力」が最も多い。
3. 自己啓発の実施方法は正社員、正社員以外ともに、「ラジオ、テレビ、専門書等による自学、自習」が最も多い。
4. 自己啓発を行う上での問題点の内訳について正社員では、「費用がかかりすぎる」が最も多い。

教育訓練給付金

重要度 ✎✎✎ 難易度 ★★☆ チェック欄 □□□

教育訓練給付金に関する次の記述のうち、最も不適切なものはどれか。

1. 働く人々の主体的な能力開発やキャリア形成を支援し、雇用の安定と就職の促進を図ることを目的としている。
2. 厚生労働大臣が指定する教育訓練を修了した際に、受講費用の一部が支給される。
3. 教育訓練給付金には、一般教育訓練給付、専門実践教育訓練給付、特定一般教育訓練給付金の3種類がある。
4. 一般教育訓練給付金の支給額は、教育訓練施設に支払った教育訓練経費の40%相当額が基本である。

正答 1

1. ○：正社員・正社員以外とも「チームワーク、協調性・周囲との協働力」が最も多い。（資料P37）

2. ×：正社員では、「マネジメント能力・リーダーシップ」が最も多く、正社員以外では、「ITを使いこなす一般的な知識・能力（OA・事務機器操作（オフィスソフトウェア操作など））」が最も多い。（資料P39）

3. ×：「eラーニング（インターネット）による学習」が最も多い。（資料P47）

4. ×：正社員では、「仕事が忙しくて自己啓発の余裕がない」が最も多い。（資料P55）

資料：「令和４年度能力開発基本調査」（厚生労働省）

個人調査からの出題です。ご自身やご自身の会社の状況などを思い浮かべながら、調査の内容を確認しましょう。

正答 4

1. ○：教育訓練給付金制度の目的として適切である。

2. ○：教育訓練給付金は、雇用保険による給付制度である。

3. ○：適切である。

4. ×：一般教育訓練給付金の支給額は、教育訓練施設に支払った教育訓練経費の20%相当額が基本である。特定一般教育訓練給付金は40%相当額、専門実践教育訓練給付金は50%相当額（条件を満たすと、さらに20%の追加給付）である。

教育訓練給付金制度の基本的な仕組みを理解しておきましょう。ハローワークインターネットサービスのホームページに制度の内容が整理されていますので、疑問点が生じたときに参照しましょう。

教育訓練給付金

重要度 ✎✎ 難易度 ★★★ チェック欄 □□□

教育訓練給付金に関する次の記述のうち、最も不適切なものはどれか。

1. 専門実践教育訓練給付金の支給対象者は、原則として受講開始日現在で雇用保険の被保険者であった期間が5年以上（初めて支給を受ける人は、当分の間3年以上）ある者である。
2. 一般教育訓練給付金について、受講開始日に雇用保険の被保険者であった期間が 3年以上（初めて支給を受ける人は1年以上）ある者は支給対象者になり得る。
3. 専門実践教育訓練給付金及び特定一般教育訓練給付金の申請手続は、訓練対応キャリアコンサルタントによる訓練前キャリアコンサルティングを受けることが原則である。
4. 一般教育訓練給付金について、受講開始日前1年以内にキャリアコンサルタントが行うキャリアコンサルティングを受けた場合は、その費用を教育訓練経費に加えることができる。

リカレント教育とリスキリング

重要度 ✎✎ 難易度 ★★☆ チェック欄 □□□

リカレント教育及びリスキリングに関する次の記述のうち、最も不適切なものはどれか。

1. 文部科学省の取組みとして、「いつでも・どこでも・誰でも」学べる社会に向けて、社会人の学びの情報を「マナパス」で紹介している。
2. 経済産業省の取組みとして、ITに関する知識・技能が一定以上の水準であることを認定する国家試験として、情報処理技術者試験・情報処理安全確保支援士試験を行っている。
3. 25～64歳のうち大学等の機関で教育を受けている者の割合をOECD諸国で比較すると、我が国はOECD平均を上回っている。
4. 第11次職業能力開発基本計画では、在職者が自発的な学び直しのための時間を確保できるよう、教育訓練休暇や教育訓練短時間勤務制度の普及を促進するとしている。

正答 1

1. ×：専門実践教育訓練給付金の支給対象者は、受講開始日現在で雇用保険の被保険者であった期間が3年以上（初めて支給を受ける人は、当分の間2年以上）ある者である。

2. ○：また、受講開始日時点で被保険者ではない場合も、被保険者資格を喪失した日以降、受講開始日までが1年以内であること等の要件を満たせば支給対象者となる。

3. ○：専門実践教育訓練給付金及び特定一般教育訓練給付金の申請には、訓練前キャリアコンサルティングが原則として必要である。

4. ○：上限は２万円である。

教育訓練給付金について、細かな内容が問われていますが、いずれも過去に問われたことがある内容です。

正答 3

1. ○：文部科学省の「マナパス」は、社会人の学びを応援するサイトである。

2. ○：試験の実施は、独立行政法人情報処理推進機構（IPA）が行っている。

3. ×：平成30年度年次経済財政報告によると、25～64歳のうち大学等の機関で教育を受けている者の割合は、日本は2.4%であり、英国の16%、アメリカの14%、OECD平均の11%と比較して大きく下回っている。

4. ○：第11次職業能力開発基本計画では、人材開発支援助成金により経費等を助成すること等により、教育訓練休暇や教育訓練短時間勤務制度の普及を促進することが示されている。

リカレント教育とは学び直しのための教育と読み換えることができます。日本における「学び直し」の状況は、他の先進国と比べると立ち遅れている状況といえますが、各省庁などの取り組みを確認しておきましょう。

ハロートレーニング

重要度 ✎✎ 難易度 ★★★ チェック欄 □ □ □

ハロートレーニング（公的職業訓練）に関する次の記述のうち、最も不適切なものはどれか。

1. 離職者訓練（公共職業訓練）は、主に雇用保険を受給している求職者を対象としたもので、就職に必要な職業スキルや知識を習得するためのテキスト代等を除いて、原則として無料で実施しているものが多い。

2. 求職者支援訓練は、主に雇用保険を受給できない求職者を対象としたもので、就職に必要な職業スキルや知識を習得するための職業訓練を、テキスト代等を除いて、無料で実施している。

3. 公共職業訓練では、在職者や高等学校卒業者などを対象とした、原則として有料の訓練も実施している。

4. 離職者訓練（公共職業訓練）の訓練期間は最長で３ヶ月である。

国等が行う職業能力開発支援

重要度 ✎ 難易度 ★★★ チェック欄 □ □ □

国等が行う職業能力開発や労働力移動の支援のための施策に関する次の記述のうち、最も不適切なものはどれか。

1. 人材開発支援助成金は、原則として、職業能力開発推進者の選任と事業内職業能力開発計画の策定と周知をしている事業主を対象としている。

2. ポータブルスキル見える化ツール（職業能力診断ツール）は、厚生労働省のマイジョブ・カードで提供している。

3. 生産性向上支援訓練は、生産管理、組織マネジメント、マーケティング、データ活用など、様々な産業分野の生産性向上に効果的なカリキュラムを提供している。

4. 産業雇用安定センターでは、在籍型出向のマッチング（相談・紹介・斡旋）を支援している。

正答 4

1. ○：離職して間もない、雇用保険を受給している人が主な対象となる。

2. ○：離職してから長期間が経過していたり、引きこもりなどで職業経験のない人や少ない人も対象となる。

3. ○：在職者訓練は、主に中小企業に在職している人を対象に、学卒者訓練は、学校卒業者を対象に、原則として有料で行われる。

4. ×：離職者訓練（公共職業訓練）の訓練期間は概ね３ヶ月〜2年間である。また、学卒者訓練は１年や２年のものが多い。

よく質問を受けるのですが、ハロートレーニング（「公的」職業訓練）は、離職者訓練などの「公共」職業訓練に、求職者支援訓練を加えたものをいいます。公共職業訓練は職業能力開発促進法が、求職者支援訓練は特定求職者支援法が根拠法令です。

正答 2

1. ○：職業能力開発推進者の選任と事業内職業能力開発計画の策定は、職業能力開発促進法上では、事業主の努力義務である。

2. ×：ポータブルスキル見える化ツール（職業能力診断ツール）は、職業情報提供サイト（日本版O-NET）で提供している。なお、これは特にミドルシニア層のホワイトカラー職種の人へのキャリアチェンジ、キャリア形成支援の際に、キャリアコンサルタント等の支援者が活用することを前提としている。

3. ○：生産性向上支援訓練は、企業の生産性向上を図るため、全国のポリテクセンター等に設置した生産性向上人材育成支援センターが、専門的知見を有する民間機関等と連携し、企業が抱える課題や人材育成ニーズに対応した訓練を実施している。

4. ○：産業雇用安定センターは、事業主、従業員、求職者に対して、出向や移籍等による、産業間や企業間の労働力の移動を円滑にするための業務等を行っており、在籍型出向のマッチング（相談・紹介・斡旋）も行っている。

Advice

生産性向上支援訓練、産業雇用安定センターは、あまり知られていませんが、国家試験と出題内容が似ている２級キャリアコンサルティング技能検定での出題実績があります。内容を確認しておきましょう。

職業能力評価基準

重要度 ✎✎ 難易度 ★★☆ チェック欄 □ □ □

厚生労働省の職業能力評価基準を活用した支援に関連する次の記述のうち、最も不適切なものはどれか。

1. 職業能力評価基準とは、仕事をこなすために必要な「知識」と「技術・技能」に加えて、「成果につながる職務行動例（職務遂行能力）」を、業種別、職種・職務別に整理したものである。
2. 職業能力評価シートにより、「自分の（または部下の）能力レベルはどの程度なのか」「次のレベルに行くには何が不足しているのか」を具体的に把握することができる。
3. キャリアマップとは、能力開発の標準的な道筋を示したものであり、キャリアの道筋と各レベルの習熟の目安となる標準年数がわかるものである。
4. 職業能力評価基準は国が定めた基準であり、企業ごとにカスタマイズすることはできない。

社内検定

重要度 ✎ 難易度 ★★★ チェック欄 □ □ □

職業能力や技能の評価、振興のための制度に関する次の記述のうち、最も不適切なものはどれか。

1. 技能五輪国際大会は、参加各国における職業訓練の振興と青年技能者の国際交流、親善を図ることを目的に行われる。
2. 職業能力開発促進法における「職業能力検定」とは、技能検定のみを指している。
3. 社内検定認定制度は、個々の企業や団体が、自主的に行っている検定制度のうち、一定の基準を満たし、技能振興上奨励すべきであると認めたものを厚生労働大臣が認定する制度である。
4. 技能検定制度では、試験に合格すると合格証書が交付され、名称独占資格として「技能士」と名乗ることができる。

正答 4

1. ○：日本の「職業能力評価制度」の中心をなす、公的な職業能力の評価基準である。

2. ○：職業能力評価シートは、人材育成に活用できるチェック形式の評価シートである。

3. ○：キャリアマップは、キャリアの目標を提示するものであり、人材育成に活用することができる。

4. ×：そのまま利用することもできるが、各企業で自社の実情に合うように一部を削除したり、追加したり、あるいは組み換えたりといった「カスタマイズ」が可能である。

職業能力評価基準に関する出題は定期的にありますので、厚生労働省のサイトにてよく確認をしておきましょう。本問では積極的な判断が難しい選択肢もありますが、カスタマイズができる点は過去にも出題がありますので覚えておきましょう。

正答 2

1. ○：技能五輪国際大会は、英語では、WorldSkills Competitionと呼ばれている。

2. ×：技能検定のみならず、職業能力開発促進法第二条3に規定する職業能力検定に該当する社内検定も含まれる。

3. ○：事業者・団体や合格者個人を認定するのではなく、検定の制度や運営方法・実施体制などの枠組みを認定する制度である。

4. ○：技能検定制度は、業務独占資格ではなく、名称独占資格である。

多くの方にとって馴染みのないものが多いかもしれませんが、いずれも過去に出題のある内容ですので、知らない内容を中心に確認しておきましょう。

2-4 出題度

企業における キャリア形成支援の知識

問15前後から概ね3～4問出題されています。
テーマの幅が広いため、出題が定番化された
内容を中心に対策をしていきましょう。

出題傾向と対策

これまでの試験で出題された主なテーマは次の通りです。

出題された主な資料やテーマ

- セルフ・キャリアドック
- 働き方の変化（テレワーク等）
- 仕事と生活の調和（ワークライフバランス）憲章
- 高齢社会白書
- 人事考課の評価誤差
- 高度プロフェッショナル制度
- 職能資格制度と職務等級制度

■ 出題範囲表では

前節で紹介した「職業能力開発（リカレント教育を含む）の知識」に、やや似たテーマもありますが、働く人のキャリア形成支援とキャリアコンサルタントとの関わりについて、出題範囲表では次のように表現しています。

> 次に掲げる事項について一般的な知識を有すること。
> ① 企業における雇用管理の仕組み、代表的な人事労務施策・制度の動向及び課題、セルフ・キャリアドックをはじめとした企業内のキャリア形成に係る支援制度・能力評価基準等、ワークライフバランスの理念、労働者の属性（高齢者、女性、若者等）や雇用形態に応じたキャリアに関わる共通的課題とそれを踏まえた自己理解や仕事の理解を深めるための視点や手法

② 主な業種における勤務形態、賃金、労働時間等の具体的な労働条件
③ 企業内のキャリア形成に係る支援制度の整備とその円滑な実施のための人事部門等との協業や組織内の報告の必要性及びその具体的な方法

雇用制度や人事制度、労働条件、働き方の多様化、セルフ・キャリアドック、女性活躍、高齢者の活用など、出題範囲は多岐に及ぶことと、キャリアコンサルタント試験対策の定番参考書には記述が少ない点が、対策を難しくしています。ただし、この出題範囲で定番化されつつある内容もありますので、それらを中心に対策を立てていきましょう。

対策のポイント

- セルフ・キャリアドックの内容の理解
- 人事評価のエラーの種類と内容の理解
- 家庭と仕事の両立支援に対する厚生労働省の取り組みへの理解
- 職能資格制度と職務等級制度の違いの理解

また、アフターコロナにおける、多様な働き方、テレワークの進化などは、まさに今、体験している変化です。

厚生労働省の認定制度やマーク、キャラクターについても試験前に確認しておきましょう。
「くるみん」認定（子育てとの両立）、「えるぼし」認定（女性活躍）、「ユースエール」認定（若者活躍）、さらにはシンボルマークの「トモニン」（介護との両立）、イメージキャラクターの「ちりょうさ」（治療との両立）があります。

見ておきたい資料や参考書

- 「『セルフ・キャリアドック』導入の方針と展開」（厚生労働省）
- 『マネジメント・テキスト　人事管理入門（新装版）』（日経BP）

『マネジメント・テキスト　人事管理入門』は、この分野では数少ない、キャリアコンサルタント試験対策にも活用できる参考書です。試験対策上、マストではありませんが、人事管理の分野に強くなりたい方にはおすすめです。

セルフ・キャリアドック

重要度 ✎✎✎　難易度 ★☆☆　チェック欄 □□□

「『セルフ・キャリアドック』導入の方針と展開」（厚生労働省、2017年）に関する次の記述のうち、最も不適切なものはどれか。

1. セルフ・キャリアドックの導入により、従業員にとっては自らのキャリア意識や仕事に対するモチベーションの向上とキャリア充実が期待できる。
2. セルフ・キャリアドックの導入により、企業にとっては人材の定着や組織の活性化が期待できる。
3. キャリアコンサルティング面談により把握された組織的・全体的な課題の傾向や、本人の同意に基づき企業へ伝えるべき事項については原則として報告対象となる。
4. 社内における責任者は、キャリアコンサルタントを統括する立場から、必ず人事部門から選定しなければならない。

高度プロフェッショナル制度

重要度 ✎　難易度 ★★★　チェック欄 □□□

高度プロフェッショナル制度に関する次の記述のうち、最も適切なものはどれか。

1. 高度プロフェッショナル制度の対象労働者の年収要件として、厚生労働省令では1,500万円以上を満たすこととされている。
2. 高度プロフェッショナル制度の対象労働者に、休日を確保することは義務づけられていない。
3. 高度プロフェッショナル制度の導入にあたっては、労使委員会を設置し、委員の２分の１以上の承認決議が必要である。
4. 高度プロフェッショナル制度の対象となる業務について、金融商品の販売、提供に関する企画立案、構築の業務は該当しない。

正答 4

1. ○：導入目的、効果として適切な内容であり、従業員のキャリア充実につながる。（資料P4）

2. ○：導入目的、効果として適切な内容であり、企業の活力、生産性の向上につながる。（資料P4）

3. ○：キャリアコンサルティング面談の結果を、全体報告書として報告する。なお、キャリアコンサルタントにとって、個別の面談内容は、職業能力開発促進法第三十条の二十七により守秘義務の対象となる。（資料P12）

4. ×：人材育成に関して社内に影響力を有することが重要であるため、人事部門に限らず幅広いポストの中から適任者を選定することも検討する。（資料P13）

資料：「『セルフ・キャリアドック』導入の方針と展開」（厚生労働省）

「『セルフ・キャリアドック』導入の方針と展開」（厚生労働省、2017年）は用紙例やQ&Aもあり、実務的にも役立つ資料ですので、全体を一読しておきましょう。また、組織との関係の中でも、個人の面談内容については、キャリアコンサルタントの守秘義務が適用されます。

正答 4

1. ×：高度プロフェッショナル制度の年収要件は、1年間に支払われると見込まれる賃金額が、1,075万円以上であることとされている。

2. ×：労働基準法に定められた労働時間、休憩、休日及び深夜の割増賃金に関する規定は原則として適用されないが、対象労働者には年間104日以上、かつ、4週間を通じ4日以上の休日を与えなければならない。

3. ×：労使委員会を設置し、委員の5分の4以上の承認決議が必要である。

4. ○：金融工学等の知識を用いて行う金融商品の開発の業務は対象業務となり得るが、金融商品の販売、提供等や、専らデータの入力や整理を行う業務等は、対象業務とはなり得ない。

高度プロフェッショナル制度の導入に際しては、対象業務や対象労働者の範囲、休日の確保や健康・福祉確保措置、不利益取り扱いの禁止などが定められています。厚生労働省の「高度プロフェッショナル制度わかりやすい解説」で確認しておきましょう。

人事考課

重要度 ✎✎ 難易度 ★★☆ チェック欄 □ □ □

人事考課の評価誤差（エラー）に関する次の記述のうち、最も適切なものはどれか。

1. 厳しい優劣の判断を回避してしまい、考課結果が「中央」に集中してしまう傾向のことを、寛大化傾向という。

2. 特に優れた点があると、他の特性についても高い考課をする傾向のことを、逆算化傾向という。

3. 評価者の自信の欠如から、評価を甘くしてしまう傾向を、ハロー効果という。

4. 独立している評価項目であるにもかかわらず、考課者が評価項目間に関連性があると解釈し、推定的に評価をしてしまうことを、論理的誤差という。

人事制度

重要度 ✎✎ 難易度 ★★☆ チェック欄 □ □ □

職能資格制度と職務等級制度に関する次の記述のうち、最も不適切なものはどれか。

1. 職能資格制度は、「人」を基準とした雇用制度であり、その職務には柔軟性があるため、人事異動やジョブ・ローテーションには適しており、ゼネラリストの育成に向いている。
2. 職務等級制度は、「仕事」を基準とした雇用制度であり、その職務に特化した知識や技能を持つスペシャリストの養成に適している。
3. 職能資格制度は、職務内容を明確にすることで、その職務遂行に必要なスキルを有する人材の獲得・活躍を促すため、メンバーシップ型と言われる雇用形態に適している。
4. 職務等級制度は、職務記述書に明示された職務を遂行できれば、原則として賃金は同じであるため、職務の市場価値を考慮した賃金水準の決定を行いやすい。

正答 4

1. ×：これは中心化傾向である。寛大化傾向とは、評価者の自信の欠如から、評価を甘くしてしまうエラーをいう。

2. ×：これはハロー効果である。逆算化傾向は、先に評価結果を決めておき、その結果となるように評価を割り付けていくエラーをいう。

3. ×：これは寛大化傾向である。ハロー効果は、特に優れた点があると、他の特性についても高い考課をするエラーをいう。

4. ○：論理的誤差の内容として適切である。

評価誤差については、これまでにも度々出題されていますので、その内容を確認しておきましょう。選択肢や解説にあるもの以外では、近接誤差（最近の出来事が印象に残り影響を与えるエラー）や、対比誤差（自分の得意不得意が影響を与えるエラー）があります。

正答 3

1. ○：いわゆる日本型と言われる人事制度で、特定の職務よりも、あらゆる職務を遂行するための能力が評価される。賃金制度では、職能給との親和性が高い。

2. ○：いわゆるアメリカなどの欧米型の人事制度で、人と職務を切り離して職務を評価する。賃金制度では、職務給との親和性が高い。

3. ×：職務内容を明確にすることで、その職務遂行に必要なスキルを有する人材の獲得・活躍を促すのは、職務等級制度であり、ジョブ型と言われる雇用形態に適している。

4. ○：職務記述書はジョブ・ディスクリプションとも言われ、職務の業務内容、範囲、難易度、必要なスキルなどを整理した書類である。

職能資格制度はメンバーシップ型雇用でゼネラリスト養成に適しており、職務等級制度はジョブ型雇用でスペシャリスト養成に適していると言われています。特徴を整理しておきましょう。

家庭と仕事の両立支援

重要度 ／ 難易度 ★★★ チェック欄 □□□

家庭と仕事の両立支援を目的とした法律や施策に関する次の記述のうち、最も不適切なものはどれか。

1. 次世代育成支援対策推進法に基づき、一般事業主行動計画を策定した企業のうち、計画に定めた目標を達成するなど一定の基準を満たした場合には、「子育てサポート企業」として、くるみん認定を受けることができる。
2. 女性活躍推進法により一般事業主行動計画の策定を行い、女性の活躍推進に関する取組みの実施状況が優良な企業については、えるぼし認定を受けることができる。
3. 次世代育成支援対策推進法に基づき、2022年より「不妊治療と仕事との両立」に取り組む企業を認定する「くるみんプラス」制度を新設した。
4. 仕事と介護を両立できる職場環境の整備促進に取り組むことを示すシンボルマークとして、「ちりょうさ」を作成し、介護離職を防止するための取組みに向けた社会的気運の醸成を図っている。

高年齢者の雇用状況

重要度 ／／ 難易度 ★★★ チェック欄 □□□

「令和５年版高齢社会白書」（内閣府）で述べられた高齢者の就業に関する次の記述のうち、最も適切なものはどれか。

1. 令和４年の労働力人口比率（人口に占める労働力人口の割合）では、70～74歳の者で5割を超えている。
2. 労働力人口総数に占める65歳以上の者の割合は減少傾向で10%に満たない。
3. 従業員21人以上の企業23万5,875社のうち、65歳までの高年齢者雇用確保措置を実施済みの企業の割合は100%に近い。
4. 従業員21人以上の企業23万5,875社のうち、70歳までの高年齢者就業確保措置を実施済みの企業は約半数である。

正答 4

1. ○：子育てサポート企業として厚生労働大臣が認定している。くるみん、プラチナくるみん、トライくるみんの3種類の認定がある。

2. ○：女性の活躍推進に関する状況が優良な企業を、厚生労働大臣が認定している。３段階のえるぼし認定に加え、プラチナえるぼし認定がある。

3. ○：くるみん等の認定を受けた企業が、不妊治療と仕事との両立にも積極的に取り組み、一定の認定基準を満たした場合に、３種類のくるみんにそれぞれ「プラス」認定を追加するものである。

4. ×：仕事と介護を両立できる職場環境の整備促進のためのシンボルマークは、「トモニン」である。「ちりょうさ」は、治療と仕事の両立支援のイメージキャラクターである。

厚生労働省の認定等の種類に関しては、子育て支援が「くるみん」認定、女性活躍推進が「えるぼし」認定、仕事と介護の両立支援は「トモニン」、仕事と治療の両立支援は「ちりょうさ」と覚えておきましょう。他の認定制度には、若者雇用促進法による「ユースエール」認定制度があります。

正答 3

1. ×：70～74歳の者では33.9%であり、約３分の１である。なお、65～69歳では約５割（52.0%）である。（資料P21）

2. ×：13.4%であり、長期的には上昇傾向である。（資料P20）

3. ○：高年齢者雇用確保措置を実施済みの企業の割合は99.9%（23万5,620社）となっている。（資料P25）

4. ×：70歳までの高年齢者就業確保措置を実施済みの企業は27.9%である。（資料P25）

資料：「令和５年度 高齢社会白書」（内閣府）

高年齢者の就業は、高年齢者の高い就業意欲のみならず、高年齢者等の雇用の安定等に関する法律による、65歳までの高年齢者雇用確保措置（法的義務）や、70歳までの高年齢者就業確保措置（努力義務）が大きく影響している。

2-5 出題度

労働市場の知識

問18前後から概ね3問出題されています。文字通り、雇用情勢が問われますので、関連するニュースなどには日頃から感度を高めておきましょう。

出題傾向と対策

これまでの試験で出題された主なテーマは次の通りです。

出題された主な資料やテーマ

- 労働経済の分析
- 一般職業紹介状況
- 景気動向指数
- 年次経済財政報告
- 労働力調査
- 賃金構造基本統計調査
- 労働力調査の用語の解説

■ 出題範囲表では

出題範囲表ではとてもシンプルに、具体的に次のように表現しています。

> 社会情勢や産業構造の変化とその影響、また雇用・失業情勢を示す有効求人倍率や完全失業率等の最近の労働市場や雇用の動向について一般的な知識を有すること。

具体的な雇用指標として、**有効求人倍率**や**完全失業率**等があります。なお、有効求人倍率や完全失業率はいつの時点を確認しておけばよいの？ というご質問を読者の方からしばしばいただきます。

試験実施の前年（または前年度）を中心に、さらにもう1年前まで遡って確認しておけば安心です。数字の結果だけではなく、改善しているのか、悪化しているのかの趨勢（トレンド）を確認することが有効です。

また、官公庁資料等の出題の幅は広いのですが、特に出題に備えておきたい資料は、「労働経済の分析」です。

対策のポイント

- 労働経済の分析で有効求人倍率と完全失業率等の趨勢をつかむ
- 労働力調査の用語の解説の理解

労働経済の分析には、概ね、前年もしくは前々年までの有効求人倍率や完全失業率に関する記載がありますが、その出典は、厚生労働省が毎月発表している一般職業紹介状況（有効求人倍率）や、総務省が毎月発表している労働力調査（完全失業率）ですから、それらの資料の内容をカバーしているといえます。データをまとめ、1年の趨勢（トレンド）を分析している資料といえるでしょう。特に第I部の「雇用・失業情勢の動向」は要注意です。

また、就業者や従業者、完全失業者の「用語の定義」が問われることがあります。正しい理解をしていないと正答が導き出せませんので、総務省のWebサイトなどで確認しておきましょう。さらに、新型コロナウイルス感染症流行による影響やアフターコロナの状況も出つつありますので、趨勢（トレンド）を確認しておきましょう。

見ておきたい資料や参考書

- 「労働経済の分析」（厚生労働省）

- 「労働力調査」（総務省統計局）

なお、労働経済の分析については、何年版が出題されるかは神のみぞ知るところですが、「みんなで合格☆キャリアコンサルタント試験」のWebサイトでは、まとめや問題とともに、出題時期の傾向等を公開しています。

用語の解説

重要度 ✎✎✎　難易度 ★★☆　チェック欄 □□□

「労働力調査」（総務省統計局）に用いられる用語に関する次の記述のうち、最も適切なものはどれか。

1. 労働力人口とは、15歳以上人口のうち、就業者と完全失業者を合わせたものである。
2. 「完全失業者」とは、調査期間中に仕事を少しもしなかった全ての者である。
3. 「非労働力人口」とは、18歳以上人口のうち、就業者と完全失業者以外の者である。
4. 通学のかたわらで仕事をしている者は、非労働力人口に区分される。

用語の解説

重要度 ✎✎　難易度 ★★★　チェック欄 □□□

労働市場に関する調査に用いられる比率や指標に関する次の記述のうち、最も不適切なものはどれか。

1. 就業率とは、15歳以上の人口に占める「従業者」の割合である。
2. 完全失業率とは、労働力人口に占める「完全失業者」の割合である。
3. 有効求人倍率とは、「月間有効求人数」を「月間有効求職者数」で除して計算する
4. 新規求人倍率とは、「新規求人数」を「新規求職申込件数」で除して計算する。

正答 1

1. ○：労働力人口とは、15歳以上人口のうち、就業者と完全失業者を合わせたものである。なお、就業者とは従業者に休業者も含める点に気をつける。

2. ×：完全失業者とは、①調査期間中に仕事を少しもしなかった、②仕事があればすぐ就くことができる、③調査期間中に、仕事を探す活動や事業を始める準備をしていた、という3つの要件を満たす者である。

3. ×：「非労働力人口」とは、15歳以上人口のうち、就業者と完全失業者以外の者である。

4. ×：通学のかたわらで仕事をしている者は、労働力人口であり、就業者であり、かつ、従業者に区分される。

完全失業者の定義はよく出題されます。単に失業中の人というだけでは、完全失業者の要件を満たさない点に注意しましょう。また、非労働力人口とは、通学や家事に専念している人や、仕事を引退した高齢者等をいいます。

正答 1

1. ×：就業率とは、15歳以上の人口に占める「就業者」の割合である。なお、就業者とは、「従業者」と「休業者」を合わせたものである。

2. ○：完全失業率の内容として適切である。

3. ○：有効求人倍率の算定方法として適切である。

4. ○：新規求人倍率の算定方法として適切である。

重箱の隅をつついたような問題ですが、労働市場に関する調査に用いられる比率や言葉の定義については、正確に確認しましょう。

調査の種類

重要度 ✎✎ 難易度 ★★★ チェック欄 □□□

我が国の雇用や労働市場の状況についての調査・報告に関する次の記述のうち、最も不適切なものはどれか。

1. 雇用均等基本調査は、男女の雇用均等問題に係る雇用管理の実態を把握し、雇用均等行政の成果測定や方向性の検討を行う上での基礎資料を得ることを目的としている。
2. 毎月勤労統計調査は、雇用、給与及び労働時間についての変動を毎月明らかにすることを目的とした調査である。
3. 就業構造基本調査は、主要産業に雇用される労働者について、その賃金の実態を労働者の雇用形態、就業形態、職種、性、年齢、学歴、勤続年数、経験年数別等に明らかにするものである。
4. 労働経済動向調査は、景気の変動、労働力需給の変化等が、雇用、労働時間等に及ぼしている影響等について調査し、労働経済の変化の方向や当面の問題点等を把握することを目的としている。

景気動向指数

重要度 ✎✎ 難易度 ★★☆ チェック欄 □□□

次の雇用関係の指標と景気動向指数の採用系列の組み合わせのうち、最も適切なものはどれか。

1. 完全失業率－先行系列
2. 有効求人倍率（除学卒）－一致系列
3. 新規求人数（除学卒）－遅行系列
4. 常用雇用指数（調査産業計）－先行系列

正答 3

1. ○：雇用均等基本調査の目的として適切である。毎年、厚生労働省が実施している。

2. ○：毎月勤労統計調査の目的として適切である。毎月、厚生労働省が実施している。

3. ×：これは厚生労働省が毎年行っている、賃金構造基本統計調査の内容である。就業構造基本調査は、国民の就業及び不就業の状態を調査し，全国及び地域別の就業構造に関する基礎資料を得ることを目的に、現在は5年ごとに総務省統計局が実施している。

4. ○：労働経済動向調査の目的として適切である。四半期ごとに厚生労働省が実施している。

雇用や労働市場の状況に関する調査・報告の種類については、定期的に出題されています。似たような名称の調査が多く、その内容把握には難しさがありますが、厚生労働省や総務省のホームページで調査結果などを確認し、印象づけましょう。

正答 2

1. ×：完全失業率は遅行系列である。

2. ○：有効求人倍率は、一致系列である。

3. ×：新規求人数は、先行系列である。

4. ×：常用雇用指数とは、基準年の常用労働者を100とし、毎年各月の月末の常用労働者数を指数化したものであり、完全失業率と同様に遅行系列である。

景気動向指数は、景気に敏感に反応する指標の動きを統合し、景気の現状把握や将来予測のために作成される指標です。景気に先行して動くものを先行指数、景気とほぼ一致して動くものを一致指数、景気に遅れて動くものを遅行指数といいます。

労働力調査

重要度 ✎✎✎　難易度 ★★★　チェック欄 □□□

「労働力調査（基本集計）2022年（令和4年）平均結果の要約」（総務省統計局）に関する次の記述のうち、最も適切なものはどれか。

1. 2020年以降の労働力人口は、男性よりも女性の方が多い傾向がある。
2. 就業者数（男女計）は、2020年は減少し、2021年、2022年は増加している。
3. 完全失業者数は2020年から2022年にかけて、３年連続して増加した。
4. 2022年の完全失業率は、男女別では男性よりも女性の方が高い。

労働経済の分析

重要度 ✎✎✎　難易度 ★★☆　チェック欄 □□□

「令和５年版労働経済の分析」（厚生労働省）で述べられている「雇用・失業の動向」に関する次の記述のうち、最も適切なものはどれか。

1. 2020年に一時的に悪化した有効求人倍率は、2022年には感染拡大前の水準へと回復した。
2. 15歳以上人口に占める就業者の割合（就業率）は約８割であり、就業者のうち、正規雇用労働者は約５割、非正規雇用労働者は約３割である。
3. 正規雇用労働者数は、女性は感染拡大の2020年以降は横ばいとなっているが、男性は2020年も含め、堅調に増加傾向を維持している。
4. 2022年の「宿泊業、飲食サービス業」「生活関連サービス業、娯楽業」の雇用者数は増加に転じており、「医療、福祉」「情報通信業」は引き続き増加している。

正答 2

資料：「労働力調査（基本集計）2022年（令和４年）平均結果の要約」（総務省統計局）

1. ×：2022年の労働力人口（15 歳以上人口のうち、就業者と完全失業者を合わせた人口）は、男性3805万人、女性3096万人で男性の方が多い。（資料P1）

2. ○：2020年平均では40万人減少し、2021年は3万人、2022年は10万人増加している。（資料P4）

3. ×：2020年は30万人の増加、2021年は3万人の増加、2022年は16万人の減少である（3年ぶりの減少）。（資料P13）

4. ×：2022年の完全失業率は男女計で2.6%、男性は2.8%、女性は2.4%で男性の方が高い。なお、これは2022年に限ったことではなく、例年、男性の方が高い傾向がある。（資料P14）

労働力調査は、毎月、総務省統計局が実施しており、完全失業率などがわかります。完全失業率は2019年の2.4%から、コロナ禍の影響で、2020年に2.8%へ悪化、その後は持ち直しの傾向がみられます。

正答 4

資料：「令和５年版 労働経済の分析」（厚生労働省）

1. ×：2020年平均の有効求人倍率は前年差0.42ポイント低下の1.18倍まで悪化したがその後持ち直し、2022年に1.28倍となったが、2019年の1.6倍の水準までは回復していない。（資料P14）

2. ×：15歳以上人口に占める就業者の割合（就業率）は約6割（60.9%）である。文章後半の正規、非正規の就業者に占める割合は適切である。（資料P17）

3. ×：男女が逆である。男性は2020年以降横ばいとなっているが、女性は2020年も含め、堅調に増加傾向を維持している。なお、正規雇用労働者数の男女計は、2015年以降、コロナ禍の間も増加傾向で推移している。（資料P22）

4. ○：2020年4月以降、「宿泊業、飲食サービス業」「生活関連サービス業、娯楽業」「卸売業、小売業」といった対人サービス業を中心に減少傾向で推移したが、2021年以降、経済社会活動の活発化を背景に雇用者総数は増加傾向である。（資料P24）

Advice

雇用指標の変化は、コロナ禍の前、途中、後の趨勢を確認しましょう。

年次経済財政報告

重要度 ✎✎ 難易度 ★★☆ チェック欄 □□□

「令和4年度年次経済財政報告」（内閣府）で述べられた、「労働力の確保・質の向上に向けた課題」に関する次の記述のうち、最も適切なものはどれか。

1. 副業・兼業の実施状況を年齢別にみると、男女ともに中高年層ほど実施率が高い傾向がある。

2. 男女間の賃金格差の状況についてOECD加盟国間で比較すると、我が国は欧米諸国に比べて小さい。

3. 2013年以降、男女ともに「正規の職員・従業員の仕事がないから」を理由とする、いわゆる不本意非正規比率は大きく低下している。

4. 2020年に新たに自己啓発を行った者の就業時間の増減では、就業時間が増加した者ほど自己啓発を開始している傾向がある。

賃金構造基本統計調査

重要度 ✎✎ 難易度 ★★☆ チェック欄 □□□

「令和5年賃金構造基本統計調査 結果の概況」（厚生労働省）の概況に関する次の記述のうち、最も適切なものはどれか。

1. 一般労働者の賃金の推移について、男女間賃金格差は男性を100とすると、女性は約85となっている。

2. 産業別にみた賃金では、男女計では「宿泊業、飲食サービス業」が最も高くなっている。

3. 雇用形態別に見た賃金では、男女計で正社員（正職員）と正社員（正職員）以外での、雇用形態間賃金格差は見られなくなった。

4. 企業規模別に見た賃金では、大企業、中企業、小企業の間に賃金格差が存在する。

正答 3

資料：「令和4年度年次経済財政報告」
（内閣府）

1. ×：男女ともに若年層ほど実施率が高い傾向がある。なお、副業・兼業実施者が実感する効果としては、収入面に加え、新しい知識やスキルの獲得、仕事のやりがいなどを挙げる割合が大きい。（資料P144）

2. ×：男女間の賃金格差は縮小してきたものの、諸外国と比べ、依然として大きい。（資料P156）

3. ○：不本意非正規比率は低下する一方、「自分の都合の良い時間に働きたいから」をはじめ、自発的に非正規雇用での就業を選択している割合が緩やかに上昇している。（資料P162）

4. ×：就業時間が減少した者ほど自己啓発を開始している傾向がある。（資料P175）

年次経済財政報告は毎年、内閣府が作成しており、過去にも出題がありますが、毎年テーマが異なるため、その内容により出題可能性も変化します。令和4年度版では、特に第2章「労働力の確保・質の向上に向けた課題」を確認しましょう。

正答 4

資料：「令和５年賃金構造基本統計調査結果の概況」（厚生労働省）

1. ×：一般労働者の賃金について、男女間賃金格差は男性を100とすると、女性は約74.8となっている。（資料P6）

2. ×：産業別にみた賃金では、男女計では「電気・ガス・熱供給・水道業」が最も高くなっている。なお、「宿泊業、飲食サービス業」が最も低くなっている。（資料P10）

3. ×：雇用形態別に見た賃金では、正社員（正職員）と正社員（正職員）以外での、雇用形態間賃金格差は、男女計で正社員（正職員）を100とすると、正社員（正職員）以外は67.4である。（資料P12）

4. ○：企業規模間賃金格差は、大企業を100とすると、男女計で、中企業90.0、小企業85.0となっている。（資料P9）

賃金構造基本統計調査は毎年、厚生労働省が実施しており、賃金の推移や、性別、学歴別、企業規模別、産業別、雇用形態別、役職別など、属性と賃金の関係を明らかにすることを目的としています。

2-6 出題度

労働政策及び労働関係法令並びに社会保障制度の知識

問21前後から4問出題されています。初出の難問が出題されることもありますが、4問の中で2問は比較的解きやすい場合が多いです。3問を目標に、諦めずにじっくりと検討しましょう。

出題傾向と対策

これまでの試験で出題された主なテーマは次の通りです。

出題された主な法律や制度

・労働基準法
・男女雇用機会均等法
・若年者雇用促進法
・介護保険法
・労働者派遣法
・職業能力開発促進法
・育児・介護休業法
・高年齢者雇用安定法
・雇用保険法
・厚生年金保険法
・労働契約法
・労働組合法
・個別労働関係紛争解決促進法
・職業安定法
・女性活躍推進法

この出題実績だけでも、読者のみなさんからのため息が聞こえてきそうですが、選択肢で一つ分しか出題されたことがないものあり、よく出題される法律は集中している傾向があります。特に労働基準法と職業能力開発促進法で、出題された法律に関連する問題の6割以上を占めています。ただし、職業能力開発促進法は、「職業能力開発（リカレント教育を含む）の知識」の出題範囲から出題されることが多いです。

■ 出題範囲表では

出題範囲表では、キャリア形成との関連を意識し、次のように表現しています。

> 次に掲げる労働者の雇用や福祉を取り巻く各種の法律・制度に関し、キャリア形成との関連において、その目的、概念、内容、動向、課題、関係機関等について一般的な知識を有すること。

このあと、具体的な法律名が列挙されており、紙幅の関係もありますので省略しますが、次のように労働関係法規をグループに分類しています。

> ア　労働基準関係、イ　女性関係、ウ　育児・介護休業関係、エ　職業安定関係、オ　職業能力開発関係、カ　その他の労働関係法令

この中でも特に出題が多いのが、アの労働基準関係の労働基準法です。次いで多いのは職業能力開発促進法ですが、これは他の出題範囲からの出題もありますから、それを除くと、次いで多いのが労働契約法です。

対策のポイント

- 労働法規対策は、労働基準法を中心に
- 労働契約法は、条文自体が少ないため（全21条）、一読を推奨
- 働き方改革関連の法律には要注意

働き方改革関連の法律では、例えば、**勤務間インターバル制度**で知られる労働時間等設定改善法や、通称**パワハラ防止法**と呼ばれる労働施策総合推進法があります。これらの法律名は出題範囲表にも明記されていますので、要注意です。

労働基準法は頻出とはいえ、条文数も非常に多いため、労働時間や賃金、就業規則、女性への産前産後の母性保護の規定など、出題テーマごとに知識を整理するとよいでしょう。

見ておきたい資料や参考書

- 「知って役立つ労働法～働くときに必要な基礎知識」（厚生労働省）
- 『労働法［第4版］』（有斐閣ストゥディア）

「知って役立つ労働法」は、就職を控えた学生や若者向けの労働法ハンドブックで、労働法の基礎知識を確認するのに役立ちます。

労働基準法

重要度 ✎✎✎　難易度 ★★☆　チェック欄 □ □ □

労働基準法に関する次の記述のうち、不適切なものはどれか。

1. 労働時間の最長限度は例外を除き、週40時間及び１日８時間であり、これを法定労働時間という。

2. 使用者は、労働者の労働時間が６時間を超え8時間に達するまでは、60分以上の休憩時間を労働時間の途中に与えなければならない。

3. いわゆる36（さぶろく）協定においては、１日、１か月、１年のそれぞれの期間についての時間外及び休日労働の上限を定めなければならない。

4. 深夜労働は、午後10時から午前５時までの時間帯での労働をいう。

労働基準法

重要度 ✎✎✎　難易度 ★★☆　チェック欄 □ □ □

賃金に関連する法令の内容に関する次の記述のうち、適切なものはどれか。

1. 賃金は、原則として通貨で支払わなければならない。

2. 未成年者への賃金については、親権者または後見人が代わって受け取ることができる。

3. 使用者は賃金の全額を労働者に支払わなければならず、例外は認められていない。

4. 「毎月第４水曜日」に支給するというような賃金支払日の定め方も認められている。

正答 2

1. ○：労働基準法第三十二条の規定である。なお、労働基準法上の労働時間とは、休憩時間を除いた、現実に労働させている時間をいう。

2. ×：労働基準法第三十四条の規定によると、最低限与えなければならない休憩時間は、労働時間が６時間を超え８時間に達するまでは45分、8時間を超える場合には１時間である。

3. ○：労働基準法第三十六条の規定である。なお、原則として月45時間、年360時間が限度時間である。

4. ○：なお、年少者の深夜労働は、一部の例外を除き禁止されている。また、労働者に対し深夜労働を行わせる場合には、割増賃金の支払いが義務づけられる（労働基準法第三十七条）。

労働基準法における、労働時間や休憩、時間外労働や深夜労働に関する問題です。休憩時間については、やや細かな内容を問うていますが、過去にも出題がありましたので確認しておきましょう。

正答 1

1. ○：通貨払いの原則の例外として、賃金を銀行等へ口座振込みで支払う場合には、本人の同意が必要である。

2. ×：労働基準法第五十九条において、未成年者は、独立して賃金を請求することができるとし、親権者または後見人は、未成年者の賃金を代わって受け取ってはならないとしている。

3. ×：使用者は、賃金の全額を労働者に支払わなければならないとしているが、所得税の源泉徴収や社会保険料の控除など、法令に別段の定めがある場合や、社宅賃貸料やレクリエーション費など、労使協定を締結している場合には例外となる。

4. ×：賃金は毎月１回以上、一定の期日を定めて支払わなければならず、「毎月第４水曜日」に支給するというような賃金支払日の定め方は、変動の幅が最大で7日になるため認められない。

Advice

賃金の支払いについては、次の４つの原則があります。通貨払いの原則、直接払いの原則、全額払いの原則、毎月１回以上一定期日払いの原則です。例外のあるものもありますので、内容を確認しておきましょう。

労働基準法

重要度 難易度 ★★☆ チェック欄 □□□

妊娠、出産、育児などに関連する労働関係法令に関する次の記述のうち、不適切なものはどれか。

1. 労働基準法では、産前6週間（多胎妊娠の場合は14週間）以内に出産する予定の女性について、女性からの請求の有無に関わらず、その者を就業させてはならない。
2. 労働基準法では、使用者は妊娠中の女性が請求した場合においては、他の軽易な業務に転換させなければならない。
3. 労働基準法では、生後満１年に達しない生児を育てる女性は、通常の休憩時間の他、１日２回各々少なくとも30分、その生児を育てるための時間を請求することができる。
4. 男女雇用機会均等法では、事業主は、女性労働者が妊産婦のための保健指導または健康診査を受診するために必要な時間を確保することができるようにしなければならないとしている。

労働基準法

重要度 難易度 ★★☆ チェック欄 □□□

就業規則に関する次の記述のうち、適切なものはどれか。

1. 常時20人以上の労働者を雇用する使用者は、就業規則を作成し、行政官庁に届け出なければならない。
2. 退職に関する事項は、就業規則に必ず記載しなくてはならない。
3. 就業規則の作成義務や届出義務に違反した場合の罰則はない。
4. 使用者が就業規則を作成、変更する場合には、労働組合や労働者の過半数を代表するものの同意を得ることが義務づけられている。

正答　1

1. ×：労働基準法第六十五条に規定されている。使用者は、産前6週間（多胎妊娠の場合は14週間）以内に出産する予定の女性について、休業の請求があった場合には、その者を就業させてはならない。

2. ○：労働基準法第六十五条に規定されている。

3. ○：労働基準法第六十七条に規定されている。使用者は、育児時間中には、その女性を使用してはならない。

4. ○：男女雇用機会均等法第十二条において、保健指導または健康診査を受けるための時間の確保が規定されている。

女性労働者に対する母性保護規定については、これまでにも複数回出題されています。細かな内容も出題されていますが、内容を確認しましょう。また、金銭的な保障については、健康保険制度からの出産手当金があります。

正答　2

1. ×：届出義務があるのは常時10人以上の労働者を雇用する使用者である。なお、労働者が10人未満であっても、任意で就業規則を作成できる。

2. ○：絶対的必要記載事項として、始業・終業の時刻、休憩時間、休日、休暇、交代制労働の就業時転換に関する事項、賃金の決定、計算、支払の方法、賃金の締切りと支払いの時期、昇給に関する事項、退職に関する事項がある。また、絶対的必要記載事項に対して、相対的必要記載事項がある。

3. ×：作成義務、届出義務に違反した場合には、30万円以下の罰金が科される。

4. ×：意見聴取を行う義務はあるが、同意を得ることまでは必要とされていない。否定的な意見が出た場合にも、使用者はそれに従う必要はない。

Advice

就業規則について主な他の内容には、周知義務があります。就業規則を常時作業場の見やすい場所に掲示するなどして、労働者に周知させ、いつでも確認できるようにしておきます。これに違反した場合には30万円以下の罰金が科されることになります。

労働契約法

重要度 ✐✐ 難易度 ★★☆ チェック欄 □ □ □

労働契約法に関する次の記述のうち、不適切なものはどれか。

1. 労働契約は、労働者及び使用者が仕事と生活の調和にも配慮しつつ締結し、または変更すべきものとする。
2. 労働契約は、労働者が使用者に使用されて労働し、使用者がこれに対して賃金を支払うことについて、労働者及び使用者が合意することによって成立する。
3. 就業規則で定める基準に達しない労働条件を定める労働契約は、その部分については、無効とする。
4. 出向を命じる際にはいかなる場合も当該労働者の個別的同意が必要とされている。

育児・介護休業法

重要度 ✐✐ 難易度 ★★★ チェック欄 □ □ □

育児休業に関する次の記述のうち、最も適切なものはどれか。

1. 育児休業中について、育児休業給付金が健康保険制度から支給される。
2. 労働者は、その養育する1歳に満たない子について、事業主への申し出の有無にかかわらず、育児休業をすることができる。
3. 従業員数100人超の企業の事業主は、男性労働者の育児休業等の取得状況を年1回公表することが義務付けられることとなった。
4. 出生時育児休業（産後パパ育休）は、子の出生後8週間以内に4週間まで取得可能である。

問題5 正答 4

1. ○：労働契約法第三条の労働契約の原則の一つである。

2. ○：労働契約法第六条の労働契約の成立の内容である。労働者の労働提供義務と、使用者の賃金支払義務を表している。

3. ○：労働契約法第十二条において、就業規則で定める基準に達しない労働条件を定める労働契約は、その部分については、無効とする。この場合において、無効となった部分は、就業規則で定める基準によるとしている。

4. ×：労働契約法第十四条では、出向の命令が、その必要性、対象労働者の選定に係る事情その他の事情に照らして、その権利を濫用したものと認められる場合には、当該命令は無効とするが、いかなる場合でも個別的同意が必要なわけではない。

労働契約法は、他の法律に比べると少ない条文数で労働契約の基本的なルールを定めています。労働契約法は、労使対等の原則、均衡考慮の原則、仕事と生活の調和への配慮の原則、信義誠実の原則、権利濫用の禁止の５つの原則に基づいています。

問題6 正答 4

1. ×：育児休業給付金は、健康保険制度ではなく、雇用保険制度から支給される。

2. ×：事業主に申し出ることにより育児休業することができる。なお、分割して２回取得できる。

3. ×：従業員数が1,000人を超える企業の事業主に義務付けられた。公表内容は、男性の「育児休業等の取得率」または「育児休業等と育児目的休暇の取得率」である。

4. ○：育児休業とは別に取得可能で、分割して２回取得できる。

令和４年から５年にかけて、育児・介護休業法の改正が段階的に行われました。具体的には、出生時育児休業の創設、育児休業の分割取得（２回)、育児休業状況の公表の義務化などです。なお、厚生労働省のサイト「両立支援のひろば」などで公表されています。

資料：「両立支援のひろば」 

第2章 キャリアコンサルティングを行うために必要な知識

労働者災害補償保険法

重要度 ／／ 難易度 ★★☆ チェック欄 □□□

労働者災害補償保険法（労災保険）に関する次の記述のうち、誤っているものはどれか。

1. 労災保険は、一人でも労働者を使用する事業は、規模の大小を問わず、すべてに適用される。

2. 労災保険の保険料は、全額事業主負担である。

3. 通常、A社で就業した後、B社で就業している場合に、A社を出てB社への途中で転倒し、ケガをしたとき、労災保険給付の手続はB社で行う。

4. 業務命令による出張中、所定労働時間外に宿泊ホテル内で転倒し怪我をした場合には、原則として労災保険給付の対象にならない。

職業安定関連法規

重要度 ／／ 難易度 ★★★ チェック欄 □□□

労働・雇用関係法令の立法目的に関する次の記述のうち、適切なものはどれか。

1. 労働施策総合推進法は、労働に関し、政策全般にわたり必要な施策を総合的に講ずることにより、雇用の安定、職業生活の充実、労働生産性の向上を促進し、働く人が能力を発揮することを目的としている。
2. 職業安定法は、高年齢者の安定した雇用の確保の促進、その他の高年齢退職者に対する就業の機会の確保等の措置を講じ、高年齢者等の職業の安定その他福祉の増進を図ることを目的とする。
3. 労働安全衛生法は、労働者が能力を有効に発揮し、労働者の健康で充実した生活の実現と経済の発展を目的に、前日の終業から始業までの時間の設定など、企業に労働時間等の設定の改善を求める法律である。
4. 労働者派遣法は、各人の有する能力に適合する職業に就く機会を与え、産業に必要な労働力を充足し、もって職業の安定を図るとともに、経済及び社会の発展に寄与することを目的とする。

正答 **4**

1. ○：所定労働時間や、パートやアルバイトなど雇用形態に関わらず一人でも労働者を使用する場合に適用される。

2. ○：労働保険料のうち、雇用保険料は事業主と労働者の双方で負担するが、労災保険料は、全額事業主負担である。

3. ○：B社への移動は、B社での労務の提供に不可欠な移動であるため、B社の保険関係に基づき、通勤災害の手続をとる。

4. ×：出張は、事業主からの命令を受け、特定の業務を行うために、通常勤務している場所を離れてから戻るまでの過程が事業主の支配下にあるとされ、通常行う食事や宿泊における病気や怪我は原則として業務上の災害となる。

労働災害は、労働契約に基づき、事業主の支配下にあること（業務遂行性）と、業務に起因して怪我や病気が発生したこと（業務起因性）を満たしている場合に認定されます。ケースでの出題の際には、それを基準にしましょう。

正答 **1**

1. ○：労働施策総合推進法の内容として適切である。通称「パワハラ防止法」などとも呼ばれ、2022年4月からは、これまでの大企業に加え、中小企業においても職場におけるパワーハラスメント対策が義務づけられた。

2. ×：職業安定法ではなく、高年齢者雇用促進法の内容である。職業安定法は、選択肢4の内容である。

3. ×：労働安全衛生法ではなく、労働時間等設定改善法の内容である。いわゆる勤務間インターバル制度が事業主の努力義務とされている。その他、長時間労働につながる取引慣行の見直しが規定された。

4. ×：労働者派遣法ではなく、職業安定法の内容である。労働者派遣法は、派遣労働者の就業条件の整備や、派遣労働者の権利を保護するために定められた法律である。

馴染みの薄い法律もあったかもしれませんが、労働施策総合推進法や労働時間等設定改善法は、働き方改革に直結する、ワークライフバランスの実現を目指した法律といえます。ポイントを確認しておきましょう。

雇用保険制度

重要度 2/3　難易度 ★★☆　チェック欄 □□□

雇用保険制度に関する次の記述のうち、最も不適切なものはどれか。

1. 雇用保険制度における雇用保険二事業は、雇用安定事業と、能力開発事業からなる。

2. 雇用保険は、政府が管掌する任意の保険制度である。

3. 育児休業給付金や教育訓練給付金は、雇用保険から給付される。

4. 雇用保険の一般被保険者に対する求職者給付の基本手当の所定給付日数は、90日から360日の間で決定される。

健康保険制度

重要度 3/3　難易度 ★★☆　チェック欄 □□□

健康保険に関する次の記述のうち、最も不適切なものはどれか。

1. 業務外の傷病により休業した場合、休業４日目から、傷病手当金として標準報酬日額の３分の２に相当する金額が支給される。

2. 退職者は、退職日までに継続して２か月以上の被保険者期間がある場合は、任意継続被保険者として２年間健康保険に加入することができる。

3. 健康保険の一部負担割合は、被保険者の年齢に関わらず一律３割負担である。

4. 高額療養費制度により、被保険者が支払う医療費の上限が設けられている。

正答 2

1. ◯：雇用安定事業は、失業の予防と雇用状態の是正及び雇用機会の増大を図り、能力開発事業は、労働者の能力の開発及び向上その他労働者の福祉の増進を図る。これらは事業主の雇用保険料のみを原資としている。

2. ×：雇用保険は政府が管掌する強制保険制度であり、労働者を雇用する事業は、原則として強制的に適用される。

3. ◯：他には、高年齢雇用継続給付や介護休業給付も雇用保険から給付される。

4. ◯：受給資格に係る離職の日における年齢、雇用保険の被保険者であった期間及び離職の理由などによって決定される。

判断の難しい選択肢もありますが、正答選択肢は比較的容易に導くことができることもあります。雇用保険への加入は強制です。

正答 3

1. ◯：傷病手当金の内容として適切である。

2. ◯：健康保険の任意継続の内容として適切である。なお、任意継続の場合の保険料は全額自己負担となる。

3. ×：一律３割ではなく、小学校入学前は２割、小学校入学以後70歳未満は３割、70歳以上は２割（現役並み所得者は３割）である。また、後期高齢者医療制度では75歳以上の一般所得者等は１割、現役並み所得者以外の一定所得以上の者は２割、現役並み所得者は３割である。

4. ◯：高額療養費の内容として適切である。

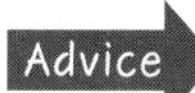

健康保険については、それほど多くの出題はありませんが、保険給付の種類や負担について確認しておきましょう。仕事と治療の両立支援や復職支援においては、傷病手当金の活用を検討することもあるでしょう。

2-7 出題度

学校教育制度及び キャリア教育の知識

第22回試験までは毎回2問体制でしたが、第23回から25回は3問体制になっています。定番の内容もありますが、時折難問も出題されます。

出題傾向と対策

これまでの試験で出題された主なテーマは次の通りです。

出題された主な資料やテーマ

- 学校種（学校の種類）
- 教育に関連する法律
- キャリア教育と職業教育の違い
- キャリア・パスポート
- インターンシップ
- 学習指導要領（特別活動）
- 今後の学校におけるキャリア教育・職業教育の在り方について（答申）
- 学校基本調査
- 個別最適な学び

２問もしくは３問のうち、１問は難しい傾向があります。その場合には、50問中の１問と捉え、心折れずにベストを尽くしましょう。

出題範囲表では

出題範囲表では、キャリア形成との関連を意識し、次のように表現しています。

> 学校教育制度や、初等中等教育から高等教育に至る学校種ごとの教育目標等、青少年期の発達課題等に応じたキャリア教育のあり方等について一般的な知識を有すること。

キャリア教育のみならず、**学校種**やその目的にも触れています。キャリア教育については、教育現場では試行錯誤が続いていますが、新たにスタートした**キャリア・パスポート**や、新型コロナウイルス感染症拡大後の教育の在り方には要注意です。

対策のポイント

- 学校の種類や目標を確認
- 今後の学校におけるキャリア教育・職業教育の在り方について（答申）や学習指導要領（特別活動）は、出題された個所の確認を中心に
- 学校基本調査は最新版で進学状況などを確認
- キャリア・パスポートの仕組みの理解
- インターンシップの現状と課題の理解
- 新型コロナウイルス感染症拡大後の教育の変化や方向性の確認

定期的に「今後の学校におけるキャリア教育・職業教育の在り方について（答申）」からの出題がありますが、その内容は「**基礎的・汎用的能力**」の内容理解を問う問題が多いです。

過去問題の出題個所を中心に確認しつつ、新型コロナウイルス感染症拡大以降の教育の変化や新たな方向性も意識していきましょう。

本書執筆時点（2024年6月）では、未出題ではあるものの、「『令和の日本型学校教育』の構築を目指して～全ての子供たちの可能性を引き出す、個別最適な学びと、協働的な学びの実現～（答申）」では、今後の教育の方向性が具体的に示されました。

見ておきたい資料や参考書

- 「今後の学校におけるキャリア教育・職業教育の在り方について（答申）」（中央教育審議会）
- 「学校基本調査」（文部科学省）

- 「インターンシップを始めとする学生のキャリア形成支援に係る取組の推進に当たっての基本的考え方」（文部科学省、厚生労働省、経済産業省）

- 「『令和の日本型学校教育』の構築を目指して～全ての子供たちの可能性を引き出す、個別最適な学びと、協働的な学びの実現～（答申）」（中央教育審議会）

キャリア教育

重要度 ✎✎✎　難易度 ★★★　チェック欄 □ □ □

「今後の学校におけるキャリア教育・職業教育の在り方について（答申）」（中央教育審議会、平成 23 年）に関する次の記述のうち、最も適切なものはどれか。

1. 職業教育とは、「一人一人の社会的・職業的自立に向け、必要な基盤となる能力や態度を育てることを通して、キャリア発達を促す教育」である。
2. キャリア教育は、進路について考え始める中学校段階から開始して高等教育が終わるまで、発達の段階に応じて体系的に実施されるべきである。
3. キャリア教育とは、「一定又は特定の職業に従事するために必要な知識、技能、能力や態度を育てる教育」である。
4. 基礎的・汎用的能力の具体的内容には、「人間関係形成・社会形成能力」「自己理解・自己管理能力」「課題対応能力」「キャリアプランニング能力」がある。

キャリア教育

重要度 ✎✎　難易度 ★★☆　チェック欄 □ □ □

「『令和の日本型学校教育』の構築を目指して～全ての子供たちの可能性を引き出す、個別最適な学びと、協働的な学びの実現～（答申）」（中央教育審議会、令和３年）に関する次の記述のうち、最も不適切なものはどれか。

1. 指導の個別化と学習の個性化により、「個別最適な学び」の充実を図る。
2. 「協働的な学び」により児童生徒の個性を生かしながら社会性を育む教育を行う。
3. 学習指導要領では、社会的・職業的自立に向けて必要な基盤となる資質・能力を身につけていくことができるよう、個別の生徒指導を要としつつ、各教科等の特質に応じて、キャリア教育の充実を図ることとしている。
4. 幼児教育から大学等までの各学校段階を通じ、一貫して、自らの将来を見通し、社会の変化を踏まえながら，自己のキャリア形成と関連づけて学び続ける。

正答 4

1. ×：これは「キャリア教育」の定義である。(資料P16)

2. ×：中学校段階からではなく、幼児期の教育から高等教育まで体系的にキャリア教育を進める必要がある。(資料P16)

3. ×：これは「職業教育」の定義である。(資料P16)

4. ○：基礎的・汎用的能力の具体的内容として適切である。(資料P25)

資料：「今後の学校におけるキャリア教育・職業教育の在り方について（答申)」(中央教育審議会)

Advice

中央教育審議会「今後の学校におけるキャリア教育・職業教育の在り方について（答申)」は平成23年の資料であり、やや古いのですが、定期的に出題があります。特に「基礎的・汎用的能力」の内容には気をつけましょう。

正答 3

1. ○：個々の児童生徒の特性や学習進捗度に応じて指導方法を工夫する「指導の個別化」と、児童生徒の興味・関心等を生かした「学習の個性化」により探究的な学習を図る。(資料P28)

2. ○：ICT等も活用しつつカリキュラム・マネジメントを充実させ、「個別最適な学び」と「協働的な学び」を一体的に充実させていく。(資料P28)

3. ×：「個別の生徒指導」ではなく、「特別活動」である。特別活動とは、学級会活動や児童会（生徒会）活動、学校行事などである。(資料P41)

4. ○：キャリア形成のための学びは、特定の段階で集中的に行うものではなく、段階的に行われる。(資料P21)

資料：「『令和の日本型学校教育』の構築を目指して～全ての子供たちの可能性を引き出す、個別最適な学びと、協働的な学びの実現～（答申)」(中央教育審議会)

Advice

本書の執筆時点（2024年6月）では、未出題の資料ではあるものの、新型コロナウイルス感染症流行後の令和の日本型学校教育の構築の方向性が具体的に示された資料です。キーワードはICTを活用した「個別最適」と「協働的な学び」です。

キャリア教育

重要度 ✎✎✎ 難易度 ★★★ チェック欄 □ □ □

「キャリア・パスポートの様式例と指導上の留意事項」（文部科学省）に関する次の記述のうち、最も不適切なものはどれか。

1. キャリア・パスポートとは、児童生徒が、小学校から高等学校までのキャリア教育に関わる諸活動について、自身の変容や成長を自己評価できるよう工夫されたポートフォリオのことである。
2. 小学校から高等学校を通じ、児童生徒が自らの学習状況やキャリア形成を振り返り、自己評価を行うとともに，主体的に学びに向かう力を育み，自己実現につなぐことを目的としている。
3. キャリア・パスポートは、学年、校種を越えて持ち上がることができるものとし、各シートはA４判に統一し、各学年での蓄積は数ページ（５枚以内）とすることと例示されている。
4. 都道府県をまたぐ進学や転校をしてもスムーズに活用できるよう、全国の単位で、学校種ごとに様式例が定められている。

学校種

重要度 ✎✎ 難易度 ★★☆ チェック欄 □ □ □

学校教育制度に関する次の記述のうち、最も不適切なものはどれか。

1. 義務教育学校は、小学校から中学校の義務教育を一貫して行うことを目的とした、修業年限９年の学校である。
2. 大学は、深く専門の学芸を教授研究し、実践的な職業教育に重点を置いて、産業界等と連携した教育を行う。
3. 中等教育学校は、中学校と高等学校を合わせた、いわゆる中高一貫校で修業年限６年の学校である。
4. 高等専門学校は、深く専門の学芸を教授し、職業に必要な能力を育成することを目的とした、多くは修業年限5年の学校である。

正答 4

1. ○：キャリア・パスポートの定義として適切である。（資料P2※資料にはページ表記がない。以下同）

2. ○：キャリア・パスポートの目的として適切である。なお、教師にとっては、その記述をもとに対話的にかかわることにより、児童生徒の成長を促し、系統的な指導を行うことができる。（資料P2）

3. ○：キャリア・パスポートの内容として例示されている。小学校入学から高等学校卒業までの記録を蓄積する前提の内容とすることとされている。（資料P3）

4. ×：様式例はあくまで例示であり、各地域・各学校における実態に応じ、学校間で連携しながら、柔軟な工夫を行うことが期待されるとしており、都道府県教育委員会等、各地域・各学校で柔軟にカスタマイズされることを前提としている。（資料P2）

資料：「キャリア・パスポートの様式例と指導上の留意事項」（文部科学省）

キャリア・パスポートについては最近、出題が続いています。「キャリア・パスポートの様式例と指導上の留意事項」（文部科学省）は実務的な指針（例示）ですから、一読しておきましょう。

正答 2

1. ○：義務教育学校は、小学校課程から中学校課程まで義務教育を一貫して一つの学校で行う。国公私立のいずれでも設置が可能である。

2. ×：これは、専門職大学の内容である（学校教育法第八十三条の二）。なお、大学は、学術の中心として、広く知識を授けるとともに、深く専門の学芸を教授研究し、知的、道徳的及び応用的能力を展開させることを目的とする。（学校教育法第八十三条の二）

3. ○：中等教育学校は、前期中等教育（中学校）と後期中等教育（高等学校）を一貫して実施する学校である。

4. ○：高等専門学校の内容として適切である。高等専門学校は、中学校卒業程度を入学資格とする。なお、商船学科のみ修業年限は5年6ヶ月となる。

Advice

平成に入ってから設置された新たな学校種には、中等教育学校（平成11年度）、義務教育学校（平成28年度）、専門職大学等（専門職大学、専門職短期大学、専門職学科）（平成31年度）があります。専門職大学等は複数回出題されています。

第2章 キャリアコンサルティングを行うために必要な知識

教育に関連する法律等

重要度 ✎✎ 難易度 ★★★ チェック欄 □□□

教育に関連する法律や、それらに基づく計画に関する次の記述のうち、最も適切なものはどれか。

1. 社会教育法における社会教育とは、主として青少年及び成人に対して行われる組織的な教育活動をいい、体育及びレクリエーションの活動を含む。

2. 学校教育法は、日本国憲法の精神に則り、我が国の未来を切り拓く教育の基本を確立し、その振興を図ることを目的として制定された。

3. 教育基本法は、学校教育制度に関する基本を定めた法律であり、学校種、学校の設置、教員の配置、教育目標などが定められている。

4. 教育振興基本計画は、教育基本法に示された理念の実現と、我が国の教育振興に関する施策の総合的・計画的な推進を図るため、毎年策定されている。

インターンシップ

重要度 ✎✎✎ 難易度 ★★☆ チェック欄 □□□

「インターンシップを始めとする学生のキャリア形成支援に係る取組の推進に当たっての基本的考え方」（文部科学省・厚生労働省・経済産業省、令和4年6月13日一部改正）で示された、大学等におけるインターンシップの推進に関する次の記述のうち、最も適切なものはどれか。

1. 企業がCSRとして実施するプログラムや、大学が主導する授業・産学協働プログラムは、インターンシップに位置づけられる。
2. 学生のキャリア形成支援における産学協働の取組みには、オープン・カンパニー、キャリア教育、汎用的能力・専門活用型インターンシップの3つの類型がある。
3. その仕事に就く能力が備わっているかどうかを見極めることを目的に、自らの専攻を含む関心分野や将来のキャリアに関連した就業体験を行う活動が、インターンシップと称される。
4. 取組みの類型に関わらず、どのような場合であっても、企業が取得した学生情報を、採用選考活動に使用できない。

正答 1

1. ○：社会教育法の内容として適切である。社会教育法は、教育基本法の精神に則り、社会教育に関する国及び地方公共団体の任務を明らかにすることを目的としている。

2. ×：これは教育基本法の内容である。教育基本法は、義務教育や家庭教育、生涯学習など、それぞれの基本方針を定めている。

3. ×：これは学校教育法の内容である。学校教育法は、教育基本法に基づいて学校制度の基本を定めている。

4. ×：毎年ではなく、5年に一度策定されている。現在、第4期計画が進行している（令和5年度〜9年度）。なお、第3期計画では、初等中等教育段階において、GIGAスクール構想による1人1台端末や、高速通信ネットワーク等のICT環境の整備が飛躍的に進展した。

これらの法律や基本計画は過去に出題があります。教育振興基本計画が5カ年計画である点は覚えておきましょう。

正答 3

資料：「インターンシップを始めとする学生のキャリア形成支援に係る取組の推進に当たっての基本的考え方」

1. ×：これはタイプ2のキャリア教育であり、インターンシップに含まれない。インターンシップと定義されるのは、タイプ３の汎用型能力・専門活用型インターンシップ及びタイプ４の高度専門型インターンシップである。（資料P１）

2. ×：これらに加え、高度専門型インターンシップを合わせた4つの類型である。（資料P１）

3. ○：インターンシップの定義として適切である。企業の実務を経験することが求められる。（資料P１）

4. ×：取得した学生情報の採用活動への活用は、タイプ3の汎用的応力・専門活用型インターンシップや、タイプ4の高度専門型インターンシップにおいては、「採用活動開始以降に限り、可」とされている。なお、タイプ1のオープン・カンパニーとタイプ2のキャリア教育は「不可」である。（資料P８）

令和4年の一部改正により、キャリア形成支援における産学協働の取組みは4つの類型に整理され、インターンシップと称するものの定義付けが改めて行われました。

2-8 出題度

メンタルヘルスの知識

第1回試験より毎回2問出題されており中盤の問28前後で出題されています。これまでの出題内容は、比較的類型化できる出題範囲です。

出題傾向と対策

これまでの試験で出題された主なテーマは次の通りです。

出題された主な資料やテーマ

- 精神疾患の種類や特徴
- 職場復帰支援
- 自殺総合対策大綱
- 自殺対策白書
- 職場における心の健康づくり
- ストレスチェック制度
- 健康づくりのための睡眠指針
- ウェルビーイング

精神疾患の種類や特徴について、深く問われる場合には解答が困難になることもありますが、前節の学校教育制度及びキャリア教育の知識と同様に、２問のうち１問は比較的解きやすい場合が多いです。

■ 出題範囲表では

出題範囲表では、次のように表現しています。

① メンタルヘルスに関する法令や指針、職場におけるメンタルヘルスの保持・増進を図る対策の意義や方法、職場環境改善に向けた働きかけ方等、さらに、ストレスに関する代表的理論や職場のストレス要因、対処方法
② 代表的な精神的疾病（就労支援においてよく見られる精神的疾病）の概要、特徴的な症状を理解した上で、疾病の可能性のある相談者に対応する際の適切な見立てと、特別な配慮の必要性

他には、専門機関へのリファー、職場復帰支援等についての記載があります。

対策のポイント

- 代表的な精神疾患の種類と特徴、治療法などを確認
- 職場における心の健康づくりでは、4つのメンタルヘルスケアの内容を確認
- 職場復帰支援では5つのステップの内容と留意点を確認
- 健康づくりのための睡眠指針や自殺総合対策大綱は過去問題の内容を確認
- ストレスチェック制度の内容と手続きについて確認

今後も新しい資料などからの出題がありえるのですが、予測困難な未出題の資料に備えるよりも、既出題の定番資料への対策をしましょう。

特に見ておくべき資料は、「職場における心の健康づくり」と、「心の健康問題により休業した労働者の職場復帰支援の手引き」の2つです。

精神疾患の種類と特徴、治療法などについては、国立精神・神経医療研究センターの「**こころの情報サイト**」にわかりやすくまとめられています。また、拙著(『キャリア教科書国家資格キャリアコンサルタント学科試験 テキスト＆問題集』翔泳社)にも代表的な精神疾患をまとめています。

見ておきたい資料や参考書

- 「職場における心の健康づくり～労働者の心の健康の保持増進のための指針～」(厚生労働省)

- 「改訂 心の健康問題により休業した労働者の職場復帰支援の手引き」(厚生労働省)

- 「自殺総合対策大綱～誰も自殺に追い込まれることのない社会の実現を目指して～」(厚生労働省)

- 「健康づくりのための睡眠指針2014」(厚生労働省健康局)

- 「こころの情報サイト」(国立精神・神経医療研究センター)

精神疾患

重要度 ✎✎ 難易度 ★★☆ チェック欄 □□□

精神疾患の特徴に関する次の記述のうち、最も適切なものはどれか。

1. 双極性障害は、ハイテンションで活動的な躁状態と、憂うつで無気力なうつ状態を繰り返し、ハイテンションで活動的な躁状態になると、大きな買い物やギャンブルなどで散財するといった症状が見られる。

2. うつ病では、健康なときにはなかった状態が現れる陽性症状と、健康なときにあったものが失われる陰性症状があり、陽性症状の典型は幻覚と妄想で、陰性症状は、意欲の低下、感情表現の減少などである。

3. 強迫性障害では、日々の生活や健康、大切な人間関係や仕事などに悪影響を及ぼしているにもかかわらず、特定の物質や行動をやめたくてもやめられない状態になってしまう。

4. 依存症は、脳の病気や障害など様々な原因により、認知機能が低下し、日常生活全般に支障が出てくる状態である。

精神疾患

重要度 ✎✎ 難易度 ★★☆ チェック欄 □□□

うつ病に関する次の記述のうち、最も不適切なものはどれか。

1. 何をしても楽しめない、一日中気分が落ち込んでいるといった精神症状がある。

2. 眠れない、食欲がない、疲れやすいといった身体症状がある。

3. 日本での患者の数は、男性よりも女性が多い。

4. 治療は、精神療法や認知行動療法が中心であり、薬物療法は行われない。

正答 1

1. ○：双極性障害の特徴として適切である。双極性障害は、躁うつ病とも呼ばれる。躁うつ病はうつ病と同じ気分障害に区分されるが、別の病気であり治療法も異なる。

2. ×：これは統合失調症の特徴である。うつ病は気分が落ち込んでいる、何をしても楽しめないといった精神症状とともに、眠れない、食欲がない、疲れやすいなどの身体症状が現れ、日常生活に支障が生じている場合をいう。

3. ×：これは依存症の特徴である。強迫性障害は、不潔に思い過剰に手を洗う、戸締りなどを何度も確認せずにはいられないなど、意思に反して頭に浮かんでしまって払いのけられない強迫観念や、せずにはいられない強迫行為があるのが特徴である。

4. ×：脳の病気や障害など様々な原因により、認知機能が低下し、日常生活全般に支障が出てくる状態は、認知症の特徴である。

精神疾患の種類と特徴は、度々問われており、対策が必要です。国立精神・神経医療研究センターの「こころの情報サイト」がわかりやすく、かつての試験でも参考にしたと思われる出題があります。確認しておきましょう。

正答 4

1. ○：うつ病の精神症状として適切である。

2. ○：うつ病の身体症状として適切である。

3. ○：国立精神・神経医療研究センターの「こころの情報サイト」によると、女性の方が男性よりも1.6倍くらい多いとされている。

4. ×：心身の休養に加え、主に抗うつ薬による薬物療法と、対話を通じた精神療法がある。また、軽い有酸素運動による運動療法がうつ症状を軽減させることがある。

発症の原因が正確にはわかっていないうつ病ですが、日本では100人のうち約6人が生涯の中でうつ病を経験しているという調査結果があります。うつ病に関しては度々出題されており、国立精神・神経医療研究センターの「こころの情報サイト」が参考になります。

精神疾患

重要度 ✎✎ 難易度 ★★☆ チェック欄 □□□

適応障害に関する次の記述のうち、最も不適切なものはどれか。

1. 何らかのストレスが原因となり、心身のバランスが崩れ、社会生活に支障が生じることがある。
2. 情動面では抑うつ気分や、不安、怒り、焦りや緊張などがあるが、人により様々である。
3. 自閉スペクトラム症、注意欠如・多動症（ADHD）、学習障害などがある。
4. ストレスとなっている原因が消失すれば、状態は速やかに改善すると考えられている。

精神疾患

重要度 ✎✎✎ 難易度 ★★☆ チェック欄 □□□

「職場における心の健康づくり～労働者の心の健康の保持増進のための指針～」（厚生労働省 独立行政法人労働者健康福祉機構、2020年）に関する次の記述のうち、最も適切なものはどれか。

1. 「セルフケア」では、職場の管理監督者が人事労務的な視点からの職場環境等の把握と改善、労働者からの相談対応を行うことなどが重要である。
2. 「ラインによるケア」では、労働者に対してストレスやメンタルヘルスに対する正しい理解、ストレスへの気づき、ストレスへの対処などが行えるように支援することが重要である。
3. 「事業場内産業保健スタッフ等によるケア」では、セルフケア及びラインによるケアが効果的に実施されるよう、労働者及び管理監督者に対する支援を行うとともに、心の健康づくり計画の実施に当たり中心的な役割を担う。
4. 「事業場外資源によるケア」では、具体的なメンタルヘルスケアの実施に関する企画立案や職場復帰における支援などを行い、その中心的な役割を担う。

正答 3

1. ○：ストレスが原因による情緒面や行動面の症状により、社会的機能が著しく障害されている状態である。

2. ○：行動面では行き過ぎた飲酒や暴食、無断欠席や、けんかや無謀な運転など攻撃的な行動が見られることがある。

3. ×：これは適応障害ではなく、発達障害の内容である。

4. ○：治療にはまず原因となっているストレスを軽減し、心理的に回復することが重要である。

適応障害は、国立精神・神経医療研究センターの「こころの情報サイト」には詳しい記載はないのですが、厚生労働省「e-ヘルスネット」にあります。有効な治療法が「ストレス原因」の除去という点を特に押さえておきましょう。

資料：「e-ヘルスネット」 

正答 3

1. ×：職場の管理監督者が人事労務的な視点からの職場環境等の把握と改善、労働者からの相談対応を行うことは、「ラインによるケア」の内容である。（資料P7）

2. ×：労働者に対してストレスやメンタルヘルスに対する正しい理解、ストレスへの気づき、ストレスへの対処などが行えるように支援することは、「セルフケア」の内容である。（資料P7）

3. ○：「事業場内産業保健スタッフ等によるケア」の内容として適切である。また、事業場外資源とのネットワークを形成し、その窓口となる。（資料P7）

4. ×：具体的なメンタルヘルスケアの実施に関する企画立案や職場復帰における支援などで中心的な役割を担うのは、事業場内産業保健スタッフ等である。（資料P7）

資料：「職場における心の健康づくり～労働者の心の健康の保持増進のための指針～」（厚生労働省）

働く人のメンタルヘルスケアは、実務においても重要性が増している内容です。「職場における心の健康づくり～労働者の心の健康の保持増進のための指針～」（厚生労働省）からの出題は定期的にあります。４つのケアの種類と内容（役割）を確認しておきましょう。

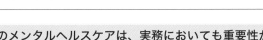

職場復帰支援

重要度 ✏✏ 難易度 ★★☆ チェック欄 □□□

「改訂 心の健康問題により休業した労働者の職場復帰支援の手引き」（厚生労働省、2020年）に関する次の記述のうち、**最も適切なもの**はどれか。

1. 労働者が休業期間中に安心して療養に専念できるよう、傷病手当金などの経済的保障、不安、悩みの相談先の紹介、休業の最長（保障）期間等の情報提供は控えるべきである。

2. 職場復帰の可否については、主治医による診断が、職場で求められる業務遂行能力を加味して判断しているものとして尊重する。

3. 職場復帰の際は、元の職場ではなく、新しい職場への復帰を積極的に検討するのがよい。

4. 正式な職場復帰決定の前に、社内制度として試し出勤制度等を設けると、より早い段階で職場復帰の試みを開始することができる。

ストレスチェック制度

重要度 ✏✏ 難易度 ★★☆ チェック欄 □□□

ストレスチェック制度に関する次の記述のうち、**最も不適切なもの**はどれか。

1. ストレスチェックは、労働者数50人以上の事業場に義務づけられている。

2. 労働者の人事に関して直接の権限がない人事課の職員は、ストレスチェックの実施の事務に従事することができる。

3. ストレスチェックの結果は、原則として、実施者より労働者本人及び事業者に通知される。

4. 労働者の同意により、実施者から事業者に提供された結果の記録は、事業者が5年間保存しなければならない。

正答 4

1. ×：労働者が病気休業期間中に安心して療養に専念できるように、こういった情報はあらかじめ提供することが望ましい。（資料P2）

2. ×：主治医による判断は、必ずしも職場で求められる業務遂行能力まで回復しているとの判断とは限らないため、主治医の判断と、職場で求められる業務遂行能力の内容等について、産業医等が精査した上で対応を判断し、意見を述べることが重要である。（資料P2）

3. ×：異動等が誘引として疾病が発症したケースを除いては、職場復帰は元の慣れた職場へ復帰させることが原則である。（資料P7）

4. ○：試し出勤制度には、模擬出勤や通勤訓練、試し出勤があるが、その際の処遇や災害が発生した場合の対応などについては、労使間で十分に検討、ルール化が必要である。（資料P6）

資料：「改訂 心の健康問題により休業した労働者の職場復帰支援の手引き」（厚生労働省）

職場復帰支援について、厚生労働省では第1のステップから第５のステップまでに整理した上記のリーフレットを作成しています。各ステップの内容を確認しましょう。

正答 3

1. ○：労働安全衛生法により義務づけられている。

2. ○：労働者の人事に関して直接の権限を持つ監督的地位にある人事部長等は、実施の事務に従事することはできない。

3. ×：実施者より、直接労働者本人に通知される。

4. ○：ストレスチェック結果のみならず、事業者への提供の同意に係る書面または電磁的記録についても，事業者が５年間保存する。

Advice

ストレスチェック制度については、これまでにも複数回出題されています。内容を確認するには、下記の資料がおすすめです。

資料：「ストレスチェック制度簡単！導入マニュアル」

「ストレスチェック制度導入ガイド」

自殺総合対策大綱

重要度 ✎✎ 難易度 ★★☆ チェック欄 □□□

「自殺総合対策大綱〜誰も自殺に追い込まれることのない社会の実現を目指して〜」（厚生労働省、令和４年10月）で述べられた我が国の自殺の実態に関する次の記述のうち、最も不適切なものはどれか。

1. 自殺総合対策における基本認識として、自殺は、個人の自由な意識や選択の結果ではなく、その多くが追い込まれた末の死ということがある。

2. 生きることの阻害要因（自殺のリスク要因）より、生きることの促進要因（自殺に対する保護要因）が上回ったときに自殺リスクが高くなる。

3. 自殺に関する正しい知識を普及したり、自殺の危険を示すサインに気付き、声を掛け、話を聞き、専門家につなぎ、見守る、ゲートキーパーの役割を担う人材等を養成する。

4. 令和３年に厚生労働省が実施した意識調査によると、国民のおよそ10人に1人が「最近１年以内に自殺を考えたことがある」と回答している。

健康づくりのための睡眠指針

重要度 ✎✎ 難易度 ★★☆ チェック欄 □□□

「健康づくりのための睡眠指針 2014」（厚生労働省、平成 26年3月）に関する次の記述のうち、最も不適切なものはどれか。

1. 睡眠時間の睡眠の質の悪化は、生活習慣病のリスクにつながることがわかってきている。

2. アルコールは、入眠を一時的には促進するが、中途覚醒が増えて睡眠が浅くなり、熟睡感が得られなくなる。

3. きちんと睡眠時間が確保されていても日中の眠気や居眠りで困っている場合は、ナルコレプシーなどの過眠症の可能性もある。

4. 季節や日中の身体活動量等にかかわらず、安定した睡眠を確保するためには、就寝時刻を毎日同じにすることが最も大切である。

正答 2

1. ○：自殺に至る心理として、心理的に追い詰められ、危機的な状態にまで追い込まれてしまうという過程と見ることができる。（資料P1）
2. ×：逆である。生きることの促進要因（自殺に対する保護要因）より生きることの阻害要因（自殺のリスク要因）が上回ったときに自殺リスクが高くなる。（資料P４）
3. ○：周知を進めることにより、国民の約３人に１人以上がゲートキーパーについて聞いたことがあるようにすることを目指す。（資料P17）
4. ○：自殺に追い込まれるという危機は「誰にでも起こり得る危機」である。（資料P７）

資料：「自殺総合対策大綱」（厚生労働省）

「自殺総合対策大綱」からの出題は過去に複数回あります。また、ゲートキーパーについては第18回問29で大問（選択肢4つ分の問題）としての出題があり、今後も出題が予想されます。

正答 4

1. ○：また、不眠がうつ病のような心の病につながることもある。（資料P4）
2. ○：また、たばこに含まれるニコチンには覚醒作用があるため、就寝前の喫煙は入眠を妨げ、睡眠を浅くする。（資料P5）
3. ○：ナルコレプシーとは、居眠り病のことである。その場合には、医師による適切な検査を受け、対策をとることが大切である。（資料P14）
4. ×：寝つける時刻は季節や日中の身体活動量などにより変化し、一年を通じて毎日同じ時刻に寝つくことが自然なわけではなく、その日の眠気に応じて「眠くなってから寝床に就く」ことがスムーズな入眠への近道としている。（資料P13）

資料：「健康づくりのための睡眠指針 2014」（厚生労働省）

「健康づくりのための睡眠指針 2014」（厚生労働省、平成26年3月）からは、これまでに複数回出題されています。容易に答えられる問題も多いものの、本問の選択肢３や４は、これまでに出題された中では難しい内容といえるでしょう。

2-9 出題度

中高年期を展望するライフステージ及び発達課題の知識

2020年度の出題範囲の改訂後は、問30前後で1問~2問出題されています。中高年期が人生上、キャリア形成上、どのような段階なのか、どのような心境になるのかを思い浮かべ、理解を深めましょう。

出題傾向と対策

これまでの試験で出題された主なテーマは次の通りです。

出題された主な資料やテーマ

- レビンソンの理論
- シャインの理論
- マーシャの理論
- 中高年期の事例研究
- エリクソンの理論
- スーパーの理論
- 岡本祐子の理論
- 理論家横断型の混合問題

「中高年期」と出題範囲のタイトルにありますが、中高年期を含む、発達課題に関する理論や人名について出題されます。つまり、キャリアに関する理論のうち、発達段階と発達課題に関する理論は、2020年度の改訂後の出題範囲表に基づいて、出題されるようになりました。

出題される理論、理論家はある程度、限定されていますので、対策は行いやすい出題範囲です。スーパー、シャイン、エリクソン、レビンソン、マーシャを中心に対策しましょう。

■ 出題範囲表では

出題範囲表では、次のように表現しています。

① 職業キャリアの準備期、参入期、発展期、円熟期、引退期等の各ライフステージ、出産・育児、介護等のライフイベントにおいて解決すべき課題や主要な過渡期に乗り越えなければならない発達課題
② 上記①を踏まえた中高年齢期をも展望した中長期的なキャリア・プランの設計、キャリア・プランに即した学び直しへの動機付けや機会の提供による支援の必要性及びその具体的な方法

対策のポイント

- **主な理論家ごとの発達段階の区分とその特徴の理解**
- **中年の危機や、中高年期のキャリア形成に関する理解**

発達段階を苦手とする受験生が多いのですが、自分や身の回りの人を想像しながら、その環境、葛藤や不安を想像し、「自分ごとや自分の身の回りごと」として捉えててみましょう。

何段階に分けているのか？　エリクソンは8段階、レビンソンは4段階（四季）、スーパーは5段階、シャインは9段階に分けています。

なお、エリクソンは青年期のアイデンティティの確立、レビンソンは人生半ばの過渡期、ユングは人生の正午、スーパーは職業的発達段階、シャインは組織内キャリア発達理論が特徴的です。

見ておきたい資料や参考書

- **『働くひとの心理学』（ナカニシヤ出版）**
- **『キャリアコンサルティング理論と実際 6訂版』（一般社団法人雇用問題研究会）**
- **「労働者等のキャリア形成における課題に応じたキャリアコンサルティング技法の開発に関する調査・研究事業報告書」（厚生労働省）**

エリクソン

重要度 難易度 ★☆☆ チェック欄 □□□

エリクソンが、個体発達分化の図式において示した発達課題に関する次の記述のうち、最も適切なものはどれか。

1. 乳児期の発達課題は、勤勉性対劣等感である。
2. 学童期の発達課題は、信頼対不信である。
3. 青年期の発達課題は、同一性対同一性拡散である。
4. 老年期の発達課題は、世代性対停滞性である。

レビンソン

重要度 難易度 ★★★ チェック欄 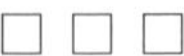

レビンソンが提唱した過渡期に関する次の記述のうち、最も不適切なものはどれか。

1. 成人への過渡期は、大人の世界の可能性を模索し、成人の生活のための暫定的な選択を試してみる時期である。
2. 30歳の過渡期は、成人期に入って最初に築いた生活構造の持つ欠陥と限界を解決して、もっと満足のいく生活を築く土台を作り上げていく時期である。
3. 人生半ばの過渡期は、若さと老い、破壊と創造、男らしさと女らしさ、愛着と分離の４つの両極性の解決が主要課題である。
4. 老年への過渡期は、アパシー（無力感）と離人感（自分が自分と思えなくなる）が直面する課題である。

正答 3

1. ×：乳児期の発達課題は、信頼対不信である。

2. ×：学童期の発達課題は、勤勉性対劣等感である。

3. ○：同一性というのは「自我同一性」のことであり、アイデンティティである。なお、アイデンティティという概念は、エリクソンが提唱した。

4. ×：老年期の発達課題は、統合性対絶望であり、世代性対停滞性が発達課題となるのは、老年期の前の成人期である。

エリクソンの個体発達分化の図式では、青年期において形成される「アイデンティティ（自我同一性）」を重視し、その後の基盤となります。その前と後に分けて、どのような段階なのかをイメージしながら理解を深めましょう。

正答 4

1. ○：成人への過渡期の内容として適切である。

2. ○：30歳の過渡期の内容として適切である。

3. ○：人生半ばの過渡期として適切である。最も危険な時期としている。

4. ×：老年への過渡期は役割を失い、孤立化を感じ、死への恐怖を持つ時期であり、死の受容と新たな生きがいの獲得が課題となる。選択肢の内容は、成人への過渡期に直面する課題である。

レビンソンは、成人期を四季に例えて、4つの発達期があるとしましたが、その発達期の間には過渡期があるとしました。レビンソンが最も重視しているのは「人生半ばの過渡期」ですが、その他の過渡期についても念のため、確認をしておきましょう。

問題3 シャイン

重要度 ✎✎ 難易度 ★★☆ チェック欄 □□□

シャインの示した「キャリア・サイクルの段階と課題」において、キャリア中期の危機における発達課題に関する次の記述のうち、最も適切なものはどれか。

1. 仕事及びメンバーシップの現実を知って受けるショックに対処する。
2. 責任を引き受け、最初の正式な任務に伴う義務を首尾よく果たす。
3. 仕事が主ではない生活を送れるようになる。
4. 自分のキャリアの再評価を行い、現状維持か、キャリアを変えるかを決める。

問題4 事例研究

重要度 ✎✎ 難易度 ★★★ チェック欄 □□□

「労働者等のキャリア形成における課題に応じたキャリアコンサルティング技法の開発 に関する調査・研究事業報告書」（厚生労働省、平成30年３月）で示された中高年のキャリア形成上の課題に関する次の記述のうち、最も適切なものはどれか。

1. 中高年は、若者や出産子育て期の女性と比べて、しごと理解（エンプロイアビリティ等）が不十分である。
2. 中高年は、若者や出産子育て期の女性と比べて、環境の変化や自己の役割の変化に適応することが苦手である。
3. 中高年は、若者や出産子育て期の女性と比べて、家族との関係や家族内に課題を抱えている。
4. 中高年は、若者や出産子育て期の女性と比べて、自己有用感や自己効力感が乏しい。

正答 4

1. ×：これは仕事の世界へエントリーした後の、「基本訓練」の段階の課題である。
2. ×：これは「キャリア初期の正社員資格」の段階の課題である。
3. ×：これは「衰え及び離脱」の段階の課題である。
4. ○：キャリア中期の危機の課題として適切である。自分のキャリア・アンカーを知り、評価する段階である。

キャリア・サイクルの段階と課題は、『キャリアコンサルティング理論と実際 6訂版』のP231に記載があり、これまでの試験でも出題があります。キャリア中期の危機はおおよそ35歳から45歳です。その時期に合うものを消去法でアプローチしましょう。

正答 2

1. ×：「しごと理解（エンプロイアビリティ等）が不十分」が最も多いのは、若者である。
2. ○：「環境の変化や自己の役割の変化に適応することが苦手」が最も多いのは、中高年である。
3. ×：「家族との関係や家族内に課題を抱えている」が最も多いのは、女性（出産・子育て期の正規雇用の女性）である。
4. ×：「自己有用感や自己効力感が乏しい」が最も多いのは、若者である。

Advice

「労働者等のキャリア形成における課題に応じたキャリアコンサルティング技法の開発に関する調査・研究事業報告書（厚生労働省、平成30年3月）」のP28に、これらの調査結果が記載されています。3つの属性ごとの課題を確認しましょう。

問題5 スーパー

重要度 ✎✎ 難易度 ★★☆ チェック欄 □□□

スーパー（Super, D. E.）の提唱したライフ・ステージの維持段階における発達課題に関する次の記述のうち、最も不適切なものはどれか。

1. 職業的好みを特定し、実行に移す。
2. 自らの限界を受容する。
3. 獲得した地位や利益を保持する。
4. 働き続ける上での新たな問題を明らかにする。

問題6 混合問題

重要度 ✎ 難易度 ★★★ チェック欄 □□□

ライフステージと発達課題に関する次の記述のうち、最も適切なものはどれか。

1. 青年期から中年期におけるアイデンティティ・ステイタスの発達経路が変動的であることから、アイデンティティの直線的発達モデルを提唱したのは、岡本祐子である。
2. アイデンティティ達成の測定に当たり、「危機」と「積極的関与」の２つの基準により、８つのアイデンティティ・ステイタスを提案したのは、マーシャである。
3. ６つの発達段階があり、次の段階にスムーズに移行するためには、それぞれの段階で習得しておくべき課題があると提唱したのは、ハヴィガーストである。
4. 人生を日の出から日没までの４つの時期に分け、40歳前後を「人生の正午」と呼んだのは、アドラーである。

正答 1

1. ×：職業的好みを具現化、特定化し、実行に移すのは、成長段階の後の、15歳以降の探索段階での課題である。

2. ○：維持段階の課題として適切である。

3. ○：維持段階の課題として適切である。

4. ○：維持段階の課題として適切である。

維持段階は、成長段階、探索段階、確立段階の後で、解放段階の前の段階になります。年齢的には45歳頃から引退の前までの段階です。この段階（時期）を思い浮かべ、そぐわないものを検討しましょう。

正答 3

1. ×：発達経路が変動的であることから、アイデンティティのラセン式発達モデルを提唱した。

2. ×：マーシャは、アイデンティティ達成の測定に当たり、「危機の経験」と「積極的関与」の２つの基準により、4つのアイデンティティ・ステイタスを提案した。

3. ○：乳幼児期、児童期、青年期、壮年期、中年期、老年期の６つに分け、それぞれに習得しておくべき課題があるとした。

4. ×：人生を日の出から日没までの4つの時期に分け、40歳前後を「人生の正午」と呼んだのは、ユングである。

発達課題に関して、出題頻度の低い理論家を集めた問題ですが、いずれもこれまでに出題のある理論家ですので、確認しておきましょう。発達段階は何段階あるのか、数字で確認しておくのもよいでしょう。

2-10 出題度

人生の転機の知識

前節の内容と同様、2020年度の出題範囲の改訂後は、問30前後で1問～2問出題されています。転機に関する理論家はある程度限定されていますので、それぞれの特徴をよく確認しましょう。

出題傾向と対策

これまでの試験で出題された主なテーマは次の通りです。

出題された主な資料やテーマ

- シュロスバーグの理論
- ブリッジスの理論
- 理論家横断型の混合問題
- ニコルソンの理論

この出題範囲は、前節の中高年期を展望するライフステージ及び発達課題の知識と同様に、2020年度より、それまでのキャリアに関する理論から枝分かれ（独立）した出題範囲です。

そのため、第14回以前の過去問題の演習をする際には、前半部分のキャリアに関する理論の出題範囲から出題されていますので、ご注意下さい。

人生の転機（トランジション）に関する理論を提唱した主な理論家としては、シュロスバーグとブリッジスがいます。

シュロスバーグといえば4S（フォーエス）、Situation（状況）、Self（自己）、Support（支援）、Strategies（戦略）でお馴染みです。そして、ブリッジスといえば終わり（終焉）から始まり、中立圏（ニュートラルゾーン）を経て始まる、トランジション・プロセスで有名です。

■ 出題範囲表では

出題範囲表では、次のように表現しています。

初めて職業を選択する時や、転職・退職時等の人生の転機が訪れた時の受け止め方や対応の仕方について一般的な知識を有すること。

対策のポイント

- シュロスバーグの転機の種類は、予測していた転機、予測していなかった転機、期待していたものが起こらなかった転機の3つに分類される
- 転機への対処法の確認（4Sの点検）
- ブリッジスのトランジション・プロセスの確認（終焉→中立圏→始まり）

また、転機の理論は、スーパーの職業的発達段階や、クランボルツの計画された偶発性（プランドハプンスタンス）などと併せて出題されることもあります。

シュロスバーグのいうトランジションは、各年代での発達段階ごとの発達課題や移行期のことをいうのではなく、就転職や結婚、離婚、引っ越し、本人や家族の病気、失業といった人生上の出来事をいいます。

見ておきたい資料や参考書

- 『新版 キャリアの心理学［第2版］』（ナカニシヤ出版）
- 『働くひとの心理学』（ナカニシヤ出版）
- 「職業相談場面におけるキャリア理論及びカウンセリング理論の活用・普及に関する文献調査」（独立行政法人労働政策研究・研修機構）

転機（トランジション）の理論家対策でプラスワンを挙げるとすると、ニコルソンの理論があります。ニコルソンは、転機（トランジション）を①準備→②遭遇→③適応→④安定化の4つのサイクルで展開するとしました。

シュロスバーグ

重要度 ✎✎✎　難易度 ★★☆　チェック欄 □□□

シュロスバーグの人生の転機（トランジション）の理論に関する次の記述のうち、最も適切なものはどれか。

1. シュロスバーグの転機（トランジション）は、発達論的視点からの発達段階の移行期を意味している。

2. 「予測していた転機」「予測していなかった転機」「期待していたものが起こらなかった転機」の中で、「予測していなかった転機」を最も大きな問題として考える。

3. 転機を乗り越えるためには、キャリア・アダプタビリティの4次元を高める支援が重要である。

4. 転機に対処するための資源は、Situation（状況）、Self（自己）、Support（支援）、Strategies（戦略）の４つのS（＝4S）に集約される。

ブリッジス

重要度 ✎✎　難易度 ★★☆　チェック欄 □□□

ブリッジスによる転機（トランジション）のプロセスに関する次の記述のうち、最も適切なものはどれか。

1. トランジションの「中立圏（ニュートラルゾーン）」は混乱や苦悩の時期であり、空白や休養期間であるとした。

2. トランジションを、「開始」から「中立圏（ニュートラルゾーン）」を経て「終焉」に至る3つの一連のサイクルからなるとした。

3. 「開始」「中立圏（ニュートラルゾーン）」「終焉」のうち、開始をいかに上手にマネジメントするかが大切である。

4. トランジションのはじめの頃は、常に新しいやり方を模索するものである。

正答 4

1. ×：発達段階の移行期ではなく、結婚や転職、失業や病気などの人生上の出来事の視点から見た転機（トランジション）を意味している。

2. ×：転機のタイプに問題の大小があるのではなく、それらの転機による転換が、クライエントに、どの程度の重大さを持ち、影響を与えるのかに着目する。

3. ×：転機を乗り越えるための４つの資源（４S）を点検する。キャリア・アダプタビリティの４次元は、サビカスが提唱した。

4. ○：シュロスバーグの転機に対処する資源（４S）の内容として適切である。

難しい選択肢がある場合でも、正答の選択肢のみは容易に判断できることがあります。あきらめずに検討をしましょう。4Sは正しく覚えておきましょう。

正答 1

1. ○：中立圏（ニュートラルゾーン）の特徴として適切である。

2. ×：「終焉」から「中立圏」を経て、「開始」のサイクルからなるとした。

3. ×：中立圏（ニュートラルゾーン）をいかにマネジメントするかが重要である。転機を見極め、終了したもの、捨てるものや、維持するものを吟味する。

4. ×：トランジションのはじめの頃は、新しいやり方であっても、昔の活動に戻ってしまう特徴がある。

ブリッジスの転機（トランジション）のプロセスは終わりから始まると覚えましょう。その後、中立圏（ニュートラルゾーン）があり、新たなはじまりとなります。

混合問題

重要度 ✎✎✎　難易度 ★★☆　チェック欄 □□□

人生の転機と変化に対する適応に関する次の記述において、提唱する理論と人物の組み合わせとして**適切なもの**はいくつあるか。

・4Sシステム－シュロスバーグ
・プロティアン・キャリア－ハンセン
・計画された偶発性－クランボルツ
・積極的不確実性－ギンズバーグ

1. 1つ　　2. 2つ　　3. 3つ　　4. 4つ

混合問題

重要度 ✎✎　難易度 ★★☆　チェック欄 □□□

キャリアの転機に関する次の記述のうち、**最も適切なもの**はどれか。

1. シュロスバーグは、人は生涯を通じて様々な転機や変化を経験するが、これらの転機や変化は必ず予測できるものであるとした。

2. スーパーは、職業的発達段階における各段階の間には、暦年齢に強く関連した「移行期」があるとした。

3. ブリッジスは、トランジションについて、古い状況から抜け出し、過渡期のどっちつかずの混乱を経験し、そこから新しい状況へ向かっていくプロセスであると考えた。

4. ニコルソンは、トランジションについて、安定化から始まる4つのサイクルで展開すると考えた。

正答 2

○：４Sシステムは転機を乗り越えるための資源のことであり、シュロスバーグが提唱した。

×：プロティアン・キャリア（変幻自在なキャリア）は、ホールが提唱したハンセンは、人生をキルト（パッチバーク）に例え、統合的人生設計を提唱した。

○：計画された偶発性はクランボルツが提唱した。

×：積極的不確実性は、ジェラットが提唱した。ギンズバーグは、1950年代に職業発達理論を最初に理論化したといわれている。なお、職業発達理論はその後、スーパーによって完成度の高いものへ発展していく。

このような問いの際には、積極的に正誤を判断する必要があります。なお、「適切なもの（不適切なもの）がいくつあるか」という設問は、これまでにも出題されています。

正答 3

1. ×：シュロスバーグは、転機や変化は決して予測できるものではなく、人それぞれがその人独自の転機を経験しているとしている。

2. ×：スーパーは、それぞれの発達段階の間には、暦年齢にゆるく関連した「移行期（トランジション）」があるとした。暦年齢にゆるく関連した移行期というのは、例えば、多くの人が20歳前後で就職し、60歳台で職業を引退するといった時期のことである。職業的発達には、人それぞれに段階があるものの、暦年齢と全く無関係というわけではない。

3. ○：ブリッジスは、どんなトランジションも、終わり、ニュートラルゾーン、新たな始まりから成っているとした。

4. ×：ニコルソンは、トランジションについて、準備から始まり、遭遇、適応、安定化の４つのサイクルで展開すると考えた。

各理論家の「転機」の捉え方の違いと特徴を確認しましょう。設問では内容自体が異なる場合と、人名と理論の結びつけが異なる場合があります。

2-11 出題度

個人の多様な特性の知識

問32前後から毎回2～3問出題されています。テーマはいくつかに類型化することができますので、できる準備はしておきたい出題範囲といえます。

出題傾向と対策

これまでの試験で出題された主なテーマは次の通りです。

出題された主な資料やテーマ

- 障害者への支援
- 高齢者への支援
- 性的マイノリティへの支援
- 発達障害者への支援
- 治療と仕事の両立支援
- 若者への支援
- 女性活躍への支援
- 生活困窮者への支援

支援の対象の特性によって、支援に必要な知識や理解が変化することから、多様化するクライエントに対応できるよう、出題範囲として設定されているのだと捉えています。

■ 出題範囲表では

出題範囲表では、次のように表現しています。

相談者の個人的特性等によって、課題の見立てのポイントや留意すべき点があることについて一般的な知識を有すること。
- 障害者については障害の内容や程度
- ニート等の若者については生活環境や生育歴
- 病気等の治療中の者については治療の見通しや職場環境 等

障害者、ニート等の若者、治療中の者（仕事との両立や職場復帰）が具体的に挙げられていますが、他には女性活躍や、高齢者への支援や性的マイノリティ、生活困窮者への支援に関する内容が既に出題されています。

相談者の個人的特性の理解を深めていくことは、キャリアコンサルタントとしての専門性の向上にもつながることでしょう。

対策のポイント

- 若者や高齢者、障害者等雇用の現状や課題の把握
- 若者雇用促進法や高年齢者雇用促進法や支援施策の理解
- 障害者雇用促進法や障害者総合支援法や支援施策の理解
- 性的マイノリティに関する基本的知識の理解と課題の把握
- 治療と仕事の両立支援のガイドラインの確認
- ダイバーシティの推進事例の確認

これらの分野は、主要な参考書でのまとまった記述がないため、本問題集や過去問題の問題演習を通じて、厚生労働省のサイト等の情報にアクセスして理解を深めていくのがよいでしょう。治療と仕事の両立については、下記に紹介している「事業場における治療と仕事の両立支援のためのガイドライン」（厚生労働省）を活用しましょう。

個人的特性という点では、今後は「外国人への支援」の前提となる知識も出題の可能性がありますので、模擬問題に問題を用意しています。

見ておきたい資料や参考書

- 「若年者雇用実態調査」（厚生労働省）

- 「事業場における治療と仕事の両立支援のためのガイドライン」（厚生労働省）

- 「若者雇用促進総合サイト」（厚生労働省）

- 「『外国人雇用状況』の届出状況」（厚生労働省）
- 「高齢社会白書」（内閣府）

- 「職場におけるダイバーシティ推進事業報告書」（厚生労働省）

治療と仕事の両立支援

重要度 ✎✎✎　難易度 ★☆☆　チェック欄 □□□

「事業場における治療と仕事の両立支援のためのガイドライン」（厚生労働省、令和6年3月）で示された内容に関する次の記述のうち、最も不適切なものはどれか。

1. 治療と仕事の両立支援に際しては、仕事の繁忙等を理由に必要な就業上の措置や配慮を行わないことがあってはならない。
2. 治療と仕事の両立支援は、私傷病である疾病に関わるものであることから、主治医から支援を求める申出がなされたことを端緒に取り組むことが基本となること。
3. 症状や治療方法などは個人ごとに大きく異なるため、個人ごとに取るべき対応やその時期等は異なるものであり、個別事例の特性に応じた配慮が必要であること。
4. 治療と仕事の両立支援のためには、医療機関との連携が重要であり、本人を通じた主治医との情報共有や、労働者の同意のもとでの産業医等の産業保健スタッフや人事労務担当者と主治医との連携が必要である。

障害者への支援

重要度 ✎✎✎　難易度 ★★★　チェック欄 □□□

障害者の雇用および就労支援に関する次の記述のうち、最も適切なものはどれか。

1. 障害者雇用促進法では、労働者の募集および採用に当たり、障害者からの申出があれば、どんな場合であっても、障害の特性に配慮した必要な措置を講じなければならない。
2. 従業員が一定数以上の規模の事業主は、従業員に占める身体障害者と知的障害者の割合を法定雇用率以上にする義務がある。
3. 就労移行支援事業は、障害者総合支援法に基づき、一般企業への就職を希望し、就労が見込まれる65歳未満の人を対象に、企業における作業や実習、適性にあった職場探し、就労後の職場定着のための支援などを行う。
4. 就労継続支援事業は、障害者総合支援法に基づき、一般企業への就職が困難な人を対象に、原則として雇用契約のある就労の機会を提供している。

正答 2

1. ○：就労によって、疾病の増悪、再発や労働災害が生じないよう、安全と健康の確保を行う。（資料P3）

2. ×：主治医ではなく、労働者本人から支援を求める申出がなされたことを端緒に取り組むことが基本となる。（資料P3）

3. ○：個別事例の特性に応じた配慮が必要であるとともに、個人情報の保護にも留意する必要がある。（資料P3）

4. ○：治療と仕事の両立支援においては、関係者間の連携が重要である。（資料P4）

資料：「事業場における治療と仕事の両立支援のためのガイドライン」（厚生労働省）

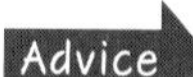

治療と仕事の両立支援に関しては、出題が多いのみならず、実務においても大切な内容です。本ガイドラインの「治療と仕事の両立支援を行うに当たっての留意事項」のページ（資料P3）は必ず確認しておきましょう。

正答 3

1. ×：事業主に対して過重な負担を及ぼすこととなるときは、その限りではないと規定している。（障害者雇用促進法第三十六条の二）

2. ×：従業員に占める身体障害者、知的障害者、精神障害者の割合である。

3. ○：就労移行支援事業の内容として適切である。就職と定着の支援を行う。

4. ×：雇用契約があるものとないものがある。雇用型の就労継続支援A型と非雇用型の就労継続支援B型の２つの枠組みがある。

Advice

就労移行支援事業と就労継続支援事業の違いは、前者は一般企業への就職を目指している方を対象とした就職へのサポートであるのに対して、後者は一般企業への就職が困難な方へ働く機会を提供するサービスを行います。

若者への支援

重要度 ✎✎ 難易度 ★☆☆ チェック欄 □ □ □

若者の就職支援の施策や法律に関する次の記述のうち、最も不適切なものはどれか。

1. 厚生労働省では、働くことに悩みを抱えている若者に対して、地域若者サポートステーション（通称：サポステ）を全国に開設している。

2. 厚生労働省では、新卒者や卒業後未就職の方を支援する「新卒応援ハローワーク」や、正規雇用を目指す若者を専門的に支援する「わかものハローワーク」を開設している。

3. 若者雇用促進法は、若者の適切な職業選択の支援に関する措置、職業能力の開発・向上に関する措置等を総合的に規定した法律である。

4. 若者の採用・育成に積極的で、雇用管理の状況などが優良な中小企業を、厚生労働大臣が認定するえるぼし認定制度がある。

性的マイノリティへの支援

重要度 ✎✎ 難易度 ★★☆ チェック欄 □ □ □

「令和元年度厚生労働省委託事業 職場におけるダイバーシティ推進事業報告書」（厚生労働省）に関する次の記述のうち、最も適切なものはどれか。

1. 性自認とは恋愛または性愛がいずれの性別を対象とするかをいい、性的指向とは自己の性別についての認識のことをいう。

2. 身体的な性が男性で、性自認が女性という人を「FtM」（Female to Maleの略）と呼ぶことがある。

3. 本人の同意なく、その人の性的指向や性自認に関する情報を第三者に暴露することを、カミングアウトという。

4. 性的マイノリティ当事者は、性的指向・性自認を偽って会話をする場面があることや、プライベートの話をすることができないことがあり、職場での孤立や転職につながりやすい。

正答 4

1. ○：地域若者サポートステーションは、働くことに悩みを抱えている15～49歳までの人を対象に、就労に向けた支援を行っている。
2. ○：新卒応援ハローワークは、就職活動中の学生・生徒や、卒業後概ね３年以内の方の就職を支援する専門のハローワークであり、わかものハローワークは、正社員での就職を目指す若者（概ね35歳未満）を支援する専門のハローワークである。
3. ○：若者雇用促進法の内容として適切である。
4. ×：えるぼし認定制度は、女性活躍推進に関する取組の実施状況が優良な事業主を厚生労働大臣が認定するものであり、若者の採用・育成に積極的で、雇用管理の状況などが優良な中小企業を認定するのは、ユースエール認定制度である。

若者への支援の情報源としては、「若者雇用促進総合サイト」（厚生労働省）があり、若者の採用に積極的な職場情報の検索などを行うことができます。また、厚生労働省の認定制度には、他にくるみん認定制度（子育てサポート企業を認定）などがあります。

正答 4

1. ×：逆である。恋愛または性愛がいずれの性別を対象とするかを性的指向といい、自己の性別についての認識のことを性自認という。（資料P5）なお、「SOGI」（ソジ）とは、性的指向（sexual orientation）と性自認（gender identity）の頭文字からなる略称である。（資料P6）
2. ×：「FtM」（Female to Maleの略）は、身体的な性が女性で、性自認が男性という人を表している。身体的な性が男性で、性自認が女性という人は「MtF」（Male to Femaleの略）と呼ばれる。（資料P5）
3. ×：本人の同意なく、その人の性的指向や性自認に関する情報を第三者に暴露することを、アウティングという。（資料P8）
4. ○：カミングアウトの難しさと日常的なストレスがある。（資料P8）

資料：「職場におけるダイバーシティ推進事業報告書」（厚生労働省）

性的マイノリティへの支援は、採用や職場定着において、まだまだ課題が多く、各自が持つバイアス（偏見）の可能性を意識し、正しい知識と多様な価値観を尊重することが必要です。

みん合☆楽習コラム②

出題範囲表を見たことがありますか？

みなさんは、キャリアコンサルタント試験の「出題範囲表」をご存じですか。

受験生のみなさんに聞いてみると、「え？そんなものがあるの？」という反応が返ってくることが少なくありません。

出題範囲表。それは、「試験合格への攻略マップ」です。キャリアコンサルタント試験の出題範囲表は、正しくは「キャリアコンサルタント試験の試験科目及びその範囲並びにその細目」といい、2020年に改訂されました。

この改訂は、2018年に公表された「キャリアコンサルタントの能力要件の見直し等に関する報告書」（厚生労働省）を受けて行われました。2018年というと、キャリアコンサルタントが既に国家資格化している時期でしたが、あらためてキャリアコンサルタントの能力要件＝身につけておくべき知識や技能を整理し、定義し直したということです。

そして、その能力要件が「キャリアコンサルタント試験の試験科目及びその範囲並びにその細目（出題範囲表）」にそのまま反映されているのです。

つまり、キャリアコンサルタントとして身につけてほしい、知識や技能の一覧表であり、キャリアコンサルタントのスキルマップといえます。それは、試験のシラバス、もっといえば「出題意図の一覧表」といってもよいでしょう。

本書では、各節冒頭の「出題傾向と対策」の多くで、出題範囲表の内容を確認した上で、本試験レベルの問題にチャレンジする形式にしています。出題意図を知ると、自然と正答を導くことができるものがきっとあるはずです。

それを確認しながら、合格を目指していきましょう。

なお、出題範囲表は、キャリアコンサルティング協議会や、日本キャリア開発協会のホームページからもダウンロードできるのですが、本書の巻末に資料①として掲載しています。ぜひご活用ください。

第3章

キャリアコンサルティングを行うために必要な技能

第3章で紹介する内容は、これまでの試験では問35から問46前後までで出題されています。第２章の「必要な知識」に対して、第３章は「必要な技能」と位置づけられており、カウンセリングの技能の他、主にシステマティック・アプローチのプロセスの理解度が問われます。よく出題されるパターンもあり、得点源にしたい範囲です。問題演習を中心に、しっかり対策を行いましょう。

3-1 出題度

カウンセリングの技能

問35前後で1、2問出題される傾向があります。特にキャリアコンサルティングで活用されることが多い、包括的・折衷的なアプローチの技法を確認しましょう。

出題傾向と対策

これまでの試験で出題された主なテーマは次の通りです。

出題された主な資料やテーマ

- システマティック・アプローチ
- マイクロカウンセリング
- カウンセラーの心構え
- 来談者中心療法
- 包括的・折衷的アプローチ

■ 出題範囲表では

出題範囲表では、次のように表現しています。

① カウンセリングの進め方を体系的に理解した上で、キャリアコンサルタントとして、相談者に対する受容的・共感的な態度及び誠実な態度を維持しつつ、様々なカウンセリングの理論とスキルを用いて相談者との人格的相互関係の中で相談者が自分に気づき、成長するよう相談を進めること。
② 傾聴と対話を通して、相談者が抱える課題について相談者と合意、共有すること。
③ 相談者との関係構築を踏まえ、情報提供、教示、フィードバック等の積極的関わり技法の意義、有効性、導入時期、進め方の留意点等について理解し、適切にこれらを展開すること。

これまでの出題内容を分析すると、カウンセラーの受容的で共感的な態度による関係構築と傾聴、そして具体的な包括的・折衷的なアプローチによるカウンセリングの流れが問われる出題範囲であると位置づけています。

カウンセリング理論の具体的な理論家や個別の療法に関しては、これまでのところ、前半の問8前後から3問前後出題される「カウンセリングに関する理論」の範囲から出題される傾向があるようです。

対策のポイント

- システマティック・アプローチのステップの理解
- 代表的な包括的・折衷的なアプローチの理解
- ロジャーズの来談者中心療法の理解
- カウンセリングに必要なカウンセラーの態度の理解

キャリアコンサルティングでは、ある特定のカウンセリング理論や療法に偏ることなく、様々な理論や技法を、「**包括的・折衷的**」に活用することが求められます。

包括的・折衷的アプローチには、システマティック・アプローチ、マイクロカウンセリング、ヘルピング、コーヒーカップ・モデルがあります。

マイクロカウンセリングは**アイビイ**、ヘルピングは**カーカフ**、コーヒーカップ・モデルは**國分康孝**が開発しました。

システマティック・アプローチとマイクロカウンセリングのプロセスを中心に確認しておきましょう。

見ておきたい資料や参考書

- 『キャリアコンサルティング理論と実際 6訂版』(一般社団法人雇用問題研究会)
- 「職業相談場面におけるキャリア理論及びカウンセリング理論の活用・普及に関する文献調査」(独立行政法人労働政策研究・研修機構)

システマティック・アプローチ

重要度 ✎✎✎　難易度 ★☆☆　チェック欄 □ □ □

システマティック・アプローチに関する次の記述のうち、最も不適切なものはどれか。

1. カウンセリングの開始：温かい雰囲気で、相談者が安心して話ができる信頼関係を樹立する。

2. 問題の把握：来談の目的や問題点を明確にする。その問題の解決のために、行動する意志がカウンセラーにあるかどうかを確認する。

3. 方策の実行：意思決定や学習、自己管理を行い、選択した方策を実行する。

4. 結果の評価：実行した方策とカウンセリング全体について評価し、ケースを終了してよいかを確認する。

その他の包括的・折衷的アプローチ

重要度 ✎✎　難易度 ★★☆　チェック欄 □ □ □

キャリアコンサルティングの基本的スキルに関する次の記述のうち、最も不適切なものはどれか。

1. 國分康孝のコーヒーカップ・モデルは、リレーションを作る、問題をつかむ、問題の解決を試みる、のプロセスでカウンセリングが行われる。

2. カーカフのヘルピングは、かかわり技法、応答技法、意識化技法、手ほどき技法のプロセスで進行し、その結果により、さらに支援のプロセスが繰り返される。

3. グラッサーの現実療法では、良好なカウンセリング関係をつくるための環境づくりとして、3つの「してはならないこと」を重視する。

4. アイビイのマイクロカウンセリングにおける「基本的傾聴の連鎖」とは、視線の合わせ方、体位の取り方、非言語的励ましなどによる聴く姿勢である。

正答 2

1. ○：カウンセリングの開始の内容として適切である。ラポールをつくり、カウンセリング関係を樹立する。

2. ×：カウンセラーにではなく、クライエントに行動する意志があるかどうかを確認する。

3. ○：方策の実行の内容として適切である。

4. ○：結果の評価の内容として適切である。このあと、カウンセリングとケースは終了を迎える。

システマティック・アプローチは包括的・折衷的なカウンセリングモデルで、キャリアコンサルティングにおける、主要なカウンセリングプロセスといえます。そのステップは、クライエントとの信頼関係（ラポール）づくりから始まります。

正答 4

1. ○：コーヒーカップ・モデルでは、カウンセリングを「言語的、非言語的コミュニケーションを通して行動の変容を試みる人間関係である」と定義づけている。

2. ○：ヘルピングでは、カウンセラーのことをヘルパー、クライエントのことをヘルピーと呼ぶ。

3. ○：「してはならないこと」とは、「言い訳をさせない」「非難・論争をしない」「簡単にあきらめない」の３つである。

4. ×：これらの内容は、マイクロカウンセリングの「かかわり行動」である。基本的傾聴の連鎖とは、言語レベルの傾聴技法をいい、開かれた質問、閉ざされた質問、はげまし、言い換え、要約などである。

キャリアコンサルティングは、包括的・折衷的なアプローチで行われることが多く、いずれのカウンセリングモデルにおいても共通しているのは、クライエントとの間に良い人間関係をつくる点です。これはラポールやリレーションとも呼ばれる関係です。

来談者中心療法

重要度 ✎✎✎　難易度 ★★☆　チェック欄 □□□

来談者中心療法に関する次の記述のうち、**最も適切なもの**はどれか。

1. クライエントに対して無条件の肯定的関心を持つことを、共感的理解という。
2. クライエントとの関係において、カウンセラーは心理的に安定しており、ありのままの自分を受容していることを、自己一致という。
3. クライエントの内的世界を共感的に理解して、それを相手に伝えることを、受容的態度という。
4. クライエントの自己概念と経験が不一致となる方向へ援助することがカウンセラーの役割である。

カウンセラーの態度

重要度 ✎✎　難易度 ★☆☆　チェック欄 □□□

カウンセラーの態度・姿勢に関する次の記述のうち、**最も適切なもの**はどれか。

1. クライエントの話に耳を傾けながら、次に何を質問すべきか、常に思いを巡らせておく。
2. クライエントに面接の枠組みに影響するようなルール違反がある場合には、制限を加えることもある。
3. クライエントが沈黙しているときは、すぐに沈黙を解消しなければならない。
4. クライエントの言葉を、キャリアコンサルタントの価値観でフィードバックする。

正答 2

1. ×：クライエントに対して無条件の肯定的関心を持つことを、受容的態度という。

2. ○：自己一致（純粋性や誠実な態度とも呼ばれる）の内容として適切である。ありのままの自分を受け入れていることである。

3. ×：クライエントの内的世界を共感的に理解して、それを相手に伝えることを、共感的理解という。

4. ×：クライエントの自己概念と経験が一致する方向へ援助することが、カウンセラーの役割である。

ロジャーズが提唱した来談者中心療法は、人間性アプローチや感情的アプローチとも呼ばれ、人には元来、自ら成長し、自己実現しようする力がある点に注目します。そのため、カウンセリングは非指示的で、カウンセラーではなく来談者主導のものとなります。

正答 2

1. ×：常に質問を考えていたら、じっくりとクライエントの声に耳を傾けることはできない。

2. ○：クライエントが面談時間を守らない、攻撃的な言動をとるなど、ルール違反がある場合には、面談に制限を加えることもありうる。

3. ×：沈黙にはいろいろな意味があり、自問自答や内省を深めている場合もあるため、すぐに解消すべきではなく、一定の時間、見守る姿勢も大切である。

4. ×：キャリアコンサルタントの価値観でフィードバックをすることは不適切である。クライエントがどのような気持ち、経験、価値観を持って発した言葉なのかを受けとめ、確認することが大切である。

Advice

クライエントとのラポールづくりは、カウンセリングの最初のステップであることはいうまでもありませんが、クライエントにも守るべきルールがあることは、念頭に置いておきましょう。

3-2 出題度

グループアプローチの技能

概ね毎回1問出題されています。グループアプローチの種類について、それぞれの特徴や提唱者を整理しておきましょう。

出題傾向と対策

これまでの試験で出題された主なテーマは次の通りです。

出題された主な資料やテーマ

- グループアプローチの種類と特徴
- ベーシック・エンカウンター・グループ
- ワークショップの手法
- 構成的グループ・エンカウンター
- グループアプローチの原則

■ 出題範囲表では

出題範囲表では、次のように表現しています。

① グループを活用したキャリアコンサルティングの意義、有効性、進め方の留意点等について理解し、それらを踏まえてグループアプローチを行うこと。
② 若者の職業意識の啓発や社会的・基礎的能力の習得支援、自己理解・仕事理解等を効果的に進めるためのグループアプローチを行うこと。

キャリアガイダンスやキャリアコンサルティングにおいても、その対象は個人に対して行う場合と、グループを対象として行う場合があります。

共通の目標や似た問題点を持つクライエント数人のグループを対象としたアプローチのことをグループアプローチといいます。

グループアプローチが効果を発揮するためには、グループアプローチの原則やルールを理解し、共有を図ることが大切です。

対策のポイント

- ベーシック・エンカウンター・グループの特徴の確認
- 構成的グループ・エンカウンターの特徴の確認
- レヴィンのTグループやモレノのサイコドラマの特徴の確認
- グループアプローチの原則（ルール）の理解
- ワークショップの手法に関する知識

「構成的」というのは「条件や場面設定をしている」という意味で、**エクササイズ**を介して行うことを特徴としています。それに対して、「ベーシック（非構成的）」なグループアプローチは、エクササイズなどを設けない**フリートーク**が中心です。

ベーシック・エンカウンター・グループはロジャーズが創始し、構成的グループ・エンカウンターは國分康孝がベーシック・エンカウンター・グループを基礎として創始しました。

また、レヴィンのTグループやモレノのサイコドラマ（心理劇）もたびたび出題されています。

見ておきたい資料や参考書

- 『キャリアコンサルティング理論と実際 6訂版』（一般社団法人雇用問題研究会）
- 「職業相談場面におけるキャリア理論及びカウンセリング理論の活用・普及に関する文献調査」（独立行政法人労働政策研究・研修機構）

種類と特徴

重要度 ✎✎✎　難易度 ★★☆　チェック欄 □□□

グループアプローチに関する次の記述のうち、最も適切なものはどれか。

1. レヴィンが提唱したサイコドラマは、心理劇とも呼ばれ、クライエントが抱える問題を、演技を通じて理解を深めて解決を目指す集団心理療法である。
2. パールズが集団心理療法の手法として開発したベーシック・エンカウンター・グループは、事前に用意されたエクササイズなどはなく、フリートークが主体となる。
3. モレノが提唱したTグループは、10 名前後のメンバーが車座になり 90 分ほど自由に話し合う中で、気づきを得て人間的成長を得るための学習方法である。
4. 國分康孝が創始した構成的グループ・エンカウンターは、エクササイズにより自己開示が促進され、シェアリングによって認知の拡大や修正がなされる。

構成的グループ・エンカウンター

重要度 ✎✎　難易度 ★★☆　チェック欄 □□□

構成的グループ・エンカウンターに関する次の記述のうち、最も不適切なものはどれか。

1. インストラクションでは、メンバーの先入観を防ぐために、ねらいや目的の説明は行わない。
2. メンバーがエクササイズを介して自己開示する。
3. シェアリングによって、メンバーは各人の固有性を共有し、共感的理解により受容的態度を育てることができる。
4. リーダーは、メンバーが自分で自分の権利を守れない場合などには、必要に応じて介入を行う。

正答 4

1. ×：サイコドラマを提唱したのは、モレノである。文章の内容はサイコドラマの内容として適切である。

2. ×：ベーシック・エンカウンター・グループを開発したのは来談者中心療法でお馴染みのロジャーズである。選択肢に登場するパールズはゲシュタルト療法を提唱した人物である。

3. ×：Tグループを提唱したのは、レヴィンである。文章の内容はTグループの内容として適切である。

4. ○：構成的グループ・エンカウンターの内容として適切である。

グループアプローチでは、理論家としては、ロジャーズ、國分康孝、レヴィン、モレノが出題されています。それぞれの特徴を確認しておきましょう。ベーシック・エンカウンター・グループのベーシックは「非構成的」とおさえておきましょう。

正答 1

1. ×：インストラクションでは、エクササイズのねらいや留意点などを丁寧に説明する。ルールを徹底させたり、デモンストレーション（実演）をすることもある。

2. ○：メンバーがエクササイズを介して自己開示する。

3. ○：シェアリングでは、エクササイズを通じて感じたことや気づいたことを共有する。

4. ○：自分で自分の権利を守れないというのは、例えば、沈黙をしたいといった権利を守れない場合などである。ほかに、ルールが守られていない場合などにも介入が行われる。

國分康孝が創始した構成的グループ・エンカウンターの内容に関する出題です。リーダーやメンバーの役割について確認しましょう。「構成的」というのは、エクササイズなどのプログラムがあるものと捉えましょう。

グループアプローチの原則

重要度 ✎✎ 難易度 ★☆☆ チェック欄 □□□

グループアプローチが効果をあげるための機能に関する次の記述のうち、最も適切なものはどれか。

1. グループ・メンバーは、それぞれで目標を決めるため、共通の目標を共有することはない。

2. グループ・メンバーがありのままでいられるよう、行動を規定する基準などを設けることはない。

3. グループ・メンバーには一連の役割があり、その役割に従い、特定の機能が実行される。

4. グループ・メンバーは、それぞれの個人的特徴を発揮し合うことはない。

混合問題

重要度 ✎✎ 難易度 ★★☆ チェック欄 □□□

グループアプローチやワークショップに関する次の記述のうち、最も不適切なものはどれか。

1. ベーシック・エンカウンター・グループは、ロジャーズが開発したパーソンセンタード・アプローチの代表的なプログラムである。
2. 小グループで話し合い、一定時間後に一人を除いてグループを移動し、残った一人から説明を受けたのち、再び対話を行うことを繰り返し、最終的にグループの一人がまとめを報告して、アイデアの共有を図る方法をワールドカフェという。
3. セルフヘルプ・グループは、同じ悩みや問題を抱えた人々が集まり、相互に援助し合うことを通じて自己の回復を図るグループである。
4. グループアプローチは、健康な人だけを対象に行われる。

正答 3

1. ×：それぞれに目標があったとしても、それをグループ・メンバーが共通の目標としていることが大切である。

2. ×：グループ・メンバーには行動を規定する基準（norms）が必要である。

3. ○：グループ・メンバーには役割（roles）が設定され、その機能が実行される。

4. ×：グループ・メンバーは、各自の個人的特徴（interpersonal attraction）を発揮し合う。

グループアプローチは、カウンセラーが一方的な支援をするものではなく、参加者相互の意見や情報を交換することにより、各人の問題解決に役立つことを目的に行われるグループ活動です。そこには役割やルールというものがやはり必要になります。

正答 4

1. ○：エンカウンターとは出会いのことをいう。また、パーソンセンタード・アプローチは来談者中心療法のことである。

2. ○：ワークショップで用いられることがある、ワールドカフェの内容として適切である。

3. ○：セルフヘルプ・グループ（自助グループ）の内容として適切である。がんや、アルコール依存症を抱えた人たちや、犯罪の被害者のためのグループなどがある。

4. ×：グループアプローチは、認知行動療法や集団精神療法などに活用される場合もあり、健康な人だけを対象に行われるわけではない。

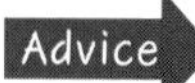

ワークショップの方法については、以前には賛成反対に分かれて討論を行うディベート、アイデアを出し合うブレーンライティング、グループの合意形成を目的とするコンセンサスゲームがワールドカフェと併せて出題されたことがあります。

3-3, 3-4 出題度

キャリアシートの作成指導及び活用の技能／相談過程全体の進行の管理に関する技能

問36前後から、概ね1問ずつ出題されていますが、相談過程全体の進行の管理に関する技能については、出題がない場合もあります。ジョブ・カード（マイジョブ・カード）は対策必須です。

出題傾向と対策

これまでの試験で出題された主なテーマは次の通りです。

出題された主な資料やテーマ

- ジョブ・カード制度（マイジョブ・カード）
- 応募書類の作成
- 相談過程全体の進行管理に関する用語

ジョブ・カードについては、概ね毎回出題されると思っていてよいでしょう。

■ 出題範囲表では

出題範囲表では、「キャリアシートの作成指導及び活用の技能」について、次のように表現しています。

① キャリアシートの意義、記入方法、記入に当たっての留意事項等の十分な理解に基づき、相談者に対し説明するとともに適切な作成指導を行うこと。
② 職業能力開発機会に恵まれなかった求職者の自信の醸成等が図られるよう、ジョブ・カード等の作成支援や必要な情報提供を行うこと。

キャリアシートは、簡潔で相手にわかりやすいことはもちろん、自己PRのために相手に読ませる積極性も必要です。

また、「相談過程全体の進行の管理に関する技能」については、次のように表現しています。

> 相談者が抱える問題の把握を適切に行い、相談過程のどの段階にいるかを常に把握し、各段階に応じた支援方法を選択し、適切に相談を進行・管理すること。

コラボレーション（協働）、リファー（紹介）、コンサルテーション（照会）をしたり、第三者からの評価を受けるスーパービジョンを行うこともあります。

対策のポイント

- ジョブ・カード制度の内容の理解
- マイジョブ・カード（Webサイト）でできることの理解
- 相談過程全体の進行に関する用語の理解

マイジョブ・カード（Webサイト）に関する出題では、サイトでできること、できないことや、ジョブ・カードの書式などが問われることがありますから、サイト自体を一度じっくりと見ておきましょう。

ジョブ・カードの書式には、キャリア・プランシート（就業経験のある方、ない方用）、職務経歴シート、職業能力証明シートの3種類があります。

ジョブ・カードについては、これまでに出題され尽くされている印象があります。本書と過去問題などを使って、万全の対策をしておきましょう。

見ておきたい資料や参考書

- 「マイジョブ・カード」（厚生労働省）
- 『キャリアコンサルティング理論と実際 6訂版』（一般社団法人雇用問題研究会）

ジョブ・カード制度（マイジョブ・カード）

重要度 ✎✎ 難易度 ★★☆ チェック欄 □□□

ジョブ・カードに関する次の記述のうち、最も不適切なものはどれか。

1. ジョブ・カードとは、「生涯を通じたキャリア・プランニング」及び「職業能力証明」の機能を担うツールである。
2. ジョブ・カードは、在職中の労働者や求職者以外にも、学生の利用も想定している。
3. ジョブ・カードの様式は、大別するとキャリア・プランシートと職務経歴シートの２種類である。
4. キャリア・プランシートには、就業経験のある方用と、就業経験がない方用がある。

ジョブ・カード制度（マイジョブ・カード）

重要度 ✎✎ 難易度 ★★☆ チェック欄 □□□

マイジョブ・カードに関する次の記述のうち、最も適切なものはどれか。

1. マイジョブ・カードでは、仕事理解を支援するために約500種類の職業の職業情報を掲載している。
2. マイジョブ・カードでは、直接、求人情報の検索をすることができる。
3. マイジョブ・カードでは、在職労働者を対象に、ジョブ・カードを活用したキャリアコンサルティングを実施している。
4. マイジョブ・カードでは、自己理解や仕事理解に役立つスキルチェックやRIASECによる興味診断が利用できる。

正答 3

1. ○：就職や転職時だけではく、「生涯を通じたキャリア・プランニング」及び「職業能力証明」の機能を持ち、企業内での人材育成や人事評価での利用も想定している。

2. ○：学生にとっては、将来どのようなキャリアを目指し、そのために就職活動をどのように展開するかを考えるきっかけになる。また、就職活動の際の応募書類に活用することも可能である。

3. ×：ジョブ・カードの様式には、大別すると、キャリア・プランシート、職務経歴シート、職業能力証明シートの3種類がある。なお、職業能力証明シートには、「免許・資格」「学習歴・訓練歴」「訓練成果・実務成果」の３種類がある。

4. ○：キャリア・プランシートには就業経験のある方用、ない方（学卒者等）用がある。

ジョブ・カードの具体的な書式や記入例については、「マイジョブ・カード」で実際に内容を確認することができますので、見たことがない人は必ず確認しましょう。

正答 4

1. ×：仕事理解を支援するために約500種類の職業の職業情報を掲載しているのは、職業情報提供サイト（愛称：jobtag（じょぶたぐ））である。職業情報提供サイトでは、各職業の紹介動画が掲載されている。

2. ×：求人情報の検索をすることはできない。それができるのは、ハローワークインターネットサービスである。

3. ×：在職労働者を対象にジョブ・カードを活用したキャリアコンサルティングを実施しているのは、キャリア形成・リスキリング支援センター及びキャリア形成・リスキリング相談コーナーである。

4. ○：スキルチェックや、RIASECによる興味診断、価値観診断などがある。(2024年7月現在)

Advice

サイト内で利用できる内容については、過去にも出題があり、移動時間やスキマ時間に、実際に利用できること、見ることができる情報などを確認しておきましょう。

応募書類の作成

重要度 ✎✎ 難易度 ★☆☆ チェック欄 □□□

「職務経歴書」の作成を支援する際の助言に関する次の記述のうち、**最も適切なもの**はどれか。

1. 熱意や意欲を伝えるため、最低でもA4用紙6枚以上は作成することを助言した。
2. 地域活動や余暇活動、趣味等については、職務と関連するものであっても記載しない方がよい。
3. 過去の実績や事実に基づいて分析し、キャリアコンサルタントが記入する。
4. レイアウトにも十分配慮し、必要であれば図表等も入れる。

相談過程全体の進行の管理に関する技能

重要度 ✎✎ 難易度 ★☆☆ チェック欄 □□□

相談過程における支援に関する次の記述のうち、**最も適切なもの**はどれか。

1. インテーク面談では、詳しい話を聞く前に、まずインフォームド・コンセントを行い、守秘義務などを説明し、同意を得ることが重要である。
2. コラボレーションとは、複数の専門家が役割を分担し、それぞれが独立して課題解決に取り組むことをいう。
3. 自らの技量を超える専門性が必要な時に、他の専門家への相談を勧めることを、コンサルテーションという。
4. 目的を達成するため、各専門家が連携して、支援の内容を調整することを、スーパービジョンという。

正答 4

1. ×：わかりやすく、簡潔、明解であることが大切で、A4、横書き、1～2枚程度が基本である。

2. ×：職務と関連するような地域活動や余暇活動、趣味等はむしろ記載する。

3. ×：求職者（クライエント）自らが記載し、保管などの管理を行う。

4. ○：なるべくわかりやすく、読みやすく、自己を表現する。

応募書類の記載については、主要参考書では、『キャリアコンサルティング理論と実際 6訂版』のP158にも記述があり、過去にも出題があります。応募書類には求められる目的に応じて、一般的な書き方のマナーに加え、人に読んでもらうための積極性や工夫も必要です。

正答 1

1. ○：インテーク面談は初回の面談のことで、受理面談ともいう。インフォームド・コンセントとは、「説明と同意」のことであり、キャリアコンサルティングにおいては、守秘義務や個人情報の保護、目的や業務の範囲などについて説明を行い、同意を得ることである。

2. ×：コラボレーションは、「協働」のことであり、それぞれが独立して課題解決に取り組むことではない。

3. ×：これはリファー（紹介）である。コンサルテーションは、他の専門家に照会（相談）することをいう。

4. ×：文章はコーディネーションの内容である。スーパービジョンは第三者の指導者から、キャリアコンサルティングの実践内容について、評価や教育を受けることをいう。

相談過程全体の進行管理で登場する用語に関する問題です。知らない用語があれば確認しておきましょう。

3-5 出題度

相談場面の設定

問39前後で、1問もしくは出題がない回もありますが、クライエントとのラポールを構築し、カウンセリングをスムーズに進めていくためには大切なプロセスです。

出題傾向と対策

これまでの試験で出題された主なテーマは次の通りです。

出題された主な資料やテーマ

- キャリアコンサルタントの態度（ラポールの構築など）
- キャリアコンサルティングのプロセス

この出題範囲からの出題は、大別すると、キャリアコンサルティングにおけるキャリアコンサルタントの態度に関するものと、キャリアコンサルティングのプロセスに関する内容が中心です。

出題範囲表では

出題範囲表では、次のように表現しています。

> ① 物理的環境の整備
> 相談を行うにふさわしい物理的な環境、相談者が安心して積極的に相談ができるような環境を設定すること 。

静かに落ち着いて話ができる場所で、プライバシーが守られる環境を構築することはもちろん、時間をお互いに守り、進行を妨げるような電話等を切っておくことも大切です。

> ②心理的な親和関係（ラポール）の形成
> 相談を行うに当たり、受容的な態度（挨拶、笑顔、アイコンタクト等）で接することにより、心理的な親和関係を相談者との間で確立すること。

クライエントが話しやすい雰囲気をつくるため、キャリアコンサルタント自身の話し方や表情、態度、姿勢に注意しましょう。

> ③キャリア形成及びキャリアコンサルティングに係る理解の促進
> 主体的なキャリア形成の必要性や、キャリアコンサルティングでの支援の範囲、最終的な意思決定は相談者自身が行うことであること等、キャリアコンサルティングの目的や前提を明確にすることの重要性について、相談者の理解を促すこと。

心理的な環境を整えるとともに、事前の説明やインフォームド・コンセントを行います。

> ④相談の目標、範囲等の明確化
> 相談者の相談内容、抱える問題、置かれた状況を傾聴や積極的関わり技法等により把握・整理し、当該相談の到達目標、相談を行う範囲、相談の緊要度等について、相談者との間に具体的な合意を得ること。

クライエントの同意を得ながら進行していくことを意識しましょう。

対策のポイント

- **面談の初期から終結にかけてのラポール（リレーション）づくりの重要性を理解する。**
- **クライエントに対しては、受容的態度、共感的理解、自己一致をもって接して、自己開示を促し、クライエントの自己決定権を尊重することが支援の基本姿勢であることを理解する。**

相談場面の設定（態度に関するもの）

重要度 ✎✎✎　難易度 ★☆☆　チェック欄 □□□

カウンセリングのオープニング(相談場面の設定)の際に、キャリアコンサルタントが留意すべき点に関する次の記述のうち、最も不適切なものはどれか。

1. 信頼関係を構築するため、温かなゆったりとした姿勢で向き合い、共感的な聴き手となり、集中して傾聴する。
2. 相談者の自己開示のためには、キャリアコンサルタントが「受容的態度」「共感的理解」「自己一致または純粋性」の基本的態度を持つことが重要である。
3. 相談者との親和関係を確立するためには、キャリアコンサルタント自身が、話し方、表情、態度、姿勢などに留意する必要がある。
4. 相談者がキャリアコンサルタントに対して依存的な態度を持っている場合は、キャリアコンサルタントによる指示的な関係づくりが重要である。

相談場面の設定（プロセスに関するもの）

重要度 ✎✎　難易度 ★☆☆　チェック欄 □□□

キャリアコンサルティングの相談場面の設定に関する次の記述のうち、最も適切なものはどれか。

1. 50分～60分程度の面談を複数回繰り返すよりも、数時間に及ぶ長時間の面談を一度行う方が、相談者の自己理解の点でも好ましい。
2. 面談時間が限られている場合には、相談者の内省感情に触れることなく、問題解決の方法を検討するのが好ましい。
3. 企業からの依頼で従業員に対して行うキャリアコンサルティングでは、面談のはじめに、相談内容を全て使用者に開示することを説明してから面談を開始する。
4. キャリアコンサルティングの到達目標や相談の範囲は、相談者の同意を得ながら進行する。

正答 4

1. ○：相談者との信頼関係構築と相談者を知るための傾聴の姿勢、態度として適切である。

2. ○：ロジャーズが唱えた、来談者中心療法の基本的態度の３つの条件である。相談者のありのままの自己開示のために有効な姿勢である。

3. ○：非言語的な表情や態度にも、言語的な表現と同様に留意する必要がある。

4. ×：相談者との関係は、相談者が依存的な態度だからといって、指示的ではなく、非指示的であるべきであり、指示ではなく「支持」的な関係づくりを行う。

キャリアコンサルタントに必要な基本的態度は、ロジャーズが唱える「受容的態度」「共感的理解」「自己一致または純粋性」の３つの条件といえます。それは、言語的なもののみならず、非言語的にも表れます。

正答 4

1. ×：長時間の面談を一度行うよりも、50分～60分程度の面談を複数回繰り返した方が、面談終了から次の回までの相談者の自己理解や内省も深まるため好ましい。

2. ×：面談時間が限られている場合であっても、問題解決の方法の検討を急ぐのではなく、相談者の内省感情に触れ、相談者に寄り添う姿勢が大切である。

3. ×：「キャリアコンサルタント倫理綱領」の第5条（守秘義務）と、第11条（相談者との関係）の点から不適切である。相談者に対する支援だけでは解決できない場合や、相談者と組織との利益相反等を発見した場合には、相談者の了解を得て職務を遂行する。

4. ○：相談者の同意を得ながら進行し、カウンセリングプロセスの段階を常に把握し、適切な面談を行う。

「時間が限られている」といって、相談者の内面に触れることなく問題解決の方法の検討を前面に出した面談を行うのは適切ではなく、あくまで相談者に寄り添い、表情や声の調子などにも注目し、悩みや問題点が何なのかをつかむ姿勢が大切です。

3-6 出題度

自己理解の支援

問40前後で、1~2問程度出題されています。アセスメントツールが苦手という声が聞こえてきますが、中でも特に出題が多いものは2つです。メリハリをつけて対策をしましょう。

出題傾向と対策

これまでの試験で出題された主なテーマは次の通りです。

出題された主な資料やテーマ

- アセスメントツール
- 検査の注意点
- 自己理解に関する理論や用語

2問のうち、1問はアセスメントツールの出題であることが多く、もう1問は検査の注意点や自己理解に関する理論や用語に関する出題の組み合わせが多いです。

■ 出題範囲表では

出題範囲表では、次のように表現しています。

> ① 自己理解への支援
> キャリアコンサルティングにおける自己理解の重要性及び自己理解を深めるための視点や手法等についての体系的で十分な理解に基づき、職業興味や価値観等の明確化、キャリアシート等を活用した職業経験の棚卸し、職業能力の確認、個人を取り巻く環境の分析等により、相談者自身が自己理解を深めることを支援すること。

「自己理解」は、職業選択の第一歩となる貴重なステップです。

> ②アセスメント・スキル
> 面接、観察、職業適性検査を含む心理検査等のアセスメントの種類、目的、特徴、主な対象、実施方法、評価方法、実施上の留意点等についての理解に基づき、年齢、相談内容、ニーズ等、相談者に応じて適切な時期に適切な職業適性検査等の心理検査を選択・実施し、その結果の解釈を適正に行うとともに、心理検査の限界も含めて相談者自身が理解するよう支援すること。

上記のように、クライエントにとって適切な検査（アセスメント）を使用し、その結果の適切な解釈を行い、また、検査の結果を過信しないようにすることも大切です。

対策のポイント

- **各アセスメントツールの目的、特徴、対象者の確認**
- **検査の限界や注意点の理解**
- **自己理解に関する理論や用語の理解**

これまでに出題された、自己理解のためのアセスメントツールの種類は、全7種類で、職業理解のためのキャリアガイダンスツールを含めても全11種類です。

中でも特によく出題されているのは、厚生労働省編一般職業適性検査（GATB）と職業レディネス・テスト（VRT）です。

出題ランキングを巻頭に掲載しましたので、学習のメリハリづけにご活用下さい。また、アセスメントツールは実際に体験してみるのが最もよいのですが、試験までにそれらを体験することは、なかなかできません。独立行政法人労働政策研究・研修機構のサイト（https://www.jil.go.jp/）では、主要なアセスメントツールの説明がありますので、参照してみて下さい。

見ておきたい資料や参考書

- **「独立行政法人労働政策研究・研修機構」のサイト**
- **『キャリアコンサルティング理論と実際 6訂版』（一般社団法人雇用問題研究会）**

自己理解

重要度 ／／／　難易度 ★☆☆　チェック欄 □□□

自己理解に関する次の記述のうち、最も不適切なものはどれか。

1. 自分を描写する言葉や内容は、他人からも自分と同じように理解してもらえる客観的な表現が必要である。

2. 自分自身を理解することが、キャリア選択の第一歩である。

3. 自己理解においては、高校生や大学生などの望ましい職業選択のため、シャインの提唱した、8つの「キャリア・アンカー」のどれに自分が該当するのかを吟味させるのがよい。

4. 自己理解は自己の個性について知るだけでなく、自己と環境との関係について知ることも含まれる。

アセスメントツール

重要度 ／／／　難易度 ★★☆　チェック欄 □□□

心理検査とその内容に関する次の記述のうち、最も適切なものはどれか。

1. VPI職業興味検査は、6つの興味領域と8つの傾向尺度をプロフィールで表示する。

2. 職業レディネス・テストは、6つの興味領域に対する興味と自信度をプロフィールで表示し、対情報、対人、対物の基礎的志向性も測定することができる。

3. クレペリン検査は、バーンにより提唱された交流分析理論に基づいて、性格特性と行動パターンを測定することができる。

4. 厚生労働省編一般職業適性検査（GATB）では、紙筆検査と器具検査により、6つの適性能を測定することができる。

正答 3

1. ○：自分にしか通じない言葉で表現するのではなく、他人にも自分と同じように理解してもらえるように表現する。

2. ○：職業や仕事の理解も大切であるが、まずは自己理解を深めることがキャリア選択の第一歩である。

3. ×：シャインのキャリア・アンカーは、組織における、いわば自分の所在地とする錨（いかり）であり、組織での仕事経験のない高校生や大学生にそれを求めることは難しい。

4. ○：企業などの組織内での自己の状況や役割などを知ることが自己理解を深める。

自己理解は自らのあるがままを知ることであり、就職や転職後も客観的な自己理解をしていることが、キャリア構築や職業的発達に役立ちます。なお、シャインのキャリア・アンカーはある程度の職業経験をした上で明らかになるものと捉えておきましょう。

正答 2

1. ×：VPI職業興味検査は、６つの興味領域と5つの傾向尺度をプロフィールで表示する。5つの傾向尺度には、自己統制、男性-女性、地位志向、稀有反応、黙従反応がある。

2. ○：職業レディネス・テストでは、ホランド理論に基づく6つの興味領域の興味の程度と自信度や、基礎的志向性を測定することができる。

3. ×：選択肢の内容は東大式エゴグラムの内容である。クレペリン検査は、作業検査法の1つであり、能力面の特徴や性格・行動面の特徴を測定するものである。

4. ×：厚生労働省編一般職業適性検査（GATB）では、紙筆検査と器具検査により、9つの適性能を測定することができる。9つの適性能には、知的能力、言語能力、数理能力、書記的知覚、空間判断力、形態知覚、運動共応、指先の器用さ、手腕の器用さがある。

自己理解のためのアセスメントツールの内容については、独立行政法人労働政策研究・研修機構のサイトなどでよく確認をしておきましょう。また、検査の対象や目的、検査によりわかる内容を一度じっくりと整理しましょう。

アセスメントツール

重要度 ✎✎✎　難易度 ★★★　チェック欄 □ □ □

厚生労働省編 一般職業適性検査［進路指導・職業指導用］（GATB）に関する次の記述のうち、最も不適切なものはどれか。

1. 紙筆検査では、手腕と指先の器用さを測定することはできない。
2. 事業所等における採用選考、適材配置、能力開発などにも有効に活用できる。
3. 11種類の紙筆検査、４種類の器具検査から、９つの適性能が測定される。
4. 適性職業群との照合結果は、H、m、Lの３分方式で評価され表示される。

検査の注意点

重要度 ✎✎　難易度 ★☆☆　チェック欄 □ □ □

自己理解の支援のための心理検査を用いる際の注意点に関する次の記述のうち、最も不適切なものはどれか。

1. 検査の実施の目的や対象に応じて、妥当性と信頼性の高い検査を選定する。
2. 結果の解釈は対象者の1つの側面を表しているにすぎず、拡大解釈をしてはならない。
3. 対象者にあらかじめ検査の内容を説明すると、回答の際にバイアスがかかるおそれがあるため、実施の方法以外の説明は行わない。
4. 対象者に対して結果のフィードバックを行い、相談者の自己理解を促す。

正答 2

1. ○：手先の器用さは器具検査によって測定する。

2. ×：採用選考や適材適所の配置などに有効に活用できるのは、［進路指導・職業指導用］ではなく、［事業所用］である。

3. ○：これらの検査により、幅広く適職を吟味することができる。

4. ○：かつては、合格、不合格の２分方式であったが、今後の努力や可能性を考慮して、H（基準を満たしている）、m（基準をほぼ満たしている）、L（基準を満たしていない）の３分方式となっている。

厚生労働省編 一般職業適性検査（GATB）は職業レディネス・テストと並び、非常によく出題されるアセスメントツールです。11種類の紙筆検査と4種類の器具検査により、9の適性能を測定します。数字を押さえておきましょう。

正答 3

1. ○：妥当性は、その検査が何を測定するのか（目的に一致しているのか）を表し、信頼性とはそのテスト結果の正確性を表す。

2. ○：心理検査の結果を過信してはならない。

3. ×：対象者には、あらかじめ検査の目的や内容を伝え、十分な理解を得ることが必要である。

4. ○：フィードバックにより、対象者の自己理解の促進を図る。

心理検査の注意点については、これまでにも定期的に出題されています。ポイントとなるのは、適切なアセスメントツールの選択と、適切な使用、対象者への説明とフィードバックです。

3-7 出題度

仕事の理解の支援

問41前後で、概ね1～2問出題されています。職業情報に関する問題として、キャリアガイダンスツールや、職業の情報源、それを理解するための前提となる知識が問われます。

出題傾向と対策

これまでの試験で出題された主なテーマは次の通りです。

出題された主な資料やテーマ

- キャリアガイダンスツール
- インターネット上の情報媒体
- 職業情報の分析
- 職業分類

■ 出題範囲表では

出題範囲表では、次のように表現しています。

> ① キャリア形成における「仕事」は、職業だけでなく、ボランティア活動等の職業以外の活動を含むものであることの十分な理解に基づき、相談者がキャリア形成における仕事の理解を深めるための支援をすること。

ボランティア活動等も仕事の理解を深めるための啓発的経験であることは、過去にも出題があります。啓発的経験は次節の「自己啓発の支援」の内容ですが、ボランティア活動等もそれに含まれることを認識しておきましょう。

> ② インターネット上の情報媒体を含め、職業や労働市場に関する情報の収集、検索、活用方法等について相談者に対して助言すること。

インターネット上の情報媒体には、ハローワークインターネットサービスや、**職業情報提供サイト**（日本版O-NET、愛称jobtag）などが該当します。

また、厚生労働省編職業分類（2022年改定）や日本標準職業分類の内容に関しても問われていますので、注意が必要です。

> ③ 職務分析、職務、業務のフローや関係性、業務改善の手法、職務再設計、（企業方針、戦略から求められる）仕事上の期待や要請、責任についての理解に基づき、相談者が自身の現在及び近い将来の職務や役割の理解を深めるための支援をすること。

職業情報の分析には、**職務分析**や**職務調査**などがあり、その区別が難しいですが、この後の問題を通じて正しい理解をしましょう。

対策のポイント

- キャリアガイダンスツールの種類、特徴、内容の理解。
- ハローワークインターネットサービスや職業情報提供サイト（日本版O-NET）の内容を実際に確認する。
- 厚生労働省編職業分類と日本標準職業分類の違いを確認する。
- 職業情報の分析に関する正しい理解。

主なキャリアガイダンスツールには、OHBYカード、VRTカード、キャリア・インサイト、キャリアシミュレーションプログラムがあります。

見ておきたい資料や参考書

- ハローワークインターネットサービス

- 職業情報提供サイト（日本版O-NET）

- 職場情報総合サイト（しょくばらぼ）

- 独立行政法人労働政策研究・研修機構のサイト

- 『キャリアコンサルティング理論と実際 6訂版』（一般社団法人雇用問題研究会）

キャリアガイダンスツール

重要度 ✎✎✎　難易度 ★★★　チェック欄 □□□

仕事の理解の支援に用いることができるツールに関する次の記述のうち、最も不適切なものはどれか。

1. OHBYカードは、表面に職業の絵と写真、裏面にその職業の内容や、その仕事に適合する興味などが印刷されており、職業カードソート技法を行うために開発されたものである。
2. VRT カードは、表面には職業内容に関する短い説明が、裏面には表面の説明に対応した職業名に加え、ホランドの6領域と基礎的志向性の3分類に関する情報が書かれている。
3. キャリア・インサイトは、コンピュータによる総合的なキャリアガイダンスシステムで、若年者向けのMCと、就業経験のある35歳以上向けのECがある。
4. キャリアシミュレーションプログラムは、就業経験のない大学生等向けに開発された、就職後の就業イメージを伝えるためのグループワーク型のセミナー用教材である。

インターネット上の情報媒体

重要度 ✎✎　難易度 ★★☆　チェック欄 □□□

職業情報提供サイト（日本版O-NET）に関する次の記述のうち、最も不適切なものはどれか。

1. キャリアコンサルタント等の支援者向けの活用ガイドやツールがある。
2. 約500の職業について、仕事の概要や入職経路、労働条件の特徴、仕事能力プロフィール等を掲載している。
3. 人材採用要件整理や、人材活用シミュレーションの機能が提供されており、企業の人事担当者も利用者として想定されている。
4. 人材の配置や教育訓練に際して活用できる機能は提供していない。

正答 3

1. ○：48枚のカードにまとめられている。なお、職業カードソート技法とは、カードを分類するなどして、自らの興味や関心を知るとともに職業情報を得ることができる技法である。

2. ○：54枚のカードに書かれている仕事内容への興味や、その仕事を行うことへの自信を判断していくことで、興味の方向や自信の程度が簡単にわかる。

3. ×：ECはアーリーキャリアを表しており、18歳から34歳の若年者向け、MCはミッドキャリアを表しており、35歳から60歳代程度の職業経験のある方向けとなっている。

4. ○：就職後の職業生活のイメージを得るだけでなく、社会生活で予想される困難場面への関心を高め、その対応策についてグループワークを通じて考えを深めることができる。

キャリアガイダンスツールは、体感するのが最も理解が進むものの、試験までの時間も限られていますから、独立行政法人労働政策研究・研修機構等のホームページにて内容を確認しましょう。

正答 4

1. ○：キャリアコンサルタント等の支援者としての利用のため、職業興味検査や価値観検査や求職ガイド等、相談や支援の充実に活用することができる。

2. ○：職業検索・職業情報提供の機能では、さらに各職業の紹介動画（各90秒程度）も見ることができる。

3. ○：人材採用要件整理の機能では、求める人材の詳細なタスク・スキル等の情報を盛り込んだ職務要件シート（求人票）を作成することができる。

4. ×：人材活用シミュレーションの機能では、企業内の教育訓練・人材育成に際して、必要なスキル・知識等を明らかにすることができる。

職業情報提供サイト（日本版O-NET）は、ジョブ、タスク、スキル等の観点から職業情報を「見える化」し、就職活動のみならず、企業の採用活動や人材育成をも支援するサイトとして2020年に開設され、愛称としてjobtag（じょぶたぐ）と名づけられました。

職業情報

重要度 ✎✎ 難易度 ★★★ チェック欄 □ □ □

職業情報に関する次の記述のうち、最も適切なものはどれか。

1. 職務調査は、職務の作業内容と職務遂行要件を調査し、職務記述書を作成する。

2. 職務分析により職務等級制度を策定し、職務調査により職能資格制度を策定する。

3. 職務分析は、あるべき人材像を把握することに重点をおいて調査する。

4. 職務分析では、能力が変われば賃金が変わる「職能給」の、職務調査では仕事が変われば賃金が変わる「職務給」の考え方に合うとされる。

職業分類

重要度 ✎ 難易度 ★★☆ チェック欄 □ □ □

職業分類に関する次の記述のうち、最も適切なものはどれか。

1. 日本標準職業分類は、総務省が作成し、大分類、中分類、小分類、細分類の4階層に職業を分類している。

2. 厚生労働省編職業分類は、日本標準職業分類とは関係なく、求人・求職のマッチングをより円滑にする観点から、2022年に改定された。

3. 日本標準職業分類は総務省が統計調査に用いるために作成しており、厚生労働省編職業分類は、厚生労働省が職業紹介などに用いるために作成している。

4. 日本標準産業分類は、財やサービスを提供している事業所を「都道府県別」に分類している。

正答 2

1. ×：職務の作業内容と職務遂行要件を調査、分析して職務記述書を作成するのは、職務分析である。

2. ○：職務分析はジョブを細かく調査することにより、職務等級制度と親和性が高く、職務調査は、あるべき人間像を調査することから、職能資格制度と親和性が高い。

3. ×：あるべき人材像を把握することに重点をおいて調査するのは、職務調査である。

4. ×：逆である。職務分析では「職務給」の、職務調査では「職能給」の考え方に合うとされる。

職務調査は、職務について広く捉え、職務分析は狭い捉え方をします。職務調査は職能要件書を作成し、職能資格制度と相性がよく、職務分析は職務記述書（ジョブ・ディスクリプション）を作成し、ジョブ型雇用や職務等級制度と相性がよいといえるでしょう。

正答 3

1. ×：大分類、中分類、小分類の3階層に職業を分類している。

2. ×：厚生労働省編職業分類の改定は、日本標準職業分類に対応させつつ、求人・求職のマッチングをより円滑に行えるようにするという観点から行われた。改定により細分類が原則廃止され、大分類、中分類、小分類の3階層となった。

3. ○：日本標準職業分類は、国際労働機関（ILO）の国際標準職業分類と整合性がある。また、ハローワークの職業紹介では、厚生労働省編職業分類が主に用いられる。

4. ×：財やサービスを提供している事業所を「経済活動別」に分類している。

日本標準職業分類と厚生労働省編職業分類の比較では、誰が主に何の目的で作成しているのかに注目しましょう。なお、厚生労働省編職業分類は2022年に改定され、以前の細分類は、原則として廃止されました。

3-8, 3-9 出題度

自己啓発の支援／意思決定の支援

問43前後で、1問ずつか、どちらかのみ1問が出題されています。特に啓発的経験の種類に関する内容が頻出です。よく確認をしておきましょう。

出題傾向と対策

これまでの試験で出題された主なテーマは次の通りです。

出題された主な資料やテーマ

・啓発的経験の種類
・意思決定の支援（特に目標設定のステップ）

■ 出題範囲表では

出題範囲表では、「自己啓発の支援」について次のように表現しています。

① インターンシップ、職場見学、トライアル雇用等により職業を体験してみることの意義や目的について相談者自らが理解できるように支援し、その実行について助言すること。
② 相談者が啓発的経験を自身の働く意味・意義の理解や職業選択の材料とすることができるように助言すること。

②にある、自身の働く意味や意義を理解したり、職業選択に役立つ経験をすることを、啓発的経験と位置づけています。

啓発的経験には、インターンシップ、職場見学、トライアル雇用のほか、ボランティア活動や学生時代のアルバイトなども含みます。

また、「意思決定の支援」について、次のように表現しています。

> ①キャリア・プランの作成支援
> 自己理解、仕事理解及び啓発的経験をもとに、職業だけでなくどのような人生を送るのかという観点や、自身と家族の基本的生活設計の観点等のライフプランを踏まえ、相談者の中高年齢期をも展望した中長期的なキャリア・プランの作成を支援すること。

当然のことながら、いきなり目標などの意思決定をするのではなく、それまでの自己理解や仕事（職業）理解、啓発的経験などをもとに意思決定を行います。

> ②具体的な目標設定への支援
> 相談者のキャリア・プランをもとにした中長期的な目標や展望の設定と、それを踏まえた短期的な目標の設定を支援すること。
> ③能力開発に関する支援
> 相談者の設定目標を達成するために必要な自己学習や職業訓練等の能力開発に関する情報を提供するとともに、相談者自身が目標設定に即した能力開発に対する動機付けを高め、主体的に実行するためのプランの作成及びその継続的見直しについて支援すること。

具体的な目標は、クライエントとキャリアコンサルタントの共同作業により設定します。

対策のポイント

- 啓発的経験の意義と種類の理解
- 意思決定の支援におけるキャリアコンサルタントの基本姿勢と目標設定のステップ

見ておきたい資料や参考書

- 『キャリアコンサルティング理論と実際 6訂版』（一般社団法人雇用問題研究会）

自己啓発の支援

重要度 ✎✎ 難易度 ★☆☆ チェック欄 □ □ □

啓発的経験の支援に関する次の記述のうち、最も適切なものはどれか。

1. 大学で単位認定されるインターンシップは、啓発的経験に含まれない。
2. 職場見学は見学するのみであるため、啓発的経験に含まれない。
3. トライアル雇用は、啓発的経験に含まれない。
4. 学生のパートやアルバイト、ボランティア活動は、原則として啓発的経験に含まれる。

意思決定の支援

重要度 ✎✎✎ 難易度 ★☆☆ チェック欄 □ □ □

意思決定に関する次の記述のうち、最も適切なものはどれか。

1. 意思決定において、クライエントは受動的な役割を果たす。
2. 意思決定には必ず不確実性が伴うため、意思決定には完璧性を求める。
3. 意思決定において、決定すべき内容とともにタイミングが重要である。
4. 最終決定の前には、選択肢のデメリットのみを検討する。

正答 4

1. ×：インターンシップは、啓発的経験に含まれる。

2. ×：職場見学は、啓発的経験に含まれる。

3. ×：トライアル雇用は、啓発的経験に含まれる。

4. ○：学生のパートやアルバイトやボランティア活動は、原則として啓発的経験に含まれる。働く意味や意義を理解したり、職業選択に役立つ経験のことを啓発的経験という。

本問の根拠は、出題範囲表である「キャリアコンサルタント試験の試験科目及びその範囲並びにその細目」に見出すことができます。「自身の働く意味・意義の理解や職業選択の材料とすることができる」機会を啓発的経験に該当するものとして捉えましょう。

正答 3

1. ×：意思決定において、クライエントは受動的ではなく積極的な役割を果たす。

2. ×：意思決定には必ず不確実性が伴うため、完璧性を求めるのではなく、複数の可能性を見出すことが大切である。

3. ○：意思決定のタイミングは、内容と同様に重要である。

4. ×：最終決定の前には、それぞれの選択肢のメリットとデメリットを比較検討する。

意思決定の支援については、『キャリアコンサルティング理論と実際 6訂版』のP387の内容がよく出題されています。また、自己決定権の尊重は、「キャリアコンサルタント倫理綱領」第10条にも明記されています。

3-10, 3-11, 3-12

出題度 

方策の実行の支援／新たな仕事への適応の支援／相談過程の総括

問44前後から、合わせて3問前後が出題されることが多く、「方策の実行の支援」と「相談過程の総括」は1問から2問、「新たな仕事への適応の支援」は1問または出題なしの場合があります。

出題傾向と対策

これまでの試験で出題された主なテーマは次の通りです。

出題された主な資料やテーマ

- 方策の実行の支援
- 新たな仕事への適応の支援（フォローアップ）
- 相談過程の総括

解きやすい問題が多く、必ず得点したい問題ゾーンといえます。具体的な対策としては、主要参考書からの出題もあるものの、出題範囲表の内容がそのまま役立ちますので、一読しておきましょう。

■ 出題範囲表では

出題範囲表では、「方策の実行の支援」について、次のように表現しています。

①相談者に対する動機づけ
相談者が実行する方策（進路・職業の選択、就職、転職、職業訓練の受講等）について、その目標、意義の理解を促し、相談者が自らの意思で取り組んでいけるように働きかけること。
②方策の実行のマネジメント
相談者が実行する方策の進捗状況を把握し、相談者に対して現在の状況を理解させるとともに、今後の進め方や見直し等について、適切な助言をすること。

また、「新たな仕事への適応の支援」について、次のように表現しています。

①方策の実行後におけるフォローアップも、相談者の成長を支援するために重要であることを十分に理解し、相談者の状況に応じた適切なフォローアップを行うこと。

そして、「相談過程の総括」について、次のように表現しています。

①適正な時期における相談の終了
キャリアコンサルティングの成果や目標達成具合を勘案し、適正だと判断できる時点において、相談を終了することを相談者に伝えて納得を得た上で相談を終了すること。
②相談過程の評価
相談者自身が目標の達成度や能力の発揮度について自己評価できるように支援すること、またキャリアコンサルタント自身が相談支援の過程と結果について自己評価すること。

相談過程の評価の基準の源には、キャリアコンサルタント自身の反省と学習、クライエント自身の受け止め方、スーパーバイザー等の第三者の３つがあります。

「相談過程の総括」では、新たな問題が発生し自信がないため直ちにカウンセリングを終了した、などといったありえない対応なども、時折出題されます。迷うことなく、支援の基本姿勢からアプローチしましょう。

見ておきたい資料や参考書

・『キャリアコンサルティング理論と実際 6訂版』（一般社団法人雇用問題研究会）

方策の実行の支援

重要度 ///　難易度 ★☆☆　チェック欄 □□□

キャリアコンサルティングにおける方策の決定や実行に関する次の記述のうち、最も不適切なものはどれか。

1. 可能性のある方策をいくつか考え、そのメリット、デメリットを比較検討し、最も目標を実現できるものを一つ選ぶ。
2. クライエント自らの意思で目標に取り組めるよう、カウンセラーからの働きかけは極力控える。
3. 方策実行のプロセスをクライエントに説明する。
4. 具体的な行動計画を入念に検討したか、それは実行可能なものかをクライエントに確認しておくことが大切である。

方策の実行の支援

重要度 ///　難易度 ★★☆　チェック欄 □□□

キャリア面談における目標の設定に関する次の記述のうち、最も適切なものはどれか。

1. 目標達成のため、カウンセラーは、クライエントのための全てのことをしなければならない。
2. 目標は曖昧なままでも、それが到達可能であるときに、一般的には人を最も動機づけるとされている。
3. 目標はあくまで固定的であるものであり、変更は不可能である。
4. 目標設定は、カウンセリングの進展を客観的に測定、評価するのに役立つ。

正答 2

1. ○：方策を実行するためのプロセスとして適切である。
2. ×：目標や意義を確認し、具体的な行動について働きかけを行うことはありうるし、進捗状況を把握し、クライエントに現在の状況を把握させることも大切である。
3. ○：方策を実行するためのプロセスとして適切である。
4. ○：方策決定のプロセスとして必要である。

方策の決定と実行に関するプロセスは、カウンセリング全体の中でも、目標達成に直結する大変重要なプロセスですから、クライエントとの齟齬が生じないよう、丁寧に進める必要があります。

正答 4

1. ×：カウンセラーは万能ではなく、クライエントを支援するのに相応しくないときは、他のカウンセラーなどにリファーすべきである。
2. ×：一般的には、目標は明確に宣言され、かつ、到達可能である場合に人を最も動機づける。
3. ×：目標は固定的なものではなく、変更可能なものである。
4. ○：適切である。また、目標を設定することにより、カウンセリングを合理的に進めることができる。

相談者に対する動機づけとして、目標設定はとても大切です。クライエントとの共有する目標があることは、カウンセリングの進捗や終結の評価に不可欠といえるでしょう。

新たな仕事への適応

重要度 ✎✎✎　難易度 ★☆☆　チェック欄 □□□

新たな仕事への適応支援に関する次の記述のうち、**最も不適切なもの**はどれか。

1. これまでに行ってきた面談内容をクライエントとともに評価し、終了するが、将来必要があればカウンセリングに応じることを伝える。
2. 新しい仕事に就いた際に予測できる問題があれば、内容を確認し、対策を用意するなど、事前に備えることができるよう支援する。
3. クライエントが入社後にリアリティ・ショックを感じている様子が見て取れる場合には、自らの力で乗り越えられるよう距離を置く。
4. 職業生活と私生活での満足を相互に高め合うことにより、心が豊かになり仕事でも創造的成果が期待できる。

相談過程の総括

重要度 ✎✎✎　難易度 ★☆☆　チェック欄 □□□

面談の終結に関する次の記述のうち、**最も適切なもの**はどれか。

1. キャリアコンサルティングの成果や目標達成具合を勘案して、適正だと判断できる時点で相談を終了することを伝えた。
2. キャリアコンサルタント自身が相談支援の過程と結果について自己評価をする必要はない。
3. クライエントの行動が実際に変わったかという事実よりも、クライエント本人が成長したと思う感情の変化に焦点を当てて評価する。
4. クライエントの同意がないままに、カウンセリングを終了した。

正答 3

1. ○：将来必要があれば応じることを伝えることは適切である。
2. ○：支援の基本姿勢として適切である。
3. ×：様子が見て取れるのであればなおさら、距離を置くのではなく、声をかけ、寄り添うことが大切である。リアリティ・ショックとは、入社前の理想や職場イメージと入社後の現実とのギャップに衝撃を受け、悩むことであり離職につながることもある。
4. ○：仕事と生活の調和（ワーク・ライフ・バランス）やウェルビーイングの内容であり、適切である。

クライエントの心に寄り添うことがキャリアコンサルタントの支援の基本姿勢といえますが、時折、このようにクライエントを突き放したように感じられる選択肢が登場します。迷わずに解答しましょう。

正答 1

1. ○：適正な時期の判断と相談が必要となる。この後、クライエントの同意があれば、面談は終結へと向かうことになる。
2. ×：キャリアコンサルタント自身が、自分自身の成果を客観的に評価することが、専門性を高める機会となる。
3. ×：クライエント本人が成長したと思う感情の変化よりも、クライエントの行動が実際に変わったという事実に焦点を置く。
4. ×：クライエントの同意を得て、カウンセリングを終了する。

面談の終結においては、適正な時期の判断（相談）と、相談過程全体の評価が重要です。目標に対して到達した程度や、費やした努力、置かれた状況などを総合的に判断する必要があります。

みん合☆楽習コラム③

過去問は何回分やればいいの？ 問題

「過去問が大事」と合格者から聞いている人も多いことでしょう。

学習した過去問の回数と、合格率の相関関係は確かにあるのですが、本書執筆時点で国家試験は既に25回を数え、あまりたくさんの回は時間的、労力的に難しい…、という声が、ため息とともに聞こえてきます。

また、多くの過去問を解いたとしても、自分の知識に出来ていない、未消化の内容を増やしてしまうのはよくありません。

そこで、受験者へのアンケートや、最近の出題傾向を踏まえた、みん合的おすすめの過去問の回数を提案します。

アンケートからは、「10回分」、もしくはそれ以上の過去問を学習している方は、どのような難易度の回でも、合格率が有意に高くなる傾向があります。

「10回分」というと、500問分です。

500問分というと、またみなさんの気が遠くなってしまうかもしれませんが、次のような組み合わせを、みん合ではおすすめしています。

国家試験の直近3回分＋2級技能検定の直近3回分＋本書「合格問題集」

本書「合格問題集」は、過去問をすべて見直し、より学習効果が高くなるよう改題するとともに、今後出題が予想される内容を盛り込むなどの工夫をして制作しています。そうした本試験レベルの四肢択一問題が150問、さらには模擬問題50問（1回分）の合計200問（試験4回分）が掲載されています。

前記の直近3回分ずつの過去問を合わせると、10回分、500問分です。

最近の過去問と本書「合格問題集」で500問（10回分）のマスターを目指しましょう。

なお、2級技能検定の学科試験の出題範囲は、国家試験と同様で出題内容もよく似ています。また、2級技能検定は年2回実施されており、時事問題や改正内容への対策にも役立ち、国家試験対策への活用を特におすすめしています。

直近3回分の過去問と正答は、国家試験は登録試験機関のホームページから、2級技能検定はキャリアコンサルティング協議会のホームページから入手できます。

まだの方は、直近3回分ずつの過去問を今日にでも入手し、いつでも参照できるようにして、本書とともに学習を深め合格力を高めましょう。

第4章

キャリアコンサルタントの倫理と行動

第4章で紹介する内容は、これまでの試験では問47前後から問50までで出題されています。第３章と同じく、出題のバリエーションは出揃っているといえるので、問題演習を中心に対策すればよいでしょう。キャリアコンサルタントの倫理と姿勢に関する問題の多くは、「キャリアコンサルタント倫理綱領」が解答の拠り所となります。本書の巻末資料として掲載しているので、合わせて一読しておきましょう。

4-1, 4-2 出題度

キャリア形成及びキャリアコンサルティングに関する教育並びに普及活動／環境への働きかけの認識及び実践

どちらも問47前後で１問、もしくは出題がないこともある出題範囲ですが、キャリアコンサルタントの役割に直結する内容ですので、出題範囲表と問題で理解を深めましょう。

出題傾向と対策

これまでの試験で出題された主なテーマは次の通りです。

出題された主な資料やテーマ

- キャリア自律のためのキャリア・デザイン研修やセルフ・キャリアドック
- ジョブクラフティング（研修）
- 組織、経営者や管理職への働きかけ

■ 出題範囲表では

出題範囲表では、「キャリア形成及びキャリアコンサルティングに関する教育並びに普及活動」について、次のように表現しています。

> ① 個人や組織のみならず社会一般に対して、様々な活動を通じてキャリア形成やキャリアコンサルティングの重要性、必要性等について教育・普及すること。
> ② それぞれのニーズを踏まえ、主体的なキャリア形成やキャリア形成支援に関する教育研修プログラムの企画、運営をすること。

前者の社会一般に対しての教育・普及については、具体的な出題はあまりないものの、世の中への普及活動は、既に課題となりつつあります。

また、「環境への働きかけの認識及び実践」について、次のように表現しています。

> 個人の主体的なキャリア形成は、個人と環境（地域、学校・職場等の組織、家族等、個人を取り巻く環境）との相互作用によって培われるものであることを認識し、相談者個人に対する支援だけでは解決できない環境（例えば、学校や職場の環境）の問題点の発見や指摘、改善提案等の環境への介入、環境への働きかけを、関係者と協力（職場にあってはセルフ・キャリアドックにおける人事部門との協業、経営層への提言や上司への支援を含む）して行うこと。

組織や経営者、管理職への働きかけはもちろんのこと、社会正義の視点から、クライエントを代弁し、組織や社会に対して政策提言する活動（アドボカシー）もキャリアコンサルタントの役割として、注目されています。

対策のポイント

- キャリア自律への取組みの内容の理解
- 環境への働きかけの具体例の理解
- 社会正義の視点からの環境への働きかけの理解

社会正義の視点からの環境への働きかけについては、『キャリアコンサルティング理論と実際 6 訂版』（P100～）が詳しいです。

見ておきたい資料や参考書

- 『キャリアコンサルティング理論と実際 6 訂版』（一般社団法人雇用問題研究会）

キャリア形成及びキャリアコンサルティングに関する教育並びに普及活動

重要度 ★★☆　難易度 ★★☆　チェック欄 □□□

キャリア形成やキャリアコンサルティングの教育・普及活動に関する次の記述のうち、最も適切なものはどれか。

1. 具体的なキャリアの方向性を決めるに当たっては、社会的ニーズは考慮に入れず、まずは自分の特性を活かし、夢を実現する方向で考えるよう指導する。
2. 企業におけるキャリア形成においては、企業組織のニーズを常に優先したキャリア目標を設定することが重要である。
3. 大学におけるキャリア教育は、具体的な企業研究による職業理解を深めることによって、就職活動を支援することを主たる目的としている。
4. キャリア自律とその支援を行う組織風土を社内に構築するためには、経営者のコミットメントのみならず、現場管理者の理解の促進も重要である。

キャリア形成及びキャリアコンサルティングに関する教育並びに普及活動

重要度 ★★☆　難易度 ★☆☆　チェック欄 □□□

キャリア形成及びキャリアコンサルティングに関する教育並びに普及活動に関する次の記述のうち、最も適切なものはどれか。

1. キャリア・デザイン研修は、定年を目前にした50代後半の時期に実施するのが効果的である。
2. キャリア・デザイン研修は、キャリアコンサルティングと並行して行うことで、その効果が高まることが期待される。
3. 目標管理制度における業績評価のための面談では、管理監督者である上司よりも、直接その部署の業務とは関係のない、キャリアコンサルタントが実施する方がよい。
4. キャリア自律の実現のためには、個々人の当事者意識が重要であるため、組織や事業主の支援は不要である。

正答 4

1. ×：キャリアの方向性の決定に当たっては、夢を実現することのみならず、社会的ニーズも考慮に入れる必要がある。

2. ×：企業組織のニーズが常に優先した、は不適切である。シャインの唱える「組織と個人の相互作用」や、ホールの「プロティアン・キャリア」では、企業組織のニーズと自己のニーズの統合に焦点を当てている。

3. ×：単に卒業時点の就職を目指すものではなく、生涯を通じた持続的な就業力の育成を目指している。

4. ○：キャリア自律とその支援を組織風土として社内に構築するためには、経営者層および現場管理者の理解の促進が重要である。

シャインの組織と個人の相互作用や、ホールのプロティアン・キャリアの考え方は、組織と個人がウィン・ウィンの関係になることを目指しています。そのための企業風土の醸成に、キャリアコンサルタントの役割は大きいはずです。

正答 2

1. ×：キャリア・デザイン研修は、一時的なものではなく、生涯を通じたものであり、定年を目前とした段階において行うものではない。

2. ○：キャリア・デザイン研修は、個別のキャリアコンサルティング面談と並行して行うと効果的である。

3. ×：目標管理を目的とした業績評価のための面談では、キャリアコンサルタントよりも、管理監督者である上司が行う方がよい。

4. ×：個々人の当事者意識もさることながら、組織や事業主の理解や支援が必要である。

組織におけるキャリア支援は、入社後から退職まで続くものであり、一時的なものではありません。また、組織や事業主、現場監督者の理解や支援があってこそ、組織における個人のキャリア自律が実現できるといえるでしょう。

環境への働きかけの認識及び実践

重要度 ✎ 難易度 ★☆☆ チェック欄 □□□

キャリアコンサルタントの環境への働きかけに関する次の記述のうち、最も不適切なものはどれか。

1. クライエントを代弁して権利を擁護したり、組織や社会に向けて政策などを提言することは、キャリアコンサルタントの役割の一つではない。
2. ワーク・ライフ・バランスに配慮した勤務体系に対する助言は、キャリアコンサルタントの役割の一つである。
3. 働く人を公正に評価する人事考課システム構築に対する助言は、キャリアコンサルタントの役割の一つである。
4. 事業主がキャリア形成支援に積極的ではない場合に、キャリア形成支援への取組みへの助言は、キャリアコンサルタントの役割の一つである。

環境への働きかけの認識及び実践

重要度 ✎✎ 難易度 ★★☆ チェック欄 □□□

環境への働きかけの認識及び実践に関する次の記述のうち、最も不適切なものはどれか。

1. 社内のキャリアコンサルティングを通じて、職場におけるハラスメントの問題が判明したため、相談者の了解を得た上で、社内に設置されているハラスメント対策委員会に報告した。
2. 社内のキャリアコンサルティングを通じて、仕事の「やらされ感」のある社員の割合が高いことが分かったため、教育研修部門と協力し、ジョブクラフティング研修の企画を提起した。
3. 社内のキャリアコンサルティングを通じて、複数の相談者から人材育成に関する強い要望があったため、人事部門に対して、個人を特定しない形で問題提起を行った。
4. 社内のキャリアコンサルティングを通じて、相談者の抱える問題に関して所属する部署の管理者や経営者層とコンタクトをとる必要がある場合は、どんな場合にも、まずは相談者の了承を得るべきである。

正答 1

1. ×：クライエントを代弁して権利を擁護したり、組織や社会に向けて政策などを提言する活動をアドボカシーといい、キャリアコンサルタントの役割として期待されている。

2. ○：ワーク・ライフ・バランスに配慮した勤務体系の改善については、キャリアコンサルタントの役割の一つである。

3. ○：働く人の適正な評価につながる、人事考課システム構築に対する助言は、キャリアコンサルタントの役割の一つである。

4. ○：キャリア形成支援や教育研修への取組みへの助言は、キャリアコンサルタントの役割の一つである。

環境への働きかけの対象は、個人を取り巻く、職場、学校、地域コミュニティや行政、そして家族などがあります。社会正義の視点からの「アドボカシー」は、今後のキャリアコンサルタントの役割として期待されています。

正答 4

1. ○：相談者の了解を得た上で、社内の専門部署へ報告や問題提起することは適切である。

2. ○：複数の意見からの傾向が見られる場合などには、全社的な問題として提起することは適切である。なお、ジョブクラフティングとは、仕事に対する認知や行動を見直し、やりがいのあるものへと変化させる手法である。

3. ○：複数の意見からの傾向が見られる場合などには、全社的な問題として提起することは適切である。また、相談者に不利益がないように、個人情報への留意や守秘義務の遵守が必要である。

4. ×：緊急性の高い場合には、管理者や経営者層とのコンタクトが優先される場合もある。例えば、生命の危険や、その問題に法令違反があるような場合である。

最近の試験では、本問のような具体的なケースによる出題も見受けられます。また、「どんな場合にも」といった表現には注意しましょう。

4-3, 4-4 出題度

ネットワークの認識及び実践／自己研鑽及びキャリアコンサルティングに関する指導を受ける必要性の認識

どちらも問48前後で１問、もしくは出題がないこともある出題範囲です。出題テーマはほぼ一定で、ネットワークの必要性とスーパービジョンに関する問題が多いです。

出題傾向と対策

これまでの試験で出題された主なテーマは次の通りです。

出題された主な資料やテーマ

- ネットワークの認識及び実践（社内及び社外）
- スーパービジョンや自己研鑽の重要性

参考書等ではあまり記載のない内容ですが、出題範囲表の表現が出題の根拠になっていると思われる出題が見受けられます。出題範囲表の内容を確認して、ポイントを整理していきましょう。

■ 出題範囲表では

出題範囲表では、「ネットワークの認識及び形成」について、次のように表現しています。

> ① 個人や組織等の様々な支援ニーズ（メンタルヘルス不調、発達障害、治療中の（疾患を抱えた）者等）に応える中で、適切な見立てを行い、キャリアコンサルタントの任務の範囲、自身の能力の範囲を超えることについては、必要かつ適切なサービスを提供する専門機関や専門家を選択し、相談者の納得を得た上で紹介あっせんすること。

これは、専門家へのリファー（紹介）を意味しています。

> ② 個人のキャリア形成支援を効果的に実施するために必要な追加情報を入手したり、異なる分野の専門家に意見を求めること。

これは、コンサルテーション（照会）を意味しています。

また、「自己研鑽及びキャリアコンサルティングに関する指導を受ける必要性の認識」について、次のように表現しています。

> （1）自己研鑽
> ① キャリアコンサルタント自身が自己理解を深めることと能力の限界を認識することの重要性を認識するとともに、常に学ぶ姿勢を維持して、様々な自己啓発の機会等を捉えた継続学習により、新たな情報を吸収するとともに、自身の力量を向上させていくこと。
> ② 特に、キャリアコンサルティングの対象となるのは常に人間であることから、人間理解の重要性を認識すること。

継続学習の必要性と人間理解の重要性の認識を求め、職業的な成長とともに、人間的成長も求める姿勢が感じられます。

> （2）スーパービジョン
> ① スーパーバイザーから定期的に実践的助言・指導（スーパービジョン）を受けることの必要性。
> ② スーパービジョンを受けるために必要な逐語録等の相談記録を整理すること。

見ておきたい資料や参考書

・「働く環境の変化に対応できるキャリアコンサルタントに関する報告書」（厚生労働省）

ネットワークの認識及び実践

重要度 ✎✎✎　難易度 ★★☆　チェック欄 □□□

ネットワークの認識及び実践に関する次の記述のうち、最も不適切なものはどれか。

1. キャリアコンサルタントは、クライエントの利益の最大化のため、必要に応じて自らとは異なる分野の専門家への照会（コンサルテーション）を実施することがある。
2. 精神科医とのネットワークから、専門知識が得られれば、専門家にリファーをしなくても、精神疾患が疑われる相談者の状況を自身で診断して、治療的な助言をすることができる。
3. キャリアコンサルタントは、活動の幅を広げるために、自分の専門分野のみならず自分の専門分野以外でも人的なネットワークを構築しておくことが望ましい。
4. 自身の能力の範囲を超えることについては、適切な専門機関や専門家を選択し、相談者の納得を得た上で、リファー（紹介やあっせん）をすることが望ましい。

ネットワークの認識及び実践

重要度 ✎✎✎　難易度 ★☆☆　チェック欄 □□□

企業領域で活動するキャリアコンサルタントに必要なネットワークに関する次の記述のうち、最も適切なものはどれか。

1. 自社の定年退職者以外の退職者（アルムナイ）とのネットワークは持つべきではない。
2. 社内のパワーハラスメントに関する相談の解決には、社外の法律専門家等の活用は必要ない。
3. 組織が障害者雇用の経験に乏しい場合には、障害者トライアル雇用やジョブコーチによる支援などの活用を組織に働きかけることも有効である。
4. 働く個人の面談内容の守秘義務のため、キャリアコンサルタントは、経営者層や人事部門とのネットワークは作らない方がよい。

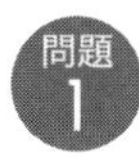

正答 2

1. ○：コンサルテーションとは、他の専門家に照会し、助言を求めることである。

2. ×：専門知識があるからといって、精神疾患に関する診断や、治療的な助言をしてはならない。

3. ○：キャリアコンサルタント同士のみならず、他の業界の専門家とのつながりは様々な場面で役立つ。

4. ○：クライエントの問題解決のために、より相応しい他の専門家を、クライエントの了解を得て紹介することを、リファーという。

「リファー」や「コンサルテーション」といった用語の正しい理解をしましょう。そして、どんな場合であっても、精神疾患などへの医療的な「診断（診察）」や「治療」はできません。

正答 3

1. ×：企業文化や仕事内容を理解する退職者（アルムナイ）を再び採用することには両者にメリットがあることも多く、ネットワークはあった方がよい。

2. ×：社外の法律専門家等の活用も必要である。

3. ○：障害者を雇い入れる企業が、相互のミスマッチを防ぐため、試行雇用を行うのが障害者トライアル雇用である。また、訪問型や企業在籍型等のジョブコーチが、障害特性を踏まえた専門的な支援を行い、障害者の職場適応を図ることもある。

4. ×：守秘義務に留意した上で、経営者層や人事部門とのネットワークの構築は必要である。

「企業領域で活動する」という前提の出題が定期的にあります。領域がいずれであっても、組織内、組織外に縦横に巡らされたネットワークの構築は必要です。

自己研鑽及びキャリアコンサルティングに関する指導を受ける必要性の認識

重要度 ✎✎　難易度 ★★☆　チェック欄 □ □ □

「働く環境の変化に対応できるキャリアコンサルタントに関する報告書」（厚生労働省、令和３年６月）で示された、キャリアコンサルタントの自己研鑽に関する次の記述のうち、**最も不適切なもの**はどれか。

1. キャリアコンサルタントには、共通して深化させる専門性と、企業、学校・教育機関、需給調整機関、地域のキャリア支援機関など活動領域や特定分野ごとに深化させていくべき専門性がある。
2. キャリアコンサルタントは、職業キャリアのみならずライフキャリア上に起こりうる課題やこころの揺らぎを発見する視野の広さや、ケース全体を俯瞰する力が必要となる。
3. セルフ・キャリアドックの展開を念頭に、組織視点からのキャリア形成支援、企業への提案力、課題発見・課題解決力、人事との協業を能力要件として、位置付けることを検討する。
4. 人材移動が進む外部労働市場を念頭に置くならば、社外へのキャリアチェンジに求められる若年層のリテンションを高める機能が、キャリアコンサルタントに求められる。

自己研鑽及びキャリアコンサルティングに関する指導を受ける必要性の認識

重要度 ✎✎　難易度 ★★☆　チェック欄 □ □ □

スーパービジョンに関する次の記述のうち、**最も適切なもの**はどれか。

1. 経験を積んだキャリアコンサルタントであれば、スーパービジョンを受ける必要はない。
2. キャリアコンサルタント登録制度の資格更新の要件として、スーパービジョンを受けることが必須とされている。
3. スーパービジョンによる指導を受ける者をスーパーバイザーといい、指導を行うものをスーパーバイジーという。
4. 指導を受けるべきテーマに応じて、複数のスーパーバイザーの指導を受ける場合もありうる。

正答 4

1. ○：専門性を深化、実践力を向上させる具体例として適切である。（資料P6）

2. ○：多様な働き方や職位・年齢階層に応じたキャリア支援に精通する具体例として適切である。（資料P7）

3. ○：まだ能力要件として明確に位置づけられてはいない。これらをキャリアコンサルタントの能力要件として、位置付けることを検討することも考えられる。（資料P8）

4. ×：人材移動が進む外部労働市場を念頭に置くならば、就職マッチング機能（情報提供、助言等）が求められる。
なお、リテンションは、保持、維持という意味であり、内部労働市場を念頭におくと、職場の定着を高める機能が求められる。（資料P9）

資料：「働く環境の変化に対応できるキャリアコンサルタントに関する報告書」（厚生労働省）

キャリアコンサルタントが担う役割と責任は、より大きくなっています。次節でも取り上げるキャリアコンサルタント倫理綱領も新時代に対応すべく、進化するため改正されました。自己研鑽の必要性と方向性を確認しましょう。

正答 4

1. ×：経験を積んだキャリアコンサルタントであっても、積極的、定期的にスーパービジョンを受けるべきである。

2. ×：スーパービジョンを受けること自体は、現在、資格更新の要件にはなっていない。

3. ×：逆である。指導を受ける者をスーパーバイジーといい、指導を行うものをスーパーバイザーという。

4. ○：指導を受けるべきテーマに応じ、面接技術だけでなく、多様な領域に関する知識や専門性に係る複数のスーパーバイザーに指導を受ける場合もある。

スーパービジョンについては、定期的に出題されています。キャリアコンサルタントの資格取得後の研鑽の鍵を握っている存在といえるでしょう。その内容や特徴についてはよく確認しておきましょう。

4-5 出題度

キャリアコンサルタントとしての倫理と姿勢

問49または問50で1問から2問の出題があります。なお、キャリアコンサルタント倫理綱領が2024年に改正されましたので、ご注意ください。

出題傾向と対策

これまでの試験で出題された主なテーマは次の通りです。

出題された主な資料やテーマ

- 「キャリアコンサルタント倫理綱領（2024年改正）」

キャリアコンサルタント倫理綱領そのものを読み込むことが、最も効果的な試験対策といえますが、出題範囲表に掲載されている内容は特に、出題の傾向が強いと感じます。

■ 出題範囲表では

出題範囲表では、次のように表現しています。

（1）活動範囲・限界の理解

① キャリアコンサルタントとしての活動の範囲には限界があることと、その限界には任務上の範囲の限界のほかに、キャリアコンサルタント自身の力量の限界、実践フィールドによる限界があること。

② 活動の範囲内において、誠実かつ適切な配慮を持って職務を遂行しなければならないこと。

③ 活動範囲を超えてキャリアコンサルティングが行われた場合には、効果がないだけでなく個人にとって有害となる場合があること。

これは、キャリアコンサルタント倫理綱領の第８条の「任務の範囲」を表しています。

> （2）守秘義務の遵守
> 守秘義務の遵守を実践するために、相談者のプライバシーや相談内容は相談者の許可なしに決して口外してはならず、守秘義務の遵守はキャリアコンサルタントと相談者の信頼関係の構築及び個人情報保護法令に鑑みて最重要のものであることについて詳細な知識を有すること。

これは、キャリアコンサルタント倫理綱領の第５条の「守秘義務」を表しています。新しい倫理綱領では、組織におけるプライバシーへの配慮も明記されました。

> （3）倫理規定の遵守
> 倫理規定の厳守を実践するために、キャリア形成支援の専門家としての高い倫理観を有し、キャリアコンサルタントが守るべき倫理規定（基本理念、任務範囲、守秘義務の遵守等）について詳細な知識を有すること。

これはキャリアコンサルタント倫理綱領そのものを表しているといえるでしょう。

> （4）キャリアコンサルタントとしての姿勢
> ① キャリアコンサルティングは個人の人生に関わる重要な役割、責任を担うものであることを自覚し、キャリア形成支援者としての自身のあるべき姿を明確にすること。
> ② キャリア形成支援者として、自己理解を深め、自らのキャリア形成に必要な能力開発を行うことの必要性について、主体的に理解すること。

新しい倫理綱領では、倫理観と専門性の維持向上に加え、人間性を磨き、矜持と責任感を持ち、自己研鑽に励むことの重要性が明記されました。

キャリアコンサルタントは、キャリア形成支援者であるだけでなく、キャリア形成実践者でもあります。ともに研鑽していきましょう。

見ておきたい資料や参考書

- 「キャリアコンサルタント倫理綱領」（本書巻末に掲載）

キャリアコンサルタントとしての倫理と姿勢

重要度 ✎✎✎　難易度 ★☆☆　チェック欄 □□□

キャリアコンサルタントとしての倫理と姿勢に関する次の記述のうち、最も不適切なものはどれか。

1. キャリアコンサルタントは、キャリアコンサルティングを行うに当たり、人間尊重を基本理念とし、多様性を重んじ、個の尊厳を侵してはならない。
2. キャリアコンサルタントは、相談者の利益を第一義として、誠実に責任を果たさなければならない。
3. キャリアコンサルタントは、キャリアコンサルタントとしての品位と矜持を保ち、法律や公序良俗に反する行為をしてはならない。
4. キャリアコンサルタントは、キャリアコンサルティングを行うに当たり、自己の専門性の範囲を超える業務に挑戦することが求められる。

キャリアコンサルタントとしての倫理と姿勢

重要度 ✎✎✎　難易度 ★☆☆　チェック欄 □□□

キャリアコンサルタントとしての倫理と姿勢に関する次の記述のうち、最も適切なものはどれか。

1. キャリアコンサルタントは、どんな場合であっても、業務並びにこれに関連する活動に関して知り得た秘密に対して守秘義務を負う。
2. キャリアコンサルティングにおいて知り得た情報により、能力開発やキャリア形成に関する支援を行う場合は、プライバシーに配慮する必要がある。
3. キャリアコンサルタントは、新しい考え方や理論も学ぶよりも、実務経験を重ねることが重要である。
4. キャリアコンサルタントは、キャリアに関する知識さえあればよく、最新の情報技術を修得したり、活用したりする必要はない。

正答 4

1. ○：キャリアコンサルタント倫理綱領第１条の内容である。

2. ○：キャリアコンサルタント倫理綱領第１条３の内容である。

3. ○：キャリアコンサルタント倫理綱領第２条の内容である。

4. ×：キャリアコンサルタント倫理綱領第８条には次のことが定められている。「キャリアコンサルタントは、キャリアコンサルティングを行うにあたり、自己の専門性の範囲を自覚し、その範囲を超える業務の依頼を引き受けてはならない。」

キャリアコンサルタント倫理綱領は、キャリアコンサルタントが依るべき活動の指針であり、守るべき倫理規定です。数ページの資料ですので、一度じっくりと精読しておきましょう（本書巻末に掲載）。

正答 2

1. ×：「どんな場合であっても」は不適切である。第5条には次の規定がある。「但し、相談者の身体・生命の危険が察知される場合、又は法律に定めのある場合等は、この限りではない。」

2. ○：キャリアコンサルタント倫理綱領第５条２の内容である。

3. ×：どちらも重要である。キャリアコンサルタント倫理綱領第6条には次の規定がある。「実務経験による学びに加え、新しい考え方や理論も学び、専門職として求められる態度・知識・スキルのみならず、幅広い学習と研鑽に努めなければならない。」

4. ×：キャリアに関する知識だけあればよいわけではない。キャリアコンサルタント倫理綱領第6条2には次の規定がある。「情報技術が相談者や依頼主の生活や生き方に大きな影響を与えること及び質の向上に資することを理解し、最新の情報技術の修得に努め、適切に活用しなければならない。」

「どんな場合にも」「いつでも」「常に」といったall表現、「よりも」のthan表現、「しさえすれば」や「のみ、だけ」といったonly表現には気をつけましょう。

キャリアコンサルタントとしての倫理と姿勢

重要度 ✎✎ 難易度 ★☆☆ チェック欄 □□□

キャリアコンサルタントとしての説明責任と組織との関係に関する次の記述のうち、最も適切なものはどれか。

1. 相談者に対して、キャリアコンサルティングの目的及びその範囲、守秘義務とその範囲について、書面と口頭で説明を行い、相談者の同意を得た上で面談を行った。
2. 組織より依頼を受けてキャリアコンサルティングを行う場合に、守秘義務の取扱いなどの事項について契約書に明記する等、組織側と合意を得ることなく依頼された業務に着手した。
3. 相談者と組織との利益相反等を発見したため、なるべく早い方がよいと考え、相談者の了解を得ることなく、組織に対し問題の報告を行った。
4. 自らが所属する組織内でキャリアコンサルティングを行う場合には、組織の利益を守るために最大限の努力をしなければならない。

キャリアコンサルタントとしての倫理と姿勢

重要度 ✎✎✎ 難易度 ★★☆ チェック欄 □□□

キャリアコンサルタントの倫理に関する次の記述のうち、最も適切なものはどれか。

1. 自らのクライエントに対して、キャリアコンサルタント本人の著書の購入を薦めることは、多重関係に該当しない。
2. 税理士であるクライエントに、面談の料金の代わりに、確定申告作業を依頼することは、多重関係には該当する。
3. キャリアコンサルタントがクライエントから好意をもっていることを告白され、恋愛関係となることは多重関係には該当しない。
4. 精神疾患の疑いのあるクライエントに、知り合いの専門医を紹介して紹介料をもらうことは、リファーに該当し倫理上の問題はない。

正答 1

1. ○：キャリアコンサルタント倫理綱領第９条の内容である。

2. ×：キャリアコンサルタント倫理綱領第９条２に次の規定がある。「守秘義務の取扱い、その他必要な事項について契約書に明記する等、組織側と合意を得た上で職責を果たす。」

3. ×：キャリアコンサルタント倫理綱領第12条に次の規定がある。
「相談者と組織との利益相反等を発見した場合には、相談者の了解を得て、組織に対し、問題の報告・指摘・改善提案等の調整に努めなければならない。」

4. ×：キャリアコンサルタント倫理綱領第11条２に次の規定がある。「相談者と組織に対し、自身の立場を明確にし、相談者の利益を守るために最大限の努力をしなければならない。」

相談者に対しても、依頼を受けた組織に対しても、キャリアコンサルタントには「説明責任」があり、相手方の「同意」が必要です。

正答 2

1. ×：多重関係に該当する。多重関係とは、「キャリアコンサルタント」と「クライエント」以外の人間関係や役割があることをいう。

2. ○：多重関係に該当する。

3. ×：多重関係に該当する。

4. ×：紹介料をもらうこと自体がリファーの目的になっているような場合には、倫理上の問題が生じることになる。また、保険診療においては、患者の紹介を受けた場合の医療機関から業者等への紹介料への支払は、保険医療機関及び保険医療養担当規則により禁止されている。

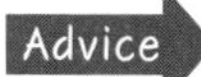

多重関係は、実践においても課題となることが多いテーマです。キャリアコンサルタントの多重関係が問題にされる理由は、多重関係がクライエントに対する搾取的な関係につながりやすい点にあります。その視点でアプローチしましょう。

みん合☆楽習コラム④

合格への総仕上げが大切です。

P.226のコラムで過去問を解くことの重要性をお伝えしましたが、試験直前になると、「過去問では大体８割くらい得点できるので、もう大丈夫ですかね…、大丈夫ですよね」という問い合わせをいただくことがあります。

不安を抱える中、勇気を出して問い合わせをしてくださったと思いますので、私も「合格ラインを超えているのでもう大丈夫です！」と言ってあげたいところなのですが、残念ながらそんなふうには言えません。

その際には、「あと２割です。試験までの間に残りの２割を仕上げましょう」とお伝えすることにしています。

本試験当日は、事前の試験対策の学習時とは異なり、緊張感と不安の中で、普段ならば迷わないような選択肢に迷い、スムーズに行えるはずの判断ができないことがあります。

そんなときは深呼吸をして、他のやさしい問題で気持ちを落ち着かせるなどしてからあらためて検討してほしいのですが、実際には「普段は40問以上正解できるのに35問ギリギリだった」「迷って答えを変えなければよかった」という感想を持つ人が少なくないようです。

ですから、試験日までの間にあと2割を、できるところまででよいので、確かなものにしてほしいのです。

間違えてしまった問題には理由があるはずです。「知識がなかった」「記憶が曖昧だった」という問題は、再度じっくりと確認しましょう。知らないことを知ることは、学科試験対策の基本動作です。もう一度問われたら自信を持って解答できるようにしておくことが大切です。

また、文章の意味を誤解していたような場合には、先入観、思い込みがなかったかどうかを確認しましょう。さらに、解説などで内容を確認し、出題の意図を考えてみましょう。実際、それがよく出題される表現の場合もあります。

合格への総仕上げに、どうぞ本書をご活用下さい。

ご健闘をお祈りしています。

第5章

模擬問題

第5章は模擬問題です。実際の学科試験は、制限時間100分で全50問（マークシート式）の問題を解きます。合格基準は100点満点中の70点、つまり50問中35問以上の正解で「合格」です。なお、この模擬問題で合格点が取れなくても、決して気を落とすことはありません。間違えてしまった問題が試験で出題された場合に備え、内容を確認して得点できるよう自分の知識にしましょう。合格をお祈りしています。

アクセスキー　W（大文字のダブリュー）

「人的資本経営の実現に向けた検討会報告書（人材版伊藤レポート2.0）」（経済産業省、2022年）に関する次の記述のうち、**最も適切なもの**はどれか。

1. 人材は、その価値が伸び縮みする「資本」としてではなく、「管理」の対象として捉えることを提案している。
2. 経営戦略と人材戦略を連動させるための取組みとして、人材戦略の策定と実行を担うCHROの設置を提案している。
3. 必要な人材を確保するために、自社を退職した人材（アルムナイ）との持続的な関係構築を行うことは好ましくない。
4. 一定期間職場を離れて学習等に活用するための長期休暇である、ストレッチアサインメントの導入を提案している。

問題

「働く環境の変化に対応できるキャリアコンサルタントに関する報告書 」（厚生労働省、令和３年）による、「キャリアコンサルタントに求められることと必要な施策」に関する次の記述のうち、**最も不適切なもの**はどれか。

1. 支援に際しては、大まかな年齢階層別での対応は重要なアプローチであり、個々人の発達・成熟・キャリアの熟練度合いは年齢階層別により傾向があるため、個別というより、階層別に対応を行うのがよい。
2. 公認心理師、臨床心理士に対してキャリアコンサルタント資格の取得を促すことができれば、組織活性化と心の問題の支援を両輪で企業が援助することが可能となり、企業内におけるキャリアコンサルティング普及・浸透の加速が期待できる。
3. キャリアコンサルタントの実践の経験の場作りの観点からは、特に支援の初期段階においてはオンラインによるキャリアコンサルティングが有効と考えられることから、これを積極的に推進することも一計である。
4. 実践力の向上を図る上で、経験の多い少ないに限らず、キャリアコンサルティングに係るスーパービジョンを受けることが不可欠である。

正答 2

資料：「人的資本経営の実現に向けた検討会報告書（人材版伊藤レポート2.0）」

1. ×：逆である。人材は「管理」の対象ではなく、その価値が伸び縮みする「資本」である。（資料P2）

2. ○：CHROはChief Human Resources Officerの略であり、最高人事責任者や最高人財責任者などと訳される。経営幹部の一員として、CEO（Chief Executive Officer：最高経営責任者）を支えるパートナーである。（資料P12）

3. ×：他社で得た経験や知見に基づき、再び自社に貢献をしたいという目的意識が明確な人材は、経営人材としての活躍も期待されるため、アルムナイ（自社を退職した人材）とは中長期的に優良な関係を築くことを提案している。（資料P32）

4. ×：こうした長期休暇を、サバティカル休暇という。（資料P61）なお、ストレッチアサインメントは、現時点の知識や能力では目標到達が困難と思われる課題や業務を割り当て、成長を促すことをいう。（資料P66）

正答 1

資料：「働く環境の変化に対応できるキャリアコンサルタントに関する報告書 」

1. ×：支援に際しては、大まかな年齢階層別の対応は重要なアプローチではあるが、職業人生の長期化と多様化が同時に進行する中で、個々人の発達・成熟・キャリアの熟練度合いは万別であることも念頭に置き、個々の態様に応じたきめ細かな対応も必要となる。（資料P６）

2. ○：公認心理師、臨床心理士に対してキャリアコンサルタント資格の取得を促すことができれば、組織活性化と心の問題の支援を両輪で企業が援助することが可能となり、企業内におけるキャリアコンサルティング普及・浸透の加速が期待できる。（資料P９）

3. ○：オンラインによるキャリアコンサルティングのメリット・デメリット、習得すべきオンライン特有のスキル・知識を整理する必要がある。（資料P９）

4. ○：第11次能力開発基本計画においても、「豊富なキャリアコンサルティング経験を持つキャリアコンサルタントによる指導を受けることなど、実践力の向上に向けた取組を推進する」としている。（資料P10）

キャリア・ガイダンスの諸理論に関する次の記述のうち、**最も適切なものはどれか。**

1. ギンズバーグは、人と職業のマッチングを理論の基本とする特性因子論を理論化した。

2. ジェラットは、認知的不協和理論を意思決定プロセスに応用して、キャリア意思決定モデルを提唱した。

3. ハンセンは、キャリア・アダプタビリティの4次元として、関心、統制、好奇心、自信の4つを挙げている。

4. クランボルツは、キャリアカウンセリングの目的を、クライエントが満足のいくキャリアと個人生活を実現する行動を学べるように支援することであり、一つのキャリアを決定することではないとした。

シャインの理論に関する次の記述のうち、**最も不適切なものはどれか。**

1. キャリアは「外的キャリア」と「内的キャリア」の2つの軸から捉えることができるとした。

2. 人が生きている領域について、「生物学的・社会的」「家族関係」「仕事・キャリア」の3つのサイクルが相互に影響し合うとした。

3. 内的キャリアを進展させていく際に役立つのが、キャリア・アンカーである。

4. キャリア・アンカーの活用に当たっては、アンカーと職業を一対一で結びつけることを提唱した。

正答 4

1. ×：人と職業のマッチングを理論の基本とする特性因子論を理論化したのは、ウィリアムソンである。

2. ×：認知的不協和理論を意思決定プロセスに応用して、キャリア意思決定モデルを提唱したのは、ヒルトンである。ジェラットは前期理論として連続的意思決定プロセスを、後期理論として、積極的不確実性を提唱している。

3. ×：キャリア・アダプタビリティの４次元として、関心、統制、好奇心、自信の４つを挙げたのは、サビカスである。

4. ○：クランボルツのハップンスタンス学習理論の一つである。他には、「アセスメントは、個人的な特性と職業的な特性を一致させるためではなく、学習を刺激するために使用する」などがある。

正答 4

1. ○：外的キャリアは、実際の職務における客観的なステージ（段階）を表し、内的キャリアは、どのような役割を担っているのかについての主観的な感覚を表している。

2. ○：これら３つのサイクルが影響し合って、人が存在しているとした。

3. ○：キャリア・アンカーは、内的キャリアを進展させていくのに役立つ。

4. ×：キャリア・アンカーと職業を一対一で結びつけるべきではない。同一の職業であっても、人それぞれどこに価値を置くかは様々であるからである。

ホールのプロティアン・キャリアに関する次の記述のうち、最も適切なものはどれか。

1. プロティアン・キャリアは、個人によってではなく、組織によって形成される。

2. プロティアン・キャリアは、「私は何をすべきか」よりも、「自分は何がしたいのか」を重視する。

3. プロティアン・キャリアは、昇進や、権力が核となる価値観としている。

4. プロティアン・キャリアは、仕事関連の柔軟性よりも、組織関連の柔軟性を重視する。

ホランドの理論に関する次の記述のうち、最も不適切なものはどれか。

1. 大学生を主たる対象者とした進路選択支援ツールとして、VPI職業興味検査を開発した。

2. VPI職業興味検査は、６つのパーソナリティ・タイプと５つの行動傾向尺度の合計11の尺度得点で解釈できるように構成されている。

3. ほぼ18歳から30歳の間に、個人を特徴づけるパーソナリティ・タイプは決まるとした。

4. ６つのパーソナリティ・タイプには、現実的、研究的、芸術的、社会的、企業的、挑戦的がある。

正答 2

1. ×：逆である。組織によってではなく、個人によって形成される。プロティアン・キャリアの主体者は個人である。

2. ○：重要なアイデンティティの側面は、組織における気づきではなく、自己への気づきである。

3. ×：核となる価値観は、昇進や権力ではなく、自由や成長である。

4. ×：重要なアダプタビリティの側面としては、組織で生き残ることができるかではなく、仕事関連の柔軟性であり、コンピテンシーである。

正答 4

1. ○：VPI職業興味検査は、大学生を主たる対象者として開発された進路選択支援ツールであり、ホランドが開発した。

2. ○：160の職業名に対して興味の有無で回答し、6つのパーソナリティ・タイプ（RIASEC）と5つの行動傾向尺度の合計11の尺度得点で結果を解釈することができる。

3. ○：人と環境との相互作用の成果として個人のパーソナリティ・タイプが形成されるが、ほぼ18歳から30歳の間に個人を特徴づけるタイプが決まるとしている。

4. ×：6つのパーソナリティ・タイプの最後の項目は「挑戦的」ではなく「慣習的」である。なお、6つのパーソナリティ・タイプは「現実的（Realistic）」「研究的（Investigative）」「芸術的（Artistic）」「社会的（Social）」「企業的（Enterprising）」「慣習的（Conventional）」からなり、頭文字をとって「RIASEC」と呼ばれる。

社会的学習理論に関する次の記述のうち、最も適切なものはどれか。

1. 社会的学習理論は、従来の学習理論では説明しきれない人間の行動を説明する理論として、スキナーにより提唱された。
2. バンデューラはモデリングの過程には、注意過程と動機づけ過程の２つの過程があるとした。
3. 自己効力感は、遂行行動の達成、代理経験、言語的説得、情動喚起の4つの情報源に基づいているとした。
4. 計画された偶発性理論では、「決定」していることを望ましい状態と考える。

問題

カウンセリングの理論や心理療法の名称とその提唱者、関連する用語に関する次の記述のうち、組み合わせとして最も適切なものはどれか。

1. 森田療法は、身調べという宗教的修行法を現代化した内観療法を元に、森田正馬が開発した。
2. バーンは、エンプティ・チェアを用いて、統合を志向する人格への変容を目的としたゲシュタルト療法を提唱した。
3. アドラーは、共同体感覚や課題の分離を重視し、自分の人生を自分らしく生きるための「フェルト・センス」を持つことを提唱した。
4. カーカフのヘルピング技法は、かかわり技法、応答技法、意識化技法、手ほどき技法、援助過程の繰り返しのプロセスからなる。

正答 3

1. ×：社会的学習理論は、バンデューラによって提唱された。スキナーは行動療法のオペラント条件づけで知られる。

2. ×：モデリングには、注意過程、保持過程、運動再生過程、動機づけ過程の４つの過程がある。

3. ○：自己効力感を高める４つの情報源として適切である。社会的学習理論では認知的要因である自己効力感を重視する。

4. ×：新しい学習経験に期待するため、むしろ「未決定」であることを望ましい状態と考える。

正答 4

1. ×：身調べは、吉本伊信の内観療法の技法である。

2. ×：エンプティ・チェア（空の椅子）はパールズが創始したゲシュタルト療法の技法である。

3. ×：アドラーは「嫌われる勇気」を持つことを提唱した。「フェルト・センス」は、何らかの意味を含んだ身体感覚のことであり、ジェンドリンが提唱したフォーカシングにおいて重要な意味を持つ。

4. ○：カーカフのヘルピングに関連する内容として適切である。覚え方は「かかおいてくり（カカオ煎て栗）」。

ロジャーズに関する次の記述のうち、最も不適切なものはどれか。

1. カウンセリングの役割は、クライエントの自己概念と経験が一致する方向へ援助することである。
2. クライエントは、カウンセラーとの関係において、心理的に安定しており、ありのままの自分を受容している。
3. カウンセラーは、クライエントに対して、無条件の肯定的関心を持つ。
4. カウンセラーは、クライエントの内的世界を共感的に理解し、相手にそれを伝える。

カウンセリングの技法に関する次の記述のうち、最も適切なものはどれか。

1. 交流分析では、「構造分析」「交流パターン分析」「ゲーム分析」「脚本分析」の４つの分析を行う。
2. 認知療法は、不快な感情は非論理的な信念によってもたらされるとして、エリスにより提唱された。
3. 現実療法は、認知の歪みに注目し、認知の変容を通して行動の変容を図るものである。
4. 代表的な行動療法には、系統的脱感作があり、これはアサーション・トレーニングとも呼ばれる。

正答 2

1. ○：来談者中心療法におけるカウンセリングの役割として適切である。
2. ×：自己一致または誠実な態度の内容だが、心理的に安定し、ありのままの自分を受容しているのはクライエントではなく、カウンセラーである。
3. ○：受容的態度の内容として適切である。
4. ○：共感的理解の内容として適切である。

正答 1

1. ○：バーンの交流分析の内容として適切である。これらの分析を通じて、人格的な成長や不適応問題の変容を図る。
2. ×：認知療法は認知の歪みに焦点を当て、ベックにより提唱された。
3. ×：認知の歪みに注目し、認知の変容を通して行動の変容を図るのは、認知療法である。現実療法はリアリティ・セラピーとも呼ばれ、グラッサーが提唱した。
4. ×：アサーション・トレーニングは、主張訓練法とも呼ばれ、適切な自己表現を行うための訓練である。系統的脱感作もアサーション・トレーニングもどちらも行動療法の技法である。

精神分析理論に関する次の記述のうち、最も適切なものはどれか。

1. フロイトは人の心の世界を、意識、前意識、無意識の3つに分け、局所論と呼んだ。
2. 心の構造の超自我は、快楽原則に基づき、自らを律して行動する働きを持っている。
3. 自我に対する危険から、意識的に防衛しようとする反応のことを、防衛機制という。
4. 防衛機制のうち、もっともらしい理屈をつけて、納得しようとすることを、補償という。

問題

職業訓練や教育などを行う公的支援制度に関する次の記述のうち、最も適切なものはどれか。

1. ハロートレーニングとは、公共職業訓練（離職者訓練）のみをいう。
2. 公共職業訓練の離職者訓練は、主に雇用保険を受給できない求職者を対象としている。
3. 求職者支援訓練の受講要件には、ハローワークへの求職申込みの有無は問われない。
4. 公共職業訓練には、在職者や高等学校卒業者を対象とした、高度な職業スキルや知識を習得するための訓練もある。

正答 1

1. ○：局所論の内容として適切である。前意識とは普段は気が付いていないが、何かのきっかけで意識にのぼってきたり、思い出そうと努力をすると思い出すことができる領域である。

2. ×：快楽原則に基づくのは、イド（エス）であり、超自我（スーパーエゴ）は道徳原則で動き、自らを律して行動する働きを持つ。

3. ×：防衛機制は、意識的ではなく、通常は無意識的であり、かつ反射的に生じる。

4. ×：もっともらしい理屈をつけて、納得しようとすることを合理化といい、補償は劣等感に対して、別の得意な性質によってバランスを取ることである。

正答 4

1. ×：ハロートレーニングとは離職者訓練などの公共職業訓練と、求職者支援訓練を合わせた総称であり、「公的」職業訓練とも呼ばれる。

2. ×：公共職業訓練の離職者訓練は、主に雇用保険を受給できる求職者を対象としている。主に雇用保険を受給できない求職者を対象としているのは、求職者支援訓練である。

3. ×：ハローワークに求職の申込みをしていることが、訓練受講の要件の一つである。

4. ○：主に中小企業に在職している人が対象の在職者訓練や、主に学校卒業者を対象とした学卒者訓練がある。

リカレント教育の充実に関する行政の取組みについての次の記述のうち、最も不適切なものはどれか。

1. 学校教育からいったん離れたあとも、それぞれのタイミングで学び直し、仕事で求められる能力を磨き続けていくことが重要であり、そのための社会人の学びをリカレント教育という。

2. 在職中の人を対象に、今後のキャリアなどについて、ハローワークインターネットサービスでキャリアコンサルタントに無料で相談することができる。

3. 教育訓練給付金の対象となる教育訓練には、専門実践教育訓練、特定一般教育訓練、一般教育訓練の３種類がある。

4. 文部科学省では、大学等における学び直し講座情報や学び直し支援制度情報を発信するポータルサイト「マナパス～社会人の大学等での学びを応援するサイト～」を開設している。

統計法に基づく一般統計調査である「能力開発基本調査」に関する次の記述のうち、誤っているものはどれか。

1. 調査の対象は、「企業調査」と「事業所調査」の二種類に分かれている。

2. 調査は、厚生労働省が、原則として毎年実施している。

3. 職業能力開発推進者の選任は、事業主の努力義務とされている。

4. 自己啓発の範囲には、職業に関係ない趣味、娯楽や、健康増進のためのスポーツは含まれない。

問題13　正答 2

1. ○：リカレント教育の定義として適切である。

2. ×：ハローワークインターネットサービスではなく、キャリア形成・リスキリング支援センターで、キャリアコンサルタントに無料で相談をすることができる。

3. ○：教育訓練給付金の対象となる教育訓練として適切である。３種類ある。

4. ○：「マナパス～社会人の大学等での学びを応援するサイト～」では、大学・専門学校等の条件別講座検索や自分の学習モデルを見つける修了生インタビュー、費用支援や職種別の学び直しを紹介する特集ページなどがある。

問題14　正答 1

1. ×：「企業調査」、「事業所調査」、「個人調査」の三種類である。

2. ○：平成13年度から厚生労働省が毎年実施している。

3. ○：キャリアコンサルタント等の職業能力開発推進者の業務を担当するための必要な能力を有する者から選任するよう努めなければならない（努力義務）と規定されている。

4. ○：労働者が職業生活を継続するために行う、職業に関する能力を自発的に開発し、向上させるための活動が該当する。

職業能力評価基準に関する次の記述のうち、最も適切なものはどれか。

1. 職業能力評価基準は、人事評価に活用することはできない。
2. 職業能力評価基準では、企業において期待される責任・役割の範囲と難易度により、4つの能力段階（レベル区分）を設けている。
3. 職業能力評価基準は、業種横断的な経理・人事等の事務系9職種のみが策定されている。
4. 職業能力評価基準に準じた公的な資格試験は存在していない。

問題

社員の配置・異動に関する次の記述のうち、最も適切なものはどれか。

1. 元の会社の社員の身分を維持したままで、他社の指揮命令の下で業務に従事する異動のことを、転籍という。
2. 元の会社との雇用関係を終了させて、移籍先と新たな雇用契約を結ぶことを出向という。
3. 担当する業務内容をあらかじめ明示して、その業務に従事したい社員を社内から募る制度を自己申告制度という。
4. 新たな事業計画を社員から募集し、それが採用された場合には、事業展開自体をその社員に任せる仕組みを、社内ベンチャー制度という。

正答 2

1. ×：人事制度の見直しや人事評価制度の整備に当たり、評価・処遇決定の基準に活用することができる。

2. ○：能力ユニットごとの「能力細目」「職務遂行のための基準」「必要な知識」の設定に当たり、４つの能力段階（レベル区分）を設けている。

3. ×：業種横断的な事務系９職種及び56業種で策定されている（2024年５月現在）。

4. ×：職業能力評価基準に準拠した唯一の公的資格試験として、「ビジネス・キャリア検定試験」が、中央職業能力開発協会により実施されている。人事・人材管理・労務管理、経理・財務管理など８分野にわたり44の試験が行われている。

正答 4

1. ×：社員の身分を維持したままで、他社の指揮命令の下で業務に従事する異動のことを出向という。

2. ×：元の会社との雇用関係を終了させて、移籍先と新たな雇用契約を結ぶことを転籍という。

3. ×：担当する業務内容をあらかじめ明示して、その業務に従事したい社員を社内から募る制度を社内公募制度という。なお、自己申告制度とは、社員が仕事やキャリア等に関する希望を会社に申し出る仕組みである。

4. ○：社内ベンチャー制度の内容として適切である。

「『セルフ・キャリアドック』導入の方針と展開」(厚生労働省、2017年)に関する次の記述のうち、最も適切なものはどれか。

1. セルフ・キャリアドックの標準的プロセスでは、責任者の決定や社内規定の整備などの企業内インフラの整備から行う。

2. セルフ・キャリアドックでは、従業員全体の職業生活設計の問題点を把握することが中心であるため、個々の対象従業員へのフォローアップを行うことはない。

3. 企業が策定した人材育成ビジョンや方針は、導入時に一時的な周知を行えばよい。

4. 一回の面談にかける時間は、概ね45〜60分程度であり、それ以上となると、面談の効果が低減するほか、面談対象者の業務にも影響が生じるおそれがある。

労働時間の柔軟化に関する次の記述のうち、最も不適切なものはどれか。

1. フレックスタイム制は、始業時間と終業時間を社員の選択に委ねる制度であり、生活のリズムに合わせて出退勤時間を選択できるメリットがある。

2. フレックスタイム制において、必ず出勤していなくてはいけない時間帯のことを、コアタイムという。

3. サテライト・オフィスには、企業が自社用に設置したものだけでなく、賃貸用に設けられた共用型のサテライト・オフィスもある。

4. 裁量労働制には、専門業務型と企画業務型の２つがあり、専門業務型の裁量労働制の導入に当たっては、労使委員会を設置し、その５分の４以上の多数で決議することが求められる。

正答 4

1. ×：人材育成ビジョン・方針の明確化から行うのが標準的なプロセスである。（資料P７）
2. ×：追加的なキャリアコンサルティング面談などの、個々の対象従業員に対するフォローアップを行う。（資料P24）
3. ×：導入時の一時的な周知に留まらず、セルフ・キャリアドックの各プロセスを通じ、各従業員に繰り返し浸透を図ることが望ましい。（資料P８）
4. ○：面談時間の目安についても、「『セルフ・キャリアドック』導入の方針と展開」に記されている。（資料P11）

資料：「『セルフ・キャリアドック』導入の方針と展開」（厚生労働省）

正答 4

1. ○：フレックスタイム制の内容として適切である。生活のリズムや仕事の進み具合に合わせて、社員自身が出退勤時間を選択することができる。
2. ○：フレックスタイム制における、コアタイムの内容として適切である。
3. ○：自社が設置したものだけでなく、共用型のサテライト・オフィスもある。
4. ×：労使委員会を設置し、その５分の４以上の多数で決議することが求められるのは、専門業務型ではなく、企画業務型の裁量労働制である。

「労働力調査」に用いられる用語に関する次の記述のうち、最も適切なものはどれか。

1. 労働力人口とは、従業者と休業者を合わせた就業者のことである。
2. 非労働力人口には、休業者が含まれる。
3. 就業率とは、15歳以上の人口に占める就業者の割合のことである。
4. 非労働力人口とは、15歳以上人口のうち、就業者を除いたものである。

問題

「令和5年賃金構造基本統計調査結果の概況」（厚生労働省）に関する次の記述のうち、最も不適切なものはどれか。

1. この調査は、主要産業に雇用される労働者について、その賃金の実態を労働者の雇用形態、就業形態、職種、性、年齢、学歴別等に明らかにするものである。
2. 一般労働者の賃金について、男女間賃金格差は、男性を100とすると、女性は約75である。
3. 外国人労働者の在留資格区分別賃金では、専門的・技術的分野（特定技能を除く）の賃金の平均が最も高い。
4. 雇用形態別の賃金格差は、正社員・正職員を100とすると、正社員・正職員以外は男女計で約50である。

正答 3

1. ×：労働力人口とは、就業者と完全失業者を合わせたものである。従業者と休業者を合わせたものは就業者という。

2. ×：休業者は就業者に含まれ、労働力人口に含まれる。

3. ○：就業率の内容として適切である。なお、就業者には従業者のほか休業者を含む。

4. ×：非労働力人口は、15歳以上人口のうち、労働力人口を除いたものであり、15歳以上人口から就業者と完全失業者を除いたものである。

正答 4

1. ○：賃金構造基本統計調査の目的として適切である。（資料P１）

2. ○：一般労働者の賃金について、男女間賃金格差は、男性を100とすると、女性は74.8である。賃金は男女計318.3千円、男性350.9千円、女性262.6千円となっている。（資料P６）

3. ○：専門的・技術的分野（特定技能を除く）の賃金の平均が296.7千円で最も高く、最も低いのは技能実習の181.7千円である。（資料P14）

4. ×：雇用形態別の賃金格差は、正社員・正職員を100とすると、正社員・正職員以外は男女計で67.4、男性70.1、女性72.2である。（資料P12）

資料：「令和５年 賃金構造基本統計調査結果の概況」（厚生労働省）

「『外国人雇用状況』の届出状況まとめ（令和５年10月末現在）」（厚生労働省）における、我が国の外国人雇用状況に関する次の記述のうち、**最も不適切なもの**はどれか。

1. 令和５年10月末現在の外国人労働者数は、平成19年に外国人雇用状況届出が義務化されて以来、過去最高となった。
2. 外国人労働者を在留資格別に見ると、「身分に基づく在留資格」が最も多い。
3. 外国人労働者を雇用している事業所を規模別に見ると、労働者数「30人未満」の規模の事業所が最も多い。
4. 外国人労働者を国籍別に見ると、最も多いのは中国である。

問題

労働時間及び休日に関する次の記述のうち、**最も不適切なもの**はどれか。

1. 労働基準法が定める労働時間の最長限度は、例外を除き、週40時間及び１日８時間である。
2. 労働基準法上の労働時間とは休憩時間を除いた、現実に労働させている時間をいう。
3. 労働基準法上、休憩時間の与え方に関する規定は特にない。
4. 労働基準法上、毎週少なくとも１回の休日、あるいは４週間を通じ４日以上の休日を与えることを使用者に義務づけている。

正答 4

1. ○：平成19年に届出が義務化されて以降、最高の数値を更新している。対前年増加率は、労働者数で12.4%と前年5.5%から6.9ポイント増加している。（資料P１）

2. ○：身分に基づく在留資格には、「永住者」、「日本人の配偶者等」、「永住者の配偶者等」、「定住者」が含まれる。（資料P７）

3. ○：事業所規模別の割合を見ると、「30人未満」規模の事業所が最も多く、事業所数全体の61.9%を占めている。（資料P10）

4. ×：国籍別に見ると、ベトナムが最も多い。次いで中国、フィリピン、ネパール、ブラジルの順である。（資料P6）

資料：「『外国人雇用状況』の届出状況まとめ（令和５年10月末時点）」（厚生労働省）

正答 3

1. ○：これを法定労働時間という（労働基準法第三十二条）。そして、いわゆる36（さぶろく）協定等による、時間外労働や休日労働の例外がある。

2. ○：選択肢１の週40時間及び１日８時間の規定には、「休憩時間を除き」と明記されている。

3. ×：休憩時間は労働時間の途中に与えなければならず、一斉付与を原則としている（労働基準法第三十四条）。また、労働時間が６時間を超え８時間に達するまでは45分、８時間を超える場合には１時間を、最低限の休憩時間として与えなければならない。

4. ○：週休制が原則であるが、変形週休制も認められている。（労働基準法第三十五条）

労働組合に関する次の記述のうち、最も適切なものはどれか。

1. 労働組合法上の「労働者」には、失業者も含まれる。
2. 日本の労働組合の推定組織率（雇用者数に占める労働組合員数の割合）は、近年、上昇傾向にある。
3. パートタイム労働者は、労働組合に加入することはできない。
4. 労働組合の結成に当たっては、都道府県労働委員会への届出が必要である。

採用に関する次の記述のうち、最も適切なものはどれか。

1. 内定の取消しは、どんな場合であっても行うことはできない。
2. 内定の辞退は、原則として自由に行うことができる。
3. 試用期間中であっても、最低賃金額よりも少ない賃金を支払うことは認められてない。
4. 試用期間の延長や更新は禁止されている。

正答 1

1. ○：労働組合法上の労働者は、「職業の種類を問わず、賃金、給料その他これに準ずる収入によって生活する者」としており、「使用される」ことが要件にはなっていないため、失業者やプロ野球選手なども労働組合法では労働者であるとされる。（労働組合法第三条）

2. ×：近年、低下傾向にあり、2023年は16.3％である。（厚生労働省労働組合基礎調査）

3. ×：パートタイム労働者は、上記の労働組合法第三条に規定する労働者であり、労働組合に加入できる。

4. ×：労働組合の結成は自由であり、行政機関等に届け出たり、許可を得たりする必要はない。

正答 2

1. ×：内定の取消しは労働契約の解約であるため、その理由が客観的に合理的で社会通念上相当と認められる場合は、内定を取り消すことができる。

2. ○：内定の段階であっても、２週間の予告期間をおけば、いつでも自由に解約できる。（民法第六百二十七条）

3. ×：都道府県労働局長の許可を得れば、最低賃金額よりも少ない額の賃金を支払うことも許されている。（最低賃金法第七条）

4. ×：合理的な理由があれば、延長や更新をすることができる。

雇用保険制度に関する次の記述のうち、最も適切なものはどれか。

1. 高年齢雇用継続給付は、原則として60歳以降の賃金が60歳時点に比べて、50%未満に低下した状態で働き続ける場合に支給される。
2. 介護休業給付金は、介護休業について、支給対象となる同じ家族につき、31日を限度に支給される。
3. 雇用保険で受給できる基本手当日額には、年齢区分ごとの上限額は定められていない。
4. 育児休業給付金の支給額は、支給対象期間（1か月）当たり、原則として休業開始時賃金日額×支給日数の67%（育児休業の開始から6か月経過後は50%）相当額である。

「『令和の日本型学校教育』の構築を目指して～全ての子供たちの可能性を引き出す、個別最適な学びと、協働的な学びの実現～（答申）」（中央教育審議会、令和3年）に関する次の記述のうち、最も不適切なものはどれか。

1. 学校に在籍する外国人児童生徒に加え、日本国籍であるが、日本語指導を必要とする児童生徒は増加している。
2. 児童生徒が社会的・職業的自立に向けて必要な基盤となる資質・能力を身につけていくことができるよう、特別活動を要としつつ、各教科等の特質に応じてキャリア教育の充実を図る。
3. キャリア・パスポート等も活用し，児童生徒が自覚するまでに至っていない成長や変容に気づいて指摘するなど、教師が対話的な関わりを持ち、相互作用の中でキャリアを創り上げていくことが不可欠である。
4. 公立学校教員採用選考試験における採用倍率は、このところ上昇傾向が続いている。

正答 4

1. ×：原則として60歳以降の賃金が60歳時点に比べて、75%未満に低下した状態で働き続ける場合に支給される。

2. ×：介護休業給付金は、介護休業について、支給対象となる同じ家族につき93日を限度に、３回までに限り支給される。

3. ×：基本手当日額は年齢区分ごとに上限額が定められている。

4. ○：育児休業給付金は、育児休業期間中の１か月ごとに、休業開始前の１か月当たりの賃金の８割以上の賃金が支払われていない場合等の要件を満たす場合に支給される。

正答 4

1. ○：日本語指導が必要な児童生徒（外国籍・日本国籍を含む。）は５万人を超え、10年前の 1.5倍に相当する人数となっている。（資料P９）

2. ○：これは学習指導要領に明記されている。（資料P41）

3. ○：一人一人が自らの成長を肯定的に認識できるように働きかける。（資料P42）

4. ×：公立学校教員採用選考試験における採用倍率は、このところ低下傾向が続いており、例えば小学校では、平成12（2000）年度採用選考では12.5倍の採用倍率が令和元（2019）年度には2.8倍となっている。（資料P11）

資料：「『令和の日本型学校教育』の構築を目指して」（中央教育審議会）

「令和５年度学校基本調査」（文部科学省）に関する次の記述のうち、**最も適切なもの**はどれか。

1. 小学校の在学者数は、過去最多となった。
2. 義務教育学校の在学者数は、過去最多となった。
3. 教員全体に占める女性の割合は、中学校で６割を超え、過去最高となった。
4. 中等教育学校の在学者数は、過去最低となった。

「職場における心の健康づくり～労働者の心の健康の保持増進のための指針」（厚生労働省、令和５年）に関する次の記述のうち、**最も適切なもの**はどれか。

1. 職業生活での強いストレス等の状況については、ストレス等を感じる労働者の割合は半数以上である。
2. 職業生活における強いストレス等の原因について、最も多いのは「対人関係」である。
3. 精神障害等による労災認定件数は年々減少傾向にある。
4. 民事上の個別労働紛争の相談件数のうち、職場のいじめ・嫌がらせに関する相談件数の割合は、平成20年代から減少傾向が見られる。

問題27 正答 2

1. ×：小学校の在学者数は、過去最少となった。（資料P１）

2. ○：義務教育学校の在学者数は７万６千人で、過去最多となった（資料P１）。なお、義務教育学校とは、小学校課程から中学校課程までの義務教育を一貫して行う学校である。

3. ×：教員全体に占める女性の割合は，中学校で44.6%、高等学校で33.4%、特別支援学校で62.8%となり、それぞれ過去最高となった。（資料P１）

4. ×：中等教育学校の在学者数は３万４千人で、過去最多となった（資料P１）。なお、中等教育学校とは、いわゆる、中高一貫校のことである。

資料：「令和５年度学校基本調査」（文部科学省）

問題28 正答 1

1. ○：令和３年の調査で53.3%であり、それまでも概ね50%台となっている。（資料P３）

2. ×：職業生活におけるストレス等の原因について、最も多いのは「仕事の量」である。（資料P３）

3. ×：精神障害等による労災認定件数は、特に平成22年以降増加傾向にあり、令和に入ってからも増加傾向がみられる。（資料P３）

4. ×：個別労働紛争の相談件数のうち、いじめ・嫌がらせに関するものの割合は平成20年代は増加傾向にあり、令和に入ってからも、概ね横ばい傾向である。（資料P３）

資料：「職場における心の健康づくり」（厚生労働省）

「改訂 心の健康問題により休業した労働者の職場復帰支援の手引き」（厚生労働省、令和２年）に関する次の記述のうち、最も適切なものはどれか。

1. 職場復帰支援のステップとして、第１ステップでは、主治医による職場復帰可能の判断が行われる。
2. 職場復帰支援の第３のステップとして、職場復帰可否の判断は、職場の上司である管理監督者が中心となって行う。
3. 試し出勤制度について、勤務時間と同様の時間帯に模擬的な軽作業を行ったりすることを通勤訓練という。
4. 職場復帰後における就業上の配慮について、短時間勤務の実施や、残業や深夜業務を禁止したりすることがある。

生涯発達の段階と課題に関する次の記述のうち、最も適切なものはどれか。

1. ギンズバーグは、成人期を四季に例えたライフサイクルに焦点を当て、その発達はおおよそ25年間続く４つの発達期を経て徐々に進むと考えた。
2. シャインのキャリア・サイクルの段階と課題において、仕事及びメンバーシップの現実を知って受けるショックに対処することが一般問題となるのは、キャリア中期の危機の段階である。
3. マーシャのアイデンティティ・ステイタスは、アイデンティティ危機の経験と、積極的関与の有無の組み合わせにより、アイデンティティ達成の様態を４つに分類している。
4. スーパーの職業的発達段階は、成長期、探求期、確立期、維持期の4つの段階からなる。

正答 4

1. ×：第１ステップでは、病気休業開始及び休業中のケアが行われる。労働者が安心して療養に専念できるよう、情報提供等の支援を行う。（資料P２）

2. ×：第３ステップでは、職場復帰の可否の判断及び職場復帰支援プランの作成が行われるが、職場復帰の可否についての判断は、事業場内産業保健スタッフ等が中心となって行う。（資料P３）

3. ×：この内容は、模擬出勤の内容である。通勤訓練は自宅から職場の近くまで通勤経路で移動し、職場付近で一定時間過ごした後に帰宅することである。（資料P６）

4. ○：職場復帰後における就業上の配慮として適切である。他に、軽作業や定型業務への従事、出張制限などがある。（資料Ｐ７）

資料：「改訂 心の健康問題により休業した労働者の職場復帰支援の手引き」（厚生労働省）

正答 3

1. ×：成人期を四季に例えたライフサイクルに焦点を当て、その発達はおおよそ25年間続く４つの発達期を経て徐々に進むと考えたのは、ギンズバーグではなくレビンソンである。ギンズバーグは職業選択のプロセスを最初に理論化したといわれている。

2. ×：仕事及びメンバーシップの現実を知って受けるショックに対処することが一般問題となるのは、16〜25歳の基本訓練の段階である。

3. ○：マーシャのアイデンティティ・ステイタスは、アイデンティティ達成、モラトリアム、予定アイデンティティ、アイデンティティ拡散の４つに分類される。

4. ×：さらに衰退期（もしくは下降期や離脱期とも呼ばれる）を含めた５段階である。

エリクソンの個体発達分化の図式に関する次の記述のうち、最も適切なものはどれか。

1. 心理社会的な自我の性質について、５つの段階で表現した。
2. 青年期において形成された「勤勉性」を基盤として、成人前期には「親密性」、成人期には「世代性」が主たる発達課題であるとした。
3. 人生における最終的な発達課題を、「信頼」であるとした。
4. 「親密性」とは、何かを失うのではないかという不安を持つことなく、自分の同一性と他者の同一性を融合し合う能力という。

転機の理論に関する次の記述のうち、最も適切なものはどれか。

1. シュロスバーグは、転機の際には、4つのS（Situation、Self、Support、Strategies）を点検することを推奨している。
2. シュロスバーグは、人生の転機について、予測していた転機と予測していなかった転機の２つのタイプに分類している。
3. シュロスバーグの転機は、発達段階の移行期としてのトランジションを意味している。
4. シュロスバーグは、生涯を通じて経験する転機や変化は、予測できるものであるとしている。

正答 4

1. ×：心理社会的な自我の性質について、８つの段階で表現した。

2. ×：青年期において形成されるのは、アイデンティティ（自我同一性）である。

3. ×：「信頼」は、人生のうち最初の乳児期における発達課題である。

4. ○：「親密性」は、一般的には結婚を可能とするとされ、社会から一人前として期待され、経済的に自立し、大人として認知される段階である。

正答 1

1. ○：転機の際に、４つのＳの点検をすることは適切である。

2. ×：予測していた転機、予測していなかった転機、期待していたものが起こらなかった転機の３つのタイプに分類している。

3. ×：発達段階の移行期としてのトランジションではなく、人生上の出来事の視点から見たトランジションである。

4. ×：この転機や変化は決して予測できるものでも、人生で誰もが共通して遭遇する出来事でもないとしている。

「障害者雇用対策基本方針」（厚生労働省、令和５年）における障害の種類別の配慮事項に関する次の記述のうち、**最も不適切なもの**はどれか。

1. 視覚障害者については、通勤や職場内における移動ができるだけ容易になるよう配慮する。

2. 聴覚・言語障害者については、個々の聴覚・言語障害者に応じて職務の設計を行うとともに、光、振動、文字等、視覚等による情報伝達の設備の整備を行う。

3. 知的障害者については、複雑な作業内容や抽象的・婉曲な表現を理解することが困難な場合があるため、作業工程の単純化、単純作業の抽出等による職域開発を行う。

4. 中途障害者については、実態として、あん摩・はり・きゅうといったいわゆる「あはき業」における就労に占める割合が大きい中、障害特性も生かした職域のさらなる拡大に努める。

高年齢者の雇用に関する次の記述のうち、**最も適切なもの**はどれか。

1. 従業員の定年を定める場合には、その定年年齢は55歳以上としなければならない。

2. 定年年齢を65歳未満に定めている事業主は、「65歳までの定年の引上げ」か「65歳までの継続雇用制度の導入」のいずれかの措置を実施しなければならない。

3. 高年齢者雇用確保措置における継続雇用制度の雇用先は、自社のみが認められ、グループ会社は認められない。

4. 70歳までの高年齢者就業確保措置は、高年齢者雇用安定法上の努力義務である。

問題33　正答 4

1. ○：他には、必要に応じて照明や就労支援機器等施設・設備の整備や、援助者の配置等職場における援助体制の整備を図るなどがある。（資料P17）

2. ○：他には、手話のできる同僚等の育成を図ること等により、職場内における情報の伝達や意思の疎通を容易にする手段の整備を図るなどがある。（資料P17）

3. ○：他には、必要事項の伝達に当たっては、わかりやすい言葉遣いや表現を用いるよう心がけるなどがある。（資料P19）

4. ×：これは視覚障害者の内容である。（資料P17）なお、中途障害者とは在職中に疾病・事故等により障害者になった者をいう。（資料P18）

資料：「障害者雇用対策基本方針」（厚生労働省）

問題34　正答 4

1. ×：従業員の定年を定める場合は、その定年年齢は60歳以上とする必要がある。（高年齢者雇用安定法第8条）

2. ×：「65歳までの定年の引上げ」、「65歳までの継続雇用制度の導入」に加え「定年の廃止」のうち、いずれかの措置（高年齢者雇用確保措置）を実施する必要がある。（高年齢者雇用安定法第9条）

3. ×：継続雇用制度の継続雇用先は自社のみならず、グループ会社とすることも認められる。

4. ○：65歳までの高年齢者雇用確保措置は法的義務であるのに対して、70歳までの高年齢者就業確保措置は努力義務である。（高年齢者雇用安定法第10条の2）

マイクロカウンセリング技法に関する次の記述のうち、最も不適切なものはどれか。

1. 個人の可能性や潜在能力に目を向け、クライエントの持つ「肯定的資質」を積極的に引き出していく。
2. 傾聴を土台としており、クライエントのストーリーを引き出すのに有効な援助者のための学習モデルとして活用されている。
3. 個人の状況に合わせて理論や技法を柔軟に組み合わせて対応するよりも、一つの理論に精通したスペシャリストとしての意図性を重視する。
4. セルフ・イン・リレイション（関係性の中の自己）という考え方で、多重文化論を展開している。

グループアプローチに関する次の記述のうち、最も不適切なものはどれか。

1. セルフヘルプ・グループは、用意されたエクササイズを体験し、メンバーの関係作りと自己開示を行う。
2. 構成的グループ・エンカウンターの理論は独立したものではなく、複数のカウンセリング理論により支えられている。
3. Tグループは、10名程度が車座になり話し合い、「今ここ」で生じていることに気づき、その気づきを適切な行動へと活用する。
4. ベーシック・エンカウンター・グループは、人間の心理的成長とコミュニケーションの改善をねらいとし、エクササイズではなく、フリートーク主体で行われる

正答 3

1. ○：マイクロカウンセリングの根底には、肯定的な人間観がある。
2. ○：傾聴により、クライエントのストーリーを引き出す。
3. ×：一つの理論に精通するスペシャリストよりも、個人の状況に合わせて理論や技法を柔軟に組み合わせて対応するゼネラリストが求められるために、意図性が重視される。
4. ○：個人の文化的背景や言語、ジェンダー、年齢などは様々であるため、それぞれ別個の文化的ヒストリーを持っている点に配慮したかかわりを行う。

正答 1

1. ×：セルフヘルプ・グループは、同じ悩みや問題を抱えた人々が集まり、相互に援助し合うことを通じて自己の回復を図るグループである。選択肢の文章は、構成的グループ・エンカウンターの内容である。
2. ○：創始した國分康孝は、構成的グループ・エンカウンターを支える理論として、ゲシュタルト療法、精神分析理論、論理療法、行動療法、来談者中心療法、交流分析、特性因子理論、内観療法を挙げている。
3. ○：Tグループの内容として適切である。トレーニンググループの略であり、レヴィンが創始した。
4. ○：ベーシック・エンカウンター・グループの内容として適切である。ベーシック・エンカウンター・グループは、ロジャーズが創始した。

ジョブ・カード制度に関する次の記述のうち、最も不適切なものはどれか。

1. ジョブ・カードを作成するに当たり、キャリアコンサルタントによるキャリアコンサルティングを必ず受ける必要がある。
2. ジョブ・カードとは、生涯を通じたキャリア・プランニング及び職業能力証明の機能を担うツールである。
3. 専門実践教育訓練や特定一般教育訓練を受講する際には、受講前にジョブ・カードを使ったキャリアコンサルティングを受ける必要がある。
4. ジョブ・カードの活用により、在職労働者の訓練の必要性が明確になるなど、企業の職業能力開発の促進が期待できる。

キャリアコンサルティングに関する次の用語の記述のうち、最も適切なものはどれか。

1. コラボレーションは、自分よりも相談に相応しい他の専門家を相談者に紹介することをいう。
2. リファーは、専門外の内容について他の専門家の助言を求めることをいう。
3. コンサルテーションは、キャリアコンサルティングの実践について、相談記録などから第三者の視点から評価や教育を受けることをいう。
4. アドボカシーは、クライエントの代わりにクライエントの代弁者となり提言をしたり、問題解決したりすることである。

正答 1

1. ×：義務ではない。ジョブ・カードは自分自身で作成し管理をするが、必要に応じ、キャリアコンサルタントによるキャリアコンサルティングを受ける場合もある。

2. ○：ジョブ・カードの目的、役割として適切である。

3. ○：専門実践教育訓練や特定一般教育訓練を受講するためには、原則として、訓練対応キャリアコンサルタントによる訓練前キャリアコンサルティングにおいて、就業の目標、職業能力の開発・向上に関する事項を記載したジョブ・カードの交付を受ける必要がある。

4. ○：企業にとっても、ジョブ・カード活用のメリットがある。

正答 4

1. ×：コラボレーションは、複数の専門家が協力して問題解決に取り組むことをいい、協働ともいう。選択肢は、リファーの内容である。

2. ×：リファーは、自分よりも相談に相応しい他の専門家を相談者に紹介することをいう。選択肢は、コンサルテーションの内容である。

3. ×：コンサルテーションは、専門外の内容について他の専門家の助言を求めることをいい、照会ともいう。選択肢は、スーパービジョンの内容である。

4. ○：アドボカシーは、弁護、代弁、擁護、具申などと訳され、社会正義の視点からのクライエントへの支援である。

相談における目標設定に関する次の記述のうち、最も不適切なものはどれか。

1. 目標設定はカウンセラーが自分の考えを方向づけ、目標に向かって行動するのを援助する。

2. 目標設定は、固定的なものではなく、変更可能なものである。

3. 目標は、明確に宣言され、かつ到達可能であるとき人を最も動機づける。

4. 目標設定は、カウンセリングの進展を客観的に測定、評価するのに役立つ。

厚生労働省編 一般職業適性検査［進路指導・職業指導用］（GATB）に関する次の記述のうち、最も適切なものはどれか。

1. 多様な職業分野で仕事をする上で必要とされる、7つの適性能を測定することができる。

2. 15種類の下位検査のうち、11種類が紙筆検査であり、4種類が器具検査である。

3. 適性能のうち、指先の器用さや、手腕の器用さは、紙筆検査で測定することができる。

4. 器具検査の器具には、数理能力を測定するペグボードと、空間判断力を測定するエフ・ディー・ボードの2種類がある。

正答 1

1. ×：目標設定は、カウンセラーではなく、クライエントの考えを方向づけ、目標に向かって行動することを援助する。

2. ○：固定的なものではなく、状況等に応じて話し合いながら変更することができる。

3. ○：そして、目標達成に近づくほど人は努力する。

4. ○：クライエントと共同で目標に向けての進捗を確認することができる。

正答 2

1. ×：多様な職業分野で仕事をする上で必要とされる、９つの適性能（能力）を測定することができる。

2. ○：11種類が紙筆検査であり、４種類が器具検査である。紙筆検査とは、筆記検査のことである。なお、紙筆検査の検査時間は50分、器具検査の検査時間は15分が目安である。

3. ×：指先の器用さや、手腕の器用さは、器具検査で測定することができる。

4. ×：数理能力と空間判断力は、紙筆検査により測定する。ペグボードは手腕作業検査盤であり、エフ・ディー・ボードは指先器用検査盤である。

自己理解や仕事理解に用いられるガイダンスツールに関する次の記述のうち、最も不適切なものはどれか。

1. VPI職業興味検査は、ホランドの職業興味に関する理論に基づいて開発されたものである。

2. OHBYカードは、職業カードソート技法を行うために開発された48枚のカードからなる職業情報ツールである。

3. VRTカードは、職業興味と職務遂行の自信度に関する項目を54枚のカードに印刷したキャリアガイダンスツールである。

4. キャリアシミュレーションプログラムは、利用者自身がコンピュータを使い、適性評価、適性に合致した職業リストの参照やキャリア・プランニングなどを実施できるキャリアガイダンスシステムである。

職業情報提供サイト（日本版O-NET）に関する次の記述のうち、最も不適切なものはどれか。

1. 約500の職業について、仕事の概要、入職経路、労働条件の他、仕事をするのに必要なスキル・知識などが掲載されている。

2. キャリアコンサルタントなどの活動を支援する側面を有しており、支援のためのツール（職業興味検査など）を利用することができる。

3. 企業では、適格な人材の採用につながる人材募集、社員教育の計画作成、人事異動の検討、従業員の業務の見える化による職務分析の支援などに活用できる。

4. 職場改善に積極的な企業の時間外労働時間や有給休暇取得率、平均年齢などの職場情報を検索、比較することができる。

正答 4

1. ○：160個の職業名に関する興味の有無を回答する。所要時間は15〜20分程度で、主な対象者は短大生、大学生以上である。

2. ○：48枚のカードを使って作業を行う中で、自分の興味や関心を知り、同時に知っておくべき必要最小限の職業情報も得ることができる。

3. ○：54枚のカードに書かれている仕事内容への興味や、その仕事を行うことについての自信を判断していくことで、興味の方向や自信の程度がわかる。

4. ×：キャリアシミュレーションプログラムは、就業経験のない大学生等や就業経験の少ない若年者向けに開発された、就職後の職業生活のイメージを伝えるためのグループワーク用のセミナー教材である。選択肢の文章は、キャリア・インサイト（統合版）の内容である。

正答 4

1. ○：各職業の紹介動画（各90秒程度）も掲載されている。

2. ○：職業興味検査の他、価値観検査、職業適性テスト（Gテスト）等も利用することができる。

3. ○：人材採用要件整理、人材活用シミュレーション等の機能により、企業では人材募集や教育訓練に活用することができる。

4. ×：これは厚生労働省の職場情報総合サイト（しょくばらぼ）の内容である。職場情報総合サイト（しょくばらぼ）では、主に働き方に関する職場（企業）の情報を得ることができる。

意思決定のプロセスに関する次の記述のうち、最も不適切なものはどれか。

1. 達成すべき目標と、それを選択したことでもたらされる利点を確認する。
2. クライエントにとって最も相応しい進路や職業を提示して、それに決めるよう援助する。
3. 意思決定プロセスは人間関係を作る段階と意思決定する段階の2つに分かれる。
4. 自分のニーズや希望に合うかどうかに関係なく、広く情報や専門家の意見を収集する。

方策の実行の支援に関する次の記述のうち、最も不適切なものはどれか。

1. 方策の実行のために、時には文書にして契約書を取り交わすこともある。
2. 方策の実行全体をチェックして、行っていない場合には、再度同じ方策を実行するか、内容を検討して別の方策を相談して実行する。
3. 方策の実行に当たり、行動の主体はクライエントであるが、カウンセラーも契約した役割を実行する。
4. 情報提供の原則は、クライエントが情報を得る方法を教えることではなく、カウンセラーが情報そのものを迅速に提供することである。

正答 2

1. ○：目標を確認し、その後は目標に至るプロセスや行動計画の検討を行う。
2. ×：クライエントに相応しい進路や職業を、キャリアコンサルタントが決めつけるように提示するのは不適切である。選択肢を検討し、決定をするのはクライエントである。
3. ○：人間関係確立の段階では、協力して意思決定をするための心理的雰囲気を作ることが大切である。それがあって、意思決定の段階へと進むことができる。
4. ○：各選択肢のメリットやデメリットを検討したり、予想される危険や困難にどのように対処すればよいかを検討したりするために情報等を集める。

正答 4

1. ○：必要に応じて契約書を作成することもある。その場合には、クライエントの行動だけではなく、カウンセラーの行動も記入する。
2. ○：契約した事項は一つずつ確認をする。
3. ○：カウンセラーも自らの役割を実行する。
4. ×：カウンセラーが情報そのものを提供するのではなく、クライエントが情報を得る方法を教えることが、情報提供の原則である。情報を収集、選択、活用するのはクライエント自身である。

相談過程の総括に関する次の記述のうち、最も不適切なものはどれか。

1. クライエントとカウンセラーが、目標に照らしてそれが到達したかどうか成果を評価する。

2. 目標が到達した程度、それまでの努力、クライエントとカウンセラーの置かれた状況などを総合的に判断して終了するかどうかを決定する。

3. カウンセリングの終了とともに、ケース記録は個人情報保護の観点から速やかに廃棄する。

4. カウンセラーが自分自身の成果をできるだけ客観的に評価する。

新たな仕事への適応支援に関する次の記述のうち、最も不適切なものはどれか。

1. 仕事に関連するポジティブで充実した心理状態として、活力、熱意、没頭の３つが揃った状態のことを、ワーク・エンゲイジメントという。

2. 仕事に対して過度のエネルギーを費やした結果、疲弊的になり、仕事への興味や関心、自信を低下させた状態のことを、バーンアウト（燃え尽き）という。

3. 過度に一生懸命に強迫的に働く傾向を、組織コミットメントという。

4. 職務満足感は、自分の仕事を評価した際に生じるポジティブな情動状態であり、仕事への態度や認知は肯定的な状態であるが、仕事に没頭しているわけではない点で、ワーク・エンゲイジメントとは異なる。

正答 3

1. ○：具体的な目標達成や、クライエントの行動の変容の事実に焦点を置いて評価を行う。

2. ○：同意を得て終了した場合には、延々とカウンセリング関係が続くことは避ける。

3. ×：今後のフォローアップの可能性もあるため、個人情報の管理に十分留意した上で、整理して保管する。

4. ○：システマティック・アプローチの最終の段階であり、評価の基準の源には、カウンセラー自身の反省と学習、クライエント自身の受け止め、スーパーバイズなどでの助言がある。

正答 3

1. ○：仕事から活力を得ていきいきとしている（活力）、仕事に誇りとやりがいを感じている（熱意）、仕事に熱心に取り組んでいる（没頭）の３つが揃った状態を、ワーク・エンゲイジメントという。仕事への態度・認知は肯定的で活動水準が高い状態を表す。

2. ○：バーンアウト（燃え尽き）の内容として適切である。ワーク・エンゲイジメントの対極の概念とされている。仕事への態度・認知は否定的で、活動水準は低い状態を表す。

3. ×：過度に一生懸命に強迫的に働く傾向を、ワーカホリズムという。活動水準は高いが、仕事への態度・認知は否定的な状態を表す。なお、組織コミットメントとは、特定の組織に対する個人の一体感と関与の相対的な強さをいう。

4. ○：職務満足感は、仕事への態度・認知は肯定的だが、活動水準は低い状態をいう。

キャリアコンサルタントの環境への働きかけの認識と実践に関する次の記述のうち、最も不適切なものはどれか。

1. 企業内のキャリアコンサルタントにとっては、人事部門との連携が不可欠であり、相談者の詳細な情報は常に共有しておくことが大切である。

2. 管理職層のキャリア形成支援についての認識は、部下のキャリア形成に大きな影響を及ぼすため、管理職層に対するキャリア形成に関する教育啓発を行うことが大切である。

3. リファーすべき特定のクライエントがいない場合でも、地域の関係機関や医療関係者などの資源を把握し、他の専門職へ照会や協働ができる準備をしておくことが大切である。

4. 大学のキャリアセンターのキャリアコンサルタントは、他大学のキャリアコンサルタントとの勉強会等も活用し、最新情報の収集に努めることが大切である。

キャリアコンサルタントのスーパービジョンに関する次の記述のうち、最も適切なものはどれか。

1. キャリアコンサルタントが専門性を向上させるためには、スーパービジョンを受け、面談力の向上や、自分自身の人間理解や自己理解の深化を図る必要がある。

2. 経験が豊富で技能も熟達したキャリアコンサルタントであれば、スーパービジョンを受ける必要はない。

3. スーパービジョンは、主としてスーパーバイザーのキャリアコンサルティングの習熟度の向上や、キャリア形成支援者としての内面的成長を支援することを目的としている。

4. 相談者へのスーパーバイジーの対応が適切ではない場合には、スーパーバイザーが直接、問題解決を図ることがある。

正答 1

1. ×：人事部門との連携は重要であるが、その際にはキャリアコンサルタント倫理綱領第11条の相談者との関係や、第５条の守秘義務にも留意しなければならない。詳細な情報を常に共有する必要はない。
2. ○：管理職層や経営者層への教育啓発活動は重要な活動である。
3. ○：日頃から他の専門家とのネットワークの構築に努めることは重要な活動である。
4. ○：大学での取り組みや、学生の取り組みなどもキャリアコンサルタント同士で意見交換を行い、情報収集をすることは重要な活動である。

正答 1

1. ○：スーパービジョンの目的として適切である。
2. ×：熟達者であってもスーパービジョンを受ける利点は多い。
3. ×：習熟度の向上や内面的成長をするのは、スーパーバイザーではなく、スーパーバイジーである。スーパーバイザーは支援をする人、スーパーバイジーは支援を受ける人である。
4. ×：スーパーバイジーに代わって、スーパーバイザーが直接、問題解決を図ることは適切ではない。

キャリアコンサルタントの倫理・姿勢に関する次の記述のうち、最も適切なものはどれか。

1. 相談者の自己啓発のため、自らの著書の購入を薦めた。
2. 相談者の精神的疲労が激しく、適切な判断が困難な場合には、キャリアコンサルタントの判断により意思決定を行った。
3. 全てのキャリアコンサルタントは、スーパービジョンなどにより、上位者からの指導を受けることが義務づけられており、資格更新の条件となっている。
4. 面談中に自殺念慮が確認されたため、職場の上司や人事担当者に報告し、専門医へのリファーを行った。

キャリア形成支援者としての姿勢に関する次の記述のうち、最も適切なものはどれか。

1. キャリアコンサルタントは、キャリアの支援者であり、模範者であるため、自らのキャリア構築において失敗することは許されない。
2. 人生100年時代におけるライフキャリアにおいては、主に外的なキャリアに着目した職業生活設計が求められる。
3. クライエントの気づきを重視するため、情報提供や助言をする必要があったとしても、相談の場面では傾聴に徹するべきである。
4. キャリア形成支援の場面では、相談技法やキャリア理論の知識の他に、雇用情勢や、公共職業訓練等の幅広い知識が求められる。

問題49 正答 4

1. ×：相談者との多重関係に当たり、適切ではない。（キャリアコンサルタント倫理綱領第11条）

2. ×：相談者の自己決定権を尊重すべきであり、適切ではない。（キャリアコンサルタント倫理綱領第10条）

3. ×：スーパービジョンが義務づけられ、資格更新の要件になっているわけではないが、「キャリアコンサルタントは、経験豊富な指導者やスーパーバイザー等から指導を受ける等、常に資質向上に向けて絶えざる自己研鑽に努めなければならない。」と、キャリアコンサルタント倫理綱領に明記されている。（キャリアコンサルタント倫理綱領第６条）

4. ○：守秘義務の例外として適切な対応である。「但し、身体・生命の危険が察知される場合、又は法律に定めのある場合等は、この限りではない」と、キャリアコンサルタント倫理綱領に明記されている。（キャリアコンサルタント倫理綱領第５条）

問題50 正答 4

1. ×：キャリアコンサルタントも人間である。また、失敗の経験も支援の糧となりうる。

2. ×：職業、地位、年収などの外的なキャリアも軽視はできないが、長期のライフキャリアの視点では、働き甲斐や生き甲斐など、内的な心理的成功に着目した支援が重要となる。

3. ×：傾聴も大事だが、情報提供や助言も必要に応じて行う。職業能力開発促進法では、「この法律において「キャリアコンサルティング」とは、労働者の職業の選択、職業生活設計又は職業能力の開発及び向上に関する相談に応じ、助言及び指導を行うことをいう。」としている。（職業能力開発促進法第２条）

4. ○：キャリアコンサルタントには、幅広い知識が求められ、その標準的な能力要件は、出題範囲表においても体系的に表現されている。

資料①
キャリアコンサルタント試験の出題範囲

学科試験における必要なレベル（「詳細な」「一般的な」「概略の」）の定義について

詳　細：確実に、かつ、深く知っていなければならない知識の程度

一般的：知っていないと実務に支障が生じる知識の程度

概　略：浅く広く常識として知っておかなければならない知識の程度

試験科目及びその範囲	試験科目及びその範囲の細目
学科試験 Ⅰ　キャリアコンサルティングの社会的意義	
1　社会及び経済の動向並びにキャリア形成支援の必要性の理解	社会及び経済の動向並びにキャリア形成支援の必要性が増していることに関し、次に掲げる事項について詳細な知識を有すること。 ①　技術革新の急速な進展等様々な社会・経済的な変化に伴い、個人が主体的に自らの希望や適性・能力に応じて、生涯を通じたキャリア形成を行うことの重要性と、そのための支援の必要性が増してきたこと。 ②　個々人のキャリアの多様化や社会的ニーズ、また労働政策上の要請等を背景に、キャリアコンサルタントの活動が期待される領域が多様化していること。
2　キャリアコンサルティングの役割の理解	キャリアコンサルティングの役割と意義に関し、次に掲げる事項について詳細な知識を有すること。 ①　キャリアコンサルティングは、職業を中心にしながらも個人の生き甲斐、働き甲斐まで含めたキャリア形成を支援するものであること。 ②　個人が自らキャリアマネジメントをすることにより自立・自律できるように支援するものであること。 ③　キャリアコンサルティングは、個人と組織との共生の関係をつくる上で重要なものであること。

試験科目及びその範囲	試験科目及びその範囲の細目
	④　キャリアコンサルティングは、個人に対する相談支援だけでなく、キャリア形成やキャリアコンサルティングに関する教育・普及活動、組織（企業）・環境への働きかけ等も含むものであること。
Ⅱ　キャリアコンサルティングを行うために必要な知識	
1　キャリアに関する理論	キャリア発達理論、職業指導理論、職業選択理論等のキャリア開発に関する代表的理論の概要（基礎知識）について詳細な知識を有すること。 ・パーソナリティ・特性因子論アプローチ ・発達論・トランジションに関するアプローチ ・社会的学習理論アプローチ ・意思決定論アプローチ ・精神分析的理論 ・動機づけ（職務満足・職業適応）理論 等
2　カウンセリングに関する理論	1）キャリアコンサルティングの全体の過程において、カウンセリングの理論及びスキルが果たす役割について詳細な知識を有すること。 2）カウセリングの理論、特徴に関し、次に掲げる事項について一般的な知識を有すること。 ①　代表的なカウンセリング理論の概要（基礎知識）、特徴 ・来談者中心アプローチ ・精神分析的カウンセリング ・論理療法 ・行動療法 ・ゲシュタルト療法 ・交流分析 ・包括的・折衷的アプローチ ・家族療法・実存療法 ・アサーション 等 ②　グループを活用したキャリアコンサルティングの意義、有効性、進め方の留意点等 ・グループワーク ・グループガイダンス

試験科目及びその範囲	試験科目及びその範囲の細目
	・グループカウンセリング ・グループエンカウウンター ・サポートグループ 等
3　職業能力開発（リカレント教育を含む）の知識	職業能力開発（リカレント教育を含む）に関し、次に掲げる事項について一般的な知識を有すること。 ①　個人の生涯に亘る主体的な学び直しに係るリカレント教育を含めた職業能力開発に関する知識（職業能力の要素、学習方法やその成果の評価方法、教育訓練体系等）及び職業能力開発に関する情報の種類、内容、情報媒体、情報提供機関、入手方法等 ②　教育訓練プログラム、能力評価シート等による能力評価、これらを用いた総合的な支援の仕組みであるジョブ・カード制度の目的、内容、対象等
4　企業におけるキャリア形成支援の知識	企業におけるキャリア形成支援に関し、次に掲げる事項について一般的な知識を有すること。 ①　企業における雇用管理の仕組み、代表的な人事労務施策・制度の動向及び課題、セルフ・キャリアドックをはじめとした企業内のキャリア形成に係る支援制度・能力評価基準等、ワークライフバランスの理念、労働者の属性（高齢者、女性、若者等）や雇用形態に応じたキャリアに関わる共通的課題とそれを踏まえた自己理解や仕事の理解を深めるための視点や手法 ②　主な業種における勤務形態、賃金、労働時間等の具体的な労働条件 ③　企業内のキャリア形成に係る支援制度の整備とその円滑な実施のための人事部門等との協業や組織内の報告の必要性及びその具体的な方法
5　労働市場の知識	社会情勢や産業構造の変化とその影響、また雇用・失業情勢を示す有効求人倍率や完全失業率等の最近の労働市場や雇用の動向について一般的な知識を有すること。

試験科目及びその範囲	試験科目及びその範囲の細目
6　労働政策及び労働関係法令並びに社会保障制度の知識	次に掲げる労働者の雇用や福祉を取り巻く各種の法律・制度に関し、キャリア形成との関連において、その目的、概念、内容、動向、課題、関係機関等について一般的な知識を有すること。 ①　労働関係法規及びこれらに基づく労働政策 ア　労働基準関係 労働基準法、労働契約法、労働時間等設定改善法、労働安全衛生法 イ　女性関係 男女雇用機会均等法、女性活躍推進法、パートタイム労働法（パートタイム・有期雇用労働法） ウ　育児・介護休業関係 育児・介護休業法 エ　職業安定関係 労働施策総合推進法（旧：雇用対策法）、職業安定法、若者雇用促進法、労働者派遣法、高年齢者雇用安定法、障害者雇用促進法 オ　職業能力開発関係 職業能力開発促進法 カ　その他の労働関係法令 ②　年金、社会保険等に関する社会保障制度等 ・厚生年金 ・国民年金 ・労災保険 ・雇用保険 ・健康保険 ・介護保険 等
7　学校教育制度及びキャリア教育の知識	学校教育制度や、初等中等教育から高等教育に至る学校種ごとの教育目標等、青少年期の発達課題等に応じたキャリア教育のあり方等について一般的な知識を有すること。
8　メンタルヘルスの知識	1）メンタルヘルスに関し、次に掲げる事項について一般的な知識を有すること。 ①　メンタルヘルスに関する法令や指針、職場におけるメンタルヘルスの保持・増進を図る対策の意義や方法、職場環境改善に向けた働きかけ方等、さらに、ストレスに関する代表的理論や職場のストレス要因、対処方法

試験科目及びその範囲	試験科目及びその範囲の細目
	②　代表的な精神的疾病（就労支援においてよく見られる精神的疾病）の概要、特徴的な症状を理解した上で、疾病の可能性のある相談者に対応する際の適切な見立てと、特別な配慮の必要性 2）専門機関へのリファーやメンタルヘルス不調者の回復後の職場復帰支援等に当たっての専門家・機関の関与の重要性、これら機関との協働による支援の必要性及びその具体的な方法について詳細な知識を有すること。
9　中高年齢期を展望するライフステージ及び発達課題の知識	中高年齢期を展望するライフステージ及び発達課題に関し、次に掲げる事項について一般的な知識を有すること。 ①　職業キャリアの準備期、参入期、発展期、円熟期、引退期等の各ライフステージ、出産・育児、介護等のライフイベントにおいて解決すべき課題や主要な過渡期に乗り越えなければならない発達課題 ②　上記①を踏まえた中高年齢期をも展望した中長期的なキャリア・プランの設計、キャリア・プランに即した学び直しへの動機付けや機会の提供による支援の必要性及びその具体的な方法
10 人生の転機の知識	初めて職業を選択する時や、転職・退職時等の人生の転機が訪れた時の受け止め方や対応の仕方について一般的な知識を有すること。
11 個人の多様な特性の知識	相談者の個人的特性等によって、課題の見立てのポイントや留意すべき点があることについて一般的な知識を有すること。 ・障害者については障害の内容や程度 ・ニート等の若者については生活環境や生育歴 ・病気等の治療中の者については治療の見通しや職場環境 等
Ⅲ　キャリアコンサルティングを行うために必要な技能 1　基本的な技能	

試験科目及びその範囲	試験科目及びその範囲の細目
(1) カウンセリングの技能	次に掲げる事項を適切に実施するために、カウンセリングの技能について一般的な知識を有すること。 ① カウンセリングの進め方を体系的に理解した上で、キャリアコンサルタントとして、相談者に対する受容的・共感的な態度及び誠実な態度を維持しつつ、様々なカウンセリングの理論とスキルを用いて相談者との人格的相互関係の中で相談者が自分に気づき、成長するよう相談を進めること。 ② 傾聴と対話を通して、相談者が抱える課題について相談者と合意、共有すること。 ③ 相談者との関係構築を踏まえ、情報提供、教示、フィードバック等の積極的関わり技法の意義、有効性、導入時期、進め方の留意点等について理解し、適切にこれらを展開すること。
(2) グループアプローチの技能	次に掲げる事項を適切に実施するために、グループアプローチの技能について一般的な知識を有すること。 ① グループを活用したキャリアコンサルティングの意義、有効性、進め方の留意点等について理解し、それらを踏まえてグループアプローチを行うこと。 ② 若者の職業意識の啓発や社会的・基礎的能力の習得支援、自己理解・仕事理解等を効果的に進めるためのグループアプローチを行うこと。
(3) キャリアシート（法第15条の4 第1項に規定する職務経歴等記録書を含む。）の作成指導及び活用の技能	次に掲げる事項を適切に実施するために、キャリアシートの作成指導及び活用の技能について一般的な知識を有すること。 ① キャリアシートの意義、記入方法、記入に当たっての留意事項等の十分な理解に基づき、相談者に対し説明するとともに適切な作成指導を行うこと。 ② 職業能力開発機会に恵まれなかった求職者の自信の醸成等が図られるよう、ジョブ・カード等の作成支援や必要な情報提供を行うこと。
(4) 相談過程全体の進行の管理に関する技能	次に掲げる事項を適切に実施するために、相談過程全体の進行の管理に関する技能ついて一般的な知識を有すること。

試験科目及びその範囲	試験科目及びその範囲の細目
	①　相談者が抱える問題の把握を適切に行い、相談過程のどの段階にいるかを常に把握し、各段階に応じた支援方法を選択し、適切に相談を進行・管理すること。
2　相談過程において必要な技能	
(1) 相談場面の設定	次に掲げる事項を適切に実施するために、相談場面の設定について一般的な知識を有すること。
①物理的環境の整備	相談を行うにふさわしい物理的な環境、相談者が安心して積極的に相談ができるような環境を設定すること。
②心理的な親和関係（ラポール）の形成	相談を行うに当たり、受容的な態度（挨拶、笑顔、アイコンタクト等）で接することにより、心理的な親和関係を相談者との間で確立すること。
③キャリア形成及びキャリアコンサルティングに係る理解の促進	主体的なキャリア形成の必要性や、キャリアコンサルティングでの支援の範囲、最終的な意思決定は相談者自身が行うことであること等、キャリアコンサルティングの目的や前提を明確にすることの重要性について、相談者の理解を促すこと。
④相談の目標、範囲等の明確化	相談者の相談内容、抱える問題、置かれた状況を傾聴や積極的関わり技法等により把握・整理し、当該相談の到達目標、相談を行う範囲、相談の緊要度等について、相談者との間に具体的な合意を得ること。
(2) 自己理解の支援	次に掲げる事項を適切に実施するために、自己理解の支援について一般的な知識を有すること。
①自己理解への支援	キャリアコンサルティングにおける自己理解の重要性及び自己理解を深めるための視点や手法等についての体系的で十分な理解に基づき、職業興味や価値観等の明確化、キャリアシート等を活用した職業経験の棚卸し、職業能力の確認、個人を取り巻く環境の分析等により、相談者自身が自己理解を深めることを支援すること。

試験科目及びその範囲	試験科目及びその範囲の細目
②アセスメント・スキル	面接、観察、職業適性検査を含む心理検査等のアセスメントの種類、目的、特徴、主な対象、実施方法、評価方法、実施上の留意点等についての理解に基づき、年齢、相談内容、ニーズ等、相談者に応じて適切な時期に適切な職業適性検査等の心理検査を選択・実施し、その結果の解釈を適正に行うとともに、心理検査の限界も含めて相談者自身が理解するよう支援すること。
(3) 仕事の理解の支援	次に掲げる事項を適切に実施するために、仕事理解の支援について一般的な知識を有すること。 ① キャリア形成における「仕事」は、職業だけでなく、ボランティア活動等の職業以外の活動を含むものであることの十分な理解に基づき、相談者がキャリア形成における仕事の理解を深めるための支援をすること。 ② インターネット上の情報媒体を含め、職業や労働市場に関する情報の収集、検索、活用方法等について相談者に対して助言すること。 ③ 職務分析、職務、業務のフローや関係性、業務改善の手法、職務再設計、(企業方針、戦略から求められる) 仕事上の期待や要請、責任についての理解に基づき、相談者が自身の現在及び近い将来の職務や役割の理解を深めるための支援をすること。
(4) 自己啓発の支援	次に掲げる事項を適切に実施するために、自己啓発の支援について一般的な知識を有すること。 ① インターンシップ、職場見学、トライアル雇用等により職業を体験してみることの意義や目的について相談者自らが理解できるように支援し、その実行について助言すること。 ② 相談者が啓発的経験を自身の働く意味・意義の理解や職業選択の材料とすることができるように助言すること。
(5) 意思決定の支援	次に掲げる事項を適切に実施するために、意思決定の支援について一般的な知識を有すること。

試験科目及びその範囲	試験科目及びその範囲の細目
①キャリア・プランの作成支援	自己理解、仕事理解及び啓発的経験をもとに、職業だけでなくどのような人生を送るのかという観点や、自身と家族の基本的生活設計の観点等のライフプランを踏まえ、相談者の中高年齢期をも展望した中長期的なキャリア・プランの作成を支援すること。
②具体的な目標設定への支援	相談者のキャリア・プランをもとにした中長期的な目標や展望の設定と、それを踏まえた短期的な目標の設定を支援すること。
③能力開発に関する支援	相談者の設定目標を達成するために必要な自己学習や職業訓練等の能力開発に関する情報を提供するとともに、相談者自身が目標設定に即した能力開発に対する動機付けを高め、主体的に実行するためのプランの作成及びその継続的見直しについて支援すること。
(6) 方策の実行の支援	次に掲げる事項を適切に実施するために、方策の実行の支援について一般的な知識を有すること。
①相談者に対する動機づけ	相談者が実行する方策（進路・職業の選択、就職、転職、職業訓練の受講等）について、その目標、意義の理解を促し、相談者が自らの意思で取り組んでいけるように働きかけること。
②方策の実行のマネジメント	相談者が実行する方策の進捗状況を把握し、相談者に対して現在の状況を理解させるとともに、今後の進め方や見直し等について、適切な助言をすること。
(7) 新たな仕事への適応の支援	次に掲げる事項を適切に実施するために、新たな仕事への適応の支援について一般的な知識を有すること。 ①　方策の実行後におけるフォローアップも、相談者の成長を支援するために重要であることを十分に理解し、相談者の状況に応じた適切なフォローアップを行うこと。
(8) 相談過程の総括	次に掲げる事項を適切に実施するために、相談過程の総括の支援について一般的な知識を有すること。
①適正な時期における相談の終了	キャリアコンサルティングの成果や目標達成具合を勘案し、適正だと判断できる時点において、相談を終了することを相談者に伝えて納得を得た上で相談を終了すること。

試験科目及びその範囲	試験科目及びその範囲の細目
②相談過程の評価	相談者自身が目標の達成度や能力の発揮度について自己評価できるように支援すること、またキャリアコンサルタント自身が相談支援の過程と結果について自己評価すること。
Ⅳ　キャリアコンサルタントの倫理と行動	
1　キャリア形成及びキャリアコンサルティングに関する教育並びに普及活動	次に掲げる事項を適切に実施するために、キャリア形成及びキャリアコンサルティングに関する教育並びに普及活動について一般的な知識を有すること。 ①　個人や組織のみならず社会一般に対して、様々な活動を通じてキャリア形成やキャリアコンサルティングの重要性、必要性等について教育・普及すること。 ②　それぞれのニーズを踏まえ、主体的なキャリア形成やキャリア形成支援に関する教育研修プログラムの企画、運営をすること。
2　環境への働きかけの認識及び実践	次に掲げる事項を適切に実施するために、環境への働きかけの認識及び実践について一般的な知識を有すること。 ①　個人の主体的なキャリア形成は、個人と環境（地域、学校・職場等の組織、家族等、個人を取り巻く環境）との相互作用によって培われるものであることを認識し、相談者個人に対する支援だけでは解決できない環境（例えば、学校や職場の環境）の問題点の発見や指摘、改善提案等の環境への介入、環境への働きかけを、関係者と協力（職場にあってはセルフ・キャリアドックにおける人事部門との協業、経営層への提言や上司への支援を含む）して行うこと。
3　ネットワークの認識及び実践	
(1) ネットワークの重要性の認識及び形成	次に掲げる事項を適切に実施するために、ネットワークの重要性の認識及び形成について一般的な知識を有すること。

試験科目及びその範囲	試験科目及びその範囲の細目
	①　個人のキャリア形成支援を効果的に実施するためには、行政、企業の人事部門等、その他の専門機関や専門家との様々なネットワークが重要であることを認識していること。 ②　ネットワークの重要性を認識した上で、関係機関や関係者と日頃から情報交換を行い、協力関係を築いていくこと。 ③　個人のキャリア形成支援を効果的に実施するため、心理臨床や福祉領域をはじめとした専門機関や専門家、企業の人事部門等と協働して支援すること。
(2) 専門機関への紹介及び専門家への照会	次に掲げる事項を適切に実施するために、専門機関への紹介及び専門家への照会について一般的な知識を有すること。 ①　個人や組織等の様々な支援ニーズ（メンタルヘルス不調、発達障害、治療中の（疾患を抱えた）者等）に応える中で、適切な見立てを行い、キャリアコンサルタントの任務の範囲、自身の能力の範囲を超えることについては、必要かつ適切なサービスを提供する専門機関や専門家を選択し、相談者の納得を得た上で紹介あっせんすること。 ②　個人のキャリア形成支援を効果的に実施するために必要な追加情報を入手したり、異なる分野の専門家に意見を求めること。
4　自己研鑽及びキャリアコンサルティングに関する指導を受ける必要性の認識	
(1) 自己研鑽	次に掲げる事項を適切に認識する、または実施するために、自己研鑽について詳細な知識を有すること。 ①　キャリアコンサルタント自身が自己理解を深めることと能力の限界を認識することの重要性を認識するとともに、常に学ぶ姿勢を維持して、様々な自己啓発の機会等を捉えた継続学習により、新たな情報を吸収するとともに、自身の力量を向上させていくこと。

試験科目及びその範囲	試験科目及びその範囲の細目
	② 特に、キャリアコンサルティングの対象となるのは常に人間であることから、人間理解の重要性を認識すること。
(2) スーパービジョン	次に掲げる事項を適切に認識する、または実施するために、スーパービジョンの意義、目的、方法等について詳細な知識を有すること。 ① スーパーバイザーから定期的に実践的助言・指導（スーパービジョン）を受けることの必要性。 ② スーパービジョンを受けるために必要な逐語録等の相談記録を整理すること。
5 キャリアコンサルタントとしての倫理と姿勢	
(1) 活動範囲・限界の理解	次に掲げる事項を適切に認識する、または実施するために、活動範囲・限界の理解について詳細な知識を有すること。 ① キャリアコンサルタントとしての活動の範囲には限界があることと、その限界には任務上の範囲の限界のほかに、キャリアコンサルタント自身の力量の限界、実践フィールドによる限界があること。 ② 活動の範囲内において、誠実かつ適切な配慮を持って職務を遂行しなければならないこと。 ③ 活動範囲を超えてキャリアコンサルティングが行われた場合には、効果がないだけでなく個人にとって有害となる場合があること。
(2) 守秘義務の遵守	守秘義務の遵守を実践するために、相談者のプライバシーや相談内容は相談者の許可なしに決して口外してはならず、守秘義務の遵守はキャリアコンサルタントと相談者の信頼関係の構築及び個人情報保護法令に鑑みて最重要のものであることについて詳細な知識を有すること。
(3) 倫理規定の厳守	倫理規定の厳守を実践するために、キャリア形成支援の専門家としての高い倫理観を有し、キャリアコンサルタントが守るべき倫理規定（基本理念、任務範囲、守秘義務の遵守等）について詳細な知識を有すること。

試験科目及びその範囲	試験科目及びその範囲の細目
(4) キャリアコンサルタントとしての姿勢	次に掲げる事項を適切に認識する、または実施するために、キャリアコンサルタントとしての姿勢について詳細な知識を有すること。 ① キャリアコンサルティングは個人の人生に関わる重要な役割、責任を担うものであることを自覚し、キャリア形成支援者としての自身のあるべき姿を明確にすること。 ② キャリア形成支援者として、自己理解を深め、自らのキャリア形成に必要な能力開発を行うことの必要性について、主体的に理解すること。

●特定非営利活動法人 日本キャリア開発協会および特定非営利活動法人 キャリアコンサルティング協議会の公表する「キャリアコンサルタント試験の試験科目及びその範囲並びにその細目」より、学科試験記載部分について抜粋。

資料②
キャリアコンサルタント倫理綱領

序文

時代の変化に伴い、新しい働き方の拡大とその実現のため、社会をリードするキャリアコンサルタントへの期待は更に高まり、社会的責任も増しています。多様な相談者や組織からの求めに応えるため、キャリアコンサルタントには、倫理観と専門性の維持向上が必要不可欠です。加えて自らの人間性を磨き、矜持と責任感を持ち、自己研鑽に励むことが何よりも重要です。

特定非営利活動法人キャリアコンサルティング協議会は、キャリアコンサルタントの使命・責任の遂行、能力の維持向上、社会インフラとしてのキャリアコンサルティングの普及・促進に会員団体と共に取り組んでおります。この使命を果たすため、キャリアコンサルタント及びキャリアコンサルティング技能士が遵守すべき倫理綱領をここに改正します。

本倫理綱領が、キャリアコンサルティングに従事する全ての方々の日々の活動の指針・拠り所となることを期待します。

令和６年１月１日

前文

本倫理綱領では、キャリアコンサルタントが、職業能力開発促進法に則り、労働者の職業の選択、職業生活設計又は職業能力の開発及び向上に関する相談に応じ、助言及び指導を行い、使命である相談者のキャリア形成の支援と、その延長にある組織や社会の発展への寄与を実現するために、遵守すべき倫理を表明する。

本倫理綱領では、第１章をキャリアコンサルタントとしての基本的姿勢・態度、第２章を行動規範として明示している。全てのキャリアコンサルタントは、本倫理綱領を遵守すると共に、誠実さ、責任感、向上心をもって、その使命の遂行に励むものとする。

第1章　基本的姿勢・態度

（基本的理念）

第１条 キャリアコンサルタントは、キャリアコンサルティングを行うにあたり、人間尊重を基本理念とし、多様性を重んじ、個の尊厳を侵してはならない。

２ キャリアコンサルタントは、相談者を人種・民族・国籍・性別・年齢・宗教・信条・心身の障がい・文化の相違・社会的身分・性的指向・性自認等により差別してはならない。

３ キャリアコンサルタントは、キャリアコンサルティングが、相談者の人生全般に影響を与えることを自覚し、相談者の利益を第一義として、誠実に責任を果たさなければならない。

（品位および矜持の保持）

第2条　キャリアコンサルタントは、キャリアコンサルタントとしての品位と矜持を保ち、法律や公序良俗に反する行為をしてはならない。

（社会的信用の保持）

第3条　キャリアコンサルタントは、常に公正な態度をもって職責を果たし、専門職として、相談者、依頼主、他の分野・領域の専門家や関係者及び社会の信頼に応え、信用を保持しなければならない。

（社会情勢の変化への対応）

第4条　キャリアコンサルタントは、個人及び組織を取り巻く社会・経済・技術・環境の動向や、教育・生活の場にも常に関心を払い、社会の変化や要請に応じ、資格の維持のみならず、専門性の維持向上や深化に努めなければならない。

（守秘義務）

第5条　キャリアコンサルタントは、業務並びにこれに関連する活動に関して知り得た秘密に対して守秘義務を負う。但し、相談者の身体・生命の危険が察知される場合、又は法律に定めのある場合等は、この限りではない。

2 キャリアコンサルタントは、キャリアコンサルティングにおいて知り得た情報により、組織における能力開発・人材育成・キャリア開発・キャリア形成に関する支援を行う場合は、プライバシーに配慮し、関係部門との連携を図る等、責任をもって適切な対応を行わなければならない。

3 キャリアコンサルタントは、スーパービジョン、事例や研究の公表に際して、相談者の承諾を得て、業務に関して知り得た秘密だけでなく、個人情報及びプライバシー保護に十分配慮し、相談者や関係者が特定される等の不利益が生じることがないように適切な措置をとらなければならない。

(自己研鑽)

第6条　キャリアコンサルタントは、質の高い支援を提供するためには、自身の人間としての成長や不断の自己研鑽が重要であることを自覚し、実務経験による学びに加え、新しい考え方や理論も学び、専門職として求められる態度・知識・スキルのみならず、幅広い学習と研鑽に努めなければならない。

2 キャリアコンサルタントは、情報技術が相談者や依頼主の生活や生き方に大きな影響を与えること及び質の向上に資することを理解し、最新の情報技術の修得に努め、適切に活用しなければならない。

3 キャリアコンサルタントは、経験豊富な指導者やスーパーバイザー等から指導を受ける等、常に資質向上に向けて絶えざる自己研鑽に努めなければならない。

(信用失墜及び不名誉行為の禁止)

第7条　キャリアコンサルタントは、キャリアコンサルタント全体の信用を傷つけるような不名誉となる行為をしてはならない。

2 キャリアコンサルタントは、自己の身分や業績を過大に誇示したり、他のキャリアコンサルタントまたは関係する個人・団体を誹謗・中傷してはならない。

第2章　行動規範

（任務の範囲・連携）

第8条　キャリアコンサルタントは、キャリアコンサルティングを行うにあたり、自己の専門性の範囲を自覚し、その範囲を超える業務や自己の能力を超える業務の依頼を引き受けてはならない。

2 キャリアコンサルタントは、訓練を受けた範囲内でアセスメントの各手法を実施しなければならない。

3 キャリアコンサルタントは、相談者の利益と、より質の高いキャリアコンサルティングの実現に向け、他の分野・領域の専門家及び関係者とのネットワーク等を通じた関係を構築し、必要に応じて連携しなければならない。

（説明責任）

第9条　キャリアコンサルタントは、キャリアコンサルティングを行うにあたり、相談者に対して、キャリアコンサルティングの目的及びその範囲、守秘義務とその範囲、その他必要な事項について、書面や口頭で説明を行い、相談者の同意を得た上で職責を果たさなければならない。

2 キャリアコンサルタントは、組織より依頼を受けてキャリアコンサルティングを行う場合においては、業務の目的及び報告の範囲、相談内容における守秘義務の取扱い、その他必要な事項について契約書に明記する等、組織側と合意を得た上で職責を果たさなければならない。

3 キャリアコンサルタントは、調査・研究を行うにあたり、相談者を始めとした関係者の不利益にならないよう最大限の倫理的配慮をし、その目的・内容・方法等を明らかにした上で行わなければならない。

（相談者の自己決定権の尊重）

第10条　キャリアコンサルタントは、相談者の自己決定権を尊重し、キャリアコンサルティングを行わなければならない。

（相談者との関係）

第11条　キャリアコンサルタントは、相談者との間に様々なハラスメントが起こらないように配慮しなければならない。またキャリアコンサルタントは、相談者との間において想定される問題や危険性について十分に配慮し、キャリアコンサルティングを行わなければならない。

2 キャリアコンサルタントは、キャリアコンサルティングを行うにあたり、相談者との多重関係を避けるよう努めなければならない。自らが所属する組織内でキャリアコンサルティングを行う場合においては、相談者と組織に対し、自身の立場を明確にし、相談者の利益を守るために最大限の努力をしなければならない。

（組織との関係）

第12条　組織と契約関係にあるキャリアコンサルタントは、キャリアコンサルティングを行うにあたり、相談者に対する支援だけでは解決できない環境の問題や、相談者と組織との利益相反等を発見した場合には、相談者の了解を得て、組織に対し、問題の報告・指摘・改善提案等の調整に努めなければならない。

雑則

（倫理綱領委員会）

第13条　本倫理綱領の制定・改廃の決定や運用に関する諸調整を行うため、キャリアコンサルティング協議会内に倫理綱領委員会をおく。

2 倫理綱領委員会に関する詳細事項は、別途定める。

附則

この綱領は平成20年９月１日より施行する。
この綱領は平成25年10月１日より改正施行する。
この綱領は平成28年４月１日より改正施行する。
この綱領は平成29年８月１日より改正施行する。
この綱領は令和６年１月１日より改正施行する。

● 特定非営利活動法人キャリアコンサルティング協議会「キャリアコンサルタント倫理綱領」

引用・参考文献

・木村周、下村英雄著『キャリアコンサルティング　理論と実際 6訂版』2022年、一般社団法人雇用問題研究会
・渡辺三枝子編著『新版キャリアの心理学［第2版］』2018年、ナカニシヤ出版
・労働政策研究・研修機構編『新時代のキャリアコンサルティング』2016年、独立行政法人労働政策研究・研修機構
・宮城まり子著『キャリアカウンセリング』2002年、駿河台出版社
・岡田昌毅著『働くひとの心理学』2013年、ナカニシヤ出版
・福原眞知子監修『マイクロカウンセリング技法ー事例場面から学ぶー』2007年、風間書房
・金井壽宏著『経営組織―経営学入門シリーズ』1999年、日本経済新聞社（現：日本経済新聞出版）
・今野浩一郎、佐藤博樹著『マネジメント・テキスト人事管理入門（新装版）』2022年、日本経済新聞出版
・小畑史子、緒方桂子、竹内（奥野）寿著『労働法［第４版］』2023年、有斐閣

著者運営サイト

「みんなで合格☆キャリアコンサルタント試験」では、試験情報や学習法などの情報提供のほか、重要なポイントのまとめや練習問題、時事問題対策やこれまでの全ての過去問題の詳しい解説を提供している。また、受験者からのアンケートなども定期的に実施して公開しており、「みんなで合格」をサポートするコンテンツを豊富に提供している。

URL https://www.career-consultant.info/

著者紹介

原田 政樹（はらだ まさき）

みんなで合格☆キャリアコンサルタント試験管理人／キャリアコンサルタント／株式会社ココスタディ代表取締役社長。

1974年、神奈川県生まれ。大学卒業後、教育関連の会社に入社し、資格試験対策や企業研修用の教材開発や営業に携わり、2014年に独立。

「楽習（がくしゅう）」をモットーに、講義や研修×書籍×WEBを組み合わせ、忙しい方でもいつでも楽しく学べて「みんなで合格」できる仕組みづくりを追求している。

また、求職者向けの職業訓練（委託訓練）や商工会議所のセミナー講師、大学でのキャリア教育科目のゲスト講師も務めている。

著者の運営する国家資格キャリアコンサルタント試験対策のWEBサイト「みんなで合格☆キャリアコンサルタント試験」は、充実した学習コンテンツと親身な学習サポートが人気を呼び、キャリアコンサルタントを目指す受験者の必見サイトとなっている。

みんなで合格☆
キャリアコンサルタント試験
https://www.career-consultant.info/

X（旧Twitter）
https://x.com/masakyharada

■取得資格、検定

国家資格キャリアコンサルタント、CDA資格、メンタルヘルス・マネジメント検定Ⅱ種、日本商工会議所 簿記検定1級、日本商工会議所 販売士検定1級、全国経理教育協会 簿記能力検定上級、税理士試験 簿記論、財務諸表論、2級ファイナンシャル・プランニング技能士

ブックデザイン　清水 佳子（smz'）
カバーイラスト　浜畠 かのう
DTP　株式会社 トップスタジオ

キャリア教科書
国家資格 キャリアコンサルタント学科試験
合格問題集 第2版

2022年 7月21日 初版 第1刷発行
2024年 7月16日 第2版 第1刷発行

著　者　原田 政樹（はらだ まさき）
発行人　佐々木 幹夫
発行所　株式会社 翔泳社
（https://www.shoeisha.co.jp）
印　刷　昭和情報プロセス 株式会社
製　本　株式会社 国宝社

© 2024 Masaki Harada

本書は著作権法上の保護を受けています。本書の一部または全部について（ソフトウェアおよびプログラムを含む）、株式会社 翔泳社から文書による許諾を得ずに、いかなる方法においても無断で複写、複製することは禁じられています。
本書へのお問い合わせについては、16ページに記載の内容をお読みください。
落丁・乱丁はお取り替えいたします。03-5362-3705までご連絡ください。

ISBN978-4-7981-8656-6　Printed in Japan